海峡西岸繁荣带发展研究报告2023

蔡伟毅　刘晔　主编

中国财经出版传媒集团

经济科学出版社
Economic Science Press

·北 京·

图书在版编目（CIP）数据

海峡西岸繁荣带发展研究报告 . 2023 ／ 蔡伟毅，刘晔主编 . -- 北京：经济科学出版社，2024. 1
ISBN 978 - 7 - 5218 - 5480 - 0

Ⅰ.①海…　Ⅱ.①蔡…②刘…　Ⅲ.①区域经济发展 - 研究报告 - 福建 - 2023　Ⅳ.①F127. 57

中国国家版本馆 CIP 数据核字（2024）第 004503 号

责任编辑：周胜婷
责任校对：李　建
责任印制：张佳裕

海峡西岸繁荣带发展研究报告 2023

HAIXIA XI'AN FANRONGDAI FAZHAN YANJIU BAOGAO 2023

蔡伟毅　刘　晔　主编

经济科学出版社出版、发行　新华书店经销
社址：北京市海淀区阜成路甲 28 号　邮编：100142
总编部电话：010 - 88191217　发行部电话：010 - 88191522
网址：www. esp. com. cn
电子邮箱：esp@ esp. com. cn
天猫网店：经济科学出版社旗舰店
网址：http：//jjkxcbs. tmall. com
固安华明印业有限公司印装
710 × 1000　16 开　17. 5 印张　300000 字
2024 年 1 月第 1 版　2024 年 1 月第 1 次印刷
ISBN 978 - 7 - 5218 - 5480 - 0　定价：88. 00 元
（图书出现印装问题，本社负责调换。电话：010 - 88191545）
（版权所有　侵权必究　打击盗版　举报热线：010 - 88191661
QQ：2242791300　营销中心电话：010 - 88191537
电子邮箱：dbts@ esp. com. cn）

前　　言

　　春回大地，万物更新，《海峡西岸繁荣带发展研究报告2023》如期与读者见面。多年来，海峡西岸繁荣带发展研究课题组一直致力于跟踪海西经济发展动向，搜集最新发展数据，深入调研海西发展状况，形成系统性的分析框架和理论观点，并在此基础上提出与时俱进的研究内容和政策建议。这已经是课题组第十二次发布海峡西岸繁荣带发展报告。

　　《海峡西岸繁荣带发展研究报告2023》延续了往年发展报告的风格和体例，所选的研究主题集中于海峡西岸繁荣带及福建省发展中的重点突出问题。全书将九个研究主题划分为四个板块：金融发展、文旅与贸易、创新与发展、中国式现代化。

　　福建省是"一带一路"以及"21世纪海上丝绸之路"的核心区，同时伴随着福州、厦门和平潭三个片区成为"自由贸易试验区"，福建省作为我国与东南亚地区经济联系的纽带，其经贸发展格局必将受到广泛而深远的影响。福建省以及海峡西岸繁荣带正处于良好的发展机遇期。

　　金融在现代经济中扮演着核心角色，而金融资本则是社会主义市场经济中的重要生产要素。习近平总书记非常重视金融资本服务实体经济，在福建工作期间提出了一系列重要理念和重大实践，为我们的工作指明了方向。福建是改革开放的重要省份之一，也是经济发展水平较高和较早发展资本市场的省份之一。当前，福建正处于抓住国家重大战略机遇、推动经济恢复和高质量发展的关键时期，需要金融资本发挥更大的作用，同时也为金融资本自身的发展提供了更加宽广的舞台。课题组探究了福建省资本市场建设、保险业以及绿色金融的发展问题，提出了相应的发展对策。

　　数字经济是当前全球经济发展的新趋势，福建省在数字经济发展方面也取得了显著进步。数字福建建设是福建省的重要基础性、先导性工程，福建省具备发展数字经济和数字贸易的坚实基础、良好条件和巨大潜力。本报告根据 DEPA 协议，为福建省在无纸化贸易、跨境数据流动规则及治理、产业数字化及数字技术发展、政策及体制机制创新等领域实现快速发展提供了相关政策建议。

另外，党的二十大报告强调了文化和旅游深度融合发展的重要性。福建省拥有丰富的自然和人文资源，应积极发展旅游业和文化产业，打造具有国际竞争力的旅游目的地和文化产业基地。本报告分析了福建省文旅融合的现状，并为福建省文旅深度融合提出了相关建议。

创新在经济发展中具有非常重要的地位。创新可以推动产业升级、提高生产效率、优化资源配置，从而促进经济的持续发展。特别是在数字经济时代，创新的重要性更加凸显。本研究探究了固定资产加速折旧政策对福建省企业创新的影响。同时，报告还对福建省的产业发展进行了深入的研究，提出了加快产业转型升级、推动产业集群发展的建议。

"十四五"是开启全面建设社会主义现代化国家新征程的第一个五年。海峡西岸繁荣带在中国式现代化进程中应发挥重要作用。福建省应积极探索中国式现代化的实现路径，通过推进经济、政治、文化、社会和生态文明建设，实现高质量、可持续发展。同时，报告还对福建省在国家区域协调发展中的地位和作用进行了深入的研究，提出了加强区域合作、推动区域协同发展的建议。

基于以上的现实状况与理论分析，课题组将如上的四个板块内容细分为九个专业选题，进而形成本年度的发展报告。本年度发展报告各个专题的内容简述如下。

专题一　福州资本市场建设与企业上市发展研究

"十三五"以来，福州市产业规模快速增长，产业结构持续优化，企业创新指标增势强劲，园区载体全面拓展，标准化建设不断推进。在未来，福州市还将围绕六大优势产业集群、结合地理区位因素构建现代产业体系和"一核两区三湾五板块"的总体空间架构。对福州市资本市场发展的 SWOT 分析表明，近年来福州市资本市场得到了快速发展，较为活跃，政策、优势、产业集聚和生态等优势十分明显。然而，福州市资本市场发展仍存在不足之处：第一，传统产业占比过高，科技创新型新兴产业基础较薄弱；第二，产业技术创新能力不足，高水平科技创新平台偏少，上市后备企业科创属性不强；第三，上市企业质量不够高，市值和再融资规模普遍偏小；第四，本土市场保荐代理队伍偏少，区域股权市场功能偏弱。通过借鉴苏州、宁波等城市资本市场发展的成功经验，本专题提出如下对策：第一，引导扩充产业集群与企业规模，加强政策支持与服务意识，建立相应的产业引导与基金支持，并完善后备企业与储备机制，从而完善产业集群与企业选择；第二，鼓励国有企业进行市场化改革并进行资源引进，为国企与上市公司营造公平的竞争环境和良好的市场环境，从而提升国企规模与上市意愿；第三，鼓励员工持股并降低税负，加大国企混改的成功案例宣传引导力度，并加强资本市场监管，运用创新性思维解决历史遗留问题，从而推动上市公司加强公司治理；第四，改善审核流程与行政方式，加强合规引导和行业自律，通过针对性税收优惠政策和提高税务部门对上市公司服务水平营造良好的营商环境；第五，通过培训、业务交流等方式全面提升政府、中介及员工的素质；第六，通过完善政策配套支持、协调各方有效联动、建立健全人才引进激励机制等，加强制度建设与措施保障。

专题二　福建省保险业发展研究

随着海西地区经济的发展，保险业也在快速发展中，研究福建省保险业的发展具有重要的现实意义。本专题分别从保险业的发展水平、发展结构以及与经济协调发展的程度三个角度对福建省保险业的发展现状进行细致的剖析，并将其与长三角、珠三角进行对比分析。研究发现，福建省整体保险业发展态势强劲，但是市级区域间的保险发展水平差距明显，福建省保险业对促进福建省就业的贡献度仍在比较低的水平上，保险业的社会管理功能发挥有限。在此基础上，本专题分析了福建省保险业发展存在的问题，提出了相应的发展对策，并基于时代背景进行了前景展望。

专题三　福建省绿色金融发展研究

建设高效运转的绿色金融体系是贯彻落实"绿色"发展理念，统筹推进产业绿色低碳循环发展，落实"碳达峰""碳中和"战略的内在要求。近年来依据得天独厚的地域优势，福建省绿色金融发展持续走在全国前列，特别是在产品创新、权益市场培育等方面开展了一系列的探索实践。本专题着眼于福建省绿色金融发展实践，梳理其取得的一系列成效——组织体系不断健全、产品服务不断创新、权益市场不断壮大等；同时，也指出其发展上的一些制约因素，例如，绿色金融产品更多集中于绿色信贷，绿色债券、绿色基金以及绿色权益市场发展仍不充分，在信息披露上还不完善，等等。基于此，本专题提出进一步加强完善绿色金融政策体系和激励机制、完善金融监管、开展国内国际合作交流等对策措施，以加快实现福建省绿色金融的发展目标。

专题四　福建省对标 DEPA 争创数字贸易新优势研究

DEPA 是全球首个以数字经济为重点、模块化设计的多边数字经贸协定。DEPA 最具特色的条款包括数字贸易便利化、数据跨境流动与创新、新兴技术领域合作等，亦为该项协定的核心内容。数字福建建设是福建的基础性、先导性工程。福建发展数字经济与数字贸易基础坚实、条件良好、潜力巨大。为对标 DEPA 高标准数字贸易规则，福建省跨境贸易数字化发展方向应当侧重于无纸化贸易、跨境数据流动规则及治理、产业数字化及数字技术发展、政策及体制机制创新等领域。对标 DEPA 协议，为实现福建省在上述领域的快速推进，结合福建省数字经济发展基础和优势，应在统筹协调、人才培育、核心技术攻关与国际技术合作、数字贸易规则等方面采取相关措施。

专题五　福建文旅深度融合研究

党的二十大报告提出："要坚持以文塑旅、以旅彰文，推进文化和旅游深度融合发展"，文旅深度融合已成为新时期文化和旅游产业发展的共识。本专题以福建省文旅深度融合为研究对象，首先全面剖析了新时代福建省文旅深度融合的机理、优势与潜力、诸多创新模式；然后，利用现实数据对福建省各地市文旅融合水平指标进行测算，分析福建省文旅融合现状；最后，基于分析和测算结果，从政策引导、产业转型、人才培养和宣传营销四个方面对加快福建省文旅深度融合提出建议。

专题六　固定资产加速折旧政策对福建企业创新的影响

本专题以 2007~2022 年福建省 A 股上市公司数据为样本，采用多期双重差分模型，检验了固定资产加速折旧政策对福建省企业创新的影响。研究发现：固定资产加速折旧政策能显著促进福建省企业的创新投入，但对创新产出则缺乏显著影响。机制分析发现，固定资产加速折旧政策能通过缓解企业融资约束促进企业创新投入。进一步分析发现，该政策的效果受企业股权性质和融资约束程度制约，国有企业较非国有企业促进效果更好，但从使用政策的意愿来看，非国有企业使用意愿更强烈；融资约束越宽松的企业，政策促进效果越好。基于以上实证结论，结合课题组对福建企业的实地调研发现，本专题就完善固定资产加速折旧政策提出了具有针对性的政策建议。

专题七　福建省高新技术产业发展的对策研究

福建高新技术企业存在着技术创新的竞争力弱、高新技术企业数量偏少、规模小、产业集群竞争力水平不高、高新技术企业存在着融资难融资贵等问题。本专题分析了中国台湾高新技术企业发展及台商在福建高新技术领域投资发展的概况，进而将福建与长三角及珠三角高新技术企业进行了比较分析。在上述研究的基础上，本专题提出了促进福建高新技术产业加速发展的对策建议，即培育扶持发展一批创新型领军高新技术企业，促进高新技术产业及企业集聚发展，千方百计促进闽台高新企业融合发展，深化福建与东部发达地区高新技术企业的合作，进一步优化发展高新技术企业优化发展的金融环境，制定更具有吸引力的高新技术才引进政策，建设国际高水平的营商环境。

专题八　中国式县域现代化的"晋江经验"

党的二十大报告提出以中国式现代化全面推进中华民族伟大复兴，县域现代化是中国式现代化的基础，是事关中国式现代化建设和中国崛起的核心问题。"晋江经验"提出 20 年来，晋江从县域层面充分演绎了中国式现代化的历史进程，并为其他县域经济提供了一个可借鉴的成功样本。本专题梳理了晋江中国式县域现代化的基本内涵及六个特性，进而概括了晋江中国式县域现代化的内生动力。在向第二个百年奋斗目标迈向的新征程上，晋江要以党的二十大精神为指引，积极探索新时代中国式县域现代化的"晋江经验"，重点在九个方面取得新突破，形成新经验。

专题九　生态福建建设的模式、问题与对策分析

生态福建的发展战略已经形成了四种代表模式，即晋江生态绿城模式、长汀水土治理模式、三明绿色发展模式、厦门生态城市模式。生态福建建设中存在的问题主要体现在：生态产业不强，企业绿色转型迟缓，生态补偿机制亟待进一步完善，生态福建模式亟须总结与推广，生态文明制度有待健全，"多区叠加"机遇需要新的抓手。进一步，生态福建的实现途径有：完善福建主体功能区建设，实施生态城镇化战略，推行美丽乡村振兴战略，推动工业园区绿色转型升级，促进产业绿色转型。促进生态福建建设相应的政策建议是：推广生态福建成功经验，促进企业绿色发展，进一步健全完善生态文明制度，进一步完善生态补偿制度，充分利用"多区叠加"优势。

目　　录

板块一　金融发展

板块二　文旅与贸易

板块三　创新与发展

板块四　中国式现代化

板块一　金融发展

专题一　福州资本市场建设与企业上市发展研究

一、福州产业与资本市场发展综述

近年来，福州市全面贯彻落实习近平总书记来闽考察重要讲话指示精神，以党的二十大战略部署为引领，主动承担新时代福州产业发展的历史使命，坚持"3820"战略工程思想精髓，聚焦"六城五品牌九行动"，全面贯彻落实"强省会"、福州都市圈等重大战略，重点发展"数字经济""海洋经济""绿色经济""文旅经济"，加快构建现代产业体系，推进福州制造业数字化、智能化、绿色化升级，推进现代服务业规模化、多元化、高端化发展，推进特色农业生态化、精细化、都市化转型，将福州打造成为东南沿海地区重要的综合性现代产业集聚区。

（一）福州市产业发展现状及发展方向

1. 产业发展现状

（1）产业规模快速增长。

"十三五"期间，福州地区生产总值逐年攀升，从期初的不足6000亿元提高到万亿元水平。继2020年首次突破万亿地区生产总值门槛后，2021年，福州实现地区生产总值11324.48亿元，同比增长8.4%。2022年，福州地区生产总值高达12308.23亿元，同比增长4.4%，超过济南和合肥，排名全国第18位，同时继续巩固福建省经济总量榜首的位置；第一产业增加值683.38亿元，同比增长3.0%；第二产业增加值4656.90亿元，同比增长

5.2%；第三产业增加值 6967.95 亿元，同比增长 4.0%。2022 年，三次产业对经济增长贡献率分别为 3.7%、43.9%、52.3%，分别拉动其增长 0.2、1.9、2.3 个百分点；三次产业占比为 5.6∶37.8∶56.6。工业增加值从 2016 年的 1877 亿元提高到 2021 年的 2532 亿元，年均增速达 5.6%。2022 年，工业增加值达 3020.19 亿元，比上年增长 2.9%；其中，规模以上工业增加值增长 3.8%。①

（2）产业结构持续优化。

2016 年以来，福州市在紧紧围绕"142"产业发展战略的基础上，做强一批引领产业、壮大一批新兴产业、提升一批基础产业，并逐步推动"142"产业体系转向"344"产业体系，即：重点发展电子信息、化工新材料、纺织化纤 3 大引领产业，培育壮大软件信息、新能源、高端装备、生物医药 4 大新兴产业，优化提升冶金、建材、食品、轻工 4 大基础产业。《2022 年福州市国民经济和社会发展统计公报》显示，福州市产业结构持续优化，第一产业占比从"十三五"期初的 6.6% 下降至 2022 年的 5.6%，第二产业占比从 44.3% 下降至 37.8%，第三产业占比从 49.1% 升至 56.6%。在工业方面，逐步形成以纺织化纤、轻工食品、机械制造、电子信息、冶金建材、石油化工、生物医药、新材料及新能源等 8 大重点产业为主导的特色产业体系。

据统计，2021 年，福州市共有 569 家规上纺织化纤企业，完成工业总产值 3302.1 亿元，占福州规上工业总产值约 27%，为福州市第一大产业集群②；轻工食品、电子信息、机械制造、冶金建材等行业产值均超千亿元，规模进一步提升，其中，预计到 2025 年，电子信息产业规模将达到 2300 亿元。2022 年，福州市高端精细化工产业链产值约 700 亿元，预计到 2025 年，全市高端精细化工产业规模达到 2000 亿元。数字经济规模从 2018 年的 2800 亿元增长到 2022 年的超 6100 亿元，占福州生产总值比重从 36% 提高到超 50%，规模和增速均居福建省第一。战略性新兴产业增加值占比从 2015 年的 21.9% 提升到 2021 年的 27.9%。海洋新兴产业迅速崛起，福州海洋生产

---

① 资料来源：《2021 年福州市国民经济和社会发展统计公报》和《2022 年福州市国民经济和社会发展统计公报》。

② 李琪，石磊磊. 数字赋能 福州纺织化纤加快转型升级［EB/OL］.（2023 - 01 - 26）［2023 - 10 - 27］. https：//news. fznews. com. cn/fzxw/20230126/48A1N1yh6p. shtml.

总值超过 3000 亿元。①

（3）技术创新不断增强。

近年来，福州作为福建省科技创新高地，创新队伍不断壮大，企业活力持续增强，科技创新指标增势强劲。2022 年，福州市高新技术企业倍增计划项目推进工作取得重大突破，国家高新技术企业总量从 2015 年的 444 家增加到 3759 家，跃居福建省第一，是 2015 年的 8.47 倍②。2022 年，福州共有 1572 家企业通过第一、第二批国家高新技术企业认定，较 2021 年净增 964 家，净增数连续 5 年福建省第一。2021 年度，福州高新技术企业实现营业收入 2980.3 亿元，同比增长 32%，是 2015 年的 3.55 倍。2021 年，福州市 132 家企业入选省数字经济核心产业领域创新企业，占福建省总量的 42%。福州市研发经费投入水平从 2015 年的 98.76 亿元增至 2021 年的 257.40 亿元。③

福州拥有福建省最大的大学城，近年来坚持高标准建设福建东南科学城和科创走廊，打造一批重点实验室、新型研发机构、行业技术创新中心等高水平科研平台。借助创新平台汇聚资源，有效促进了高校、科研院所、龙头企业创新效率提升；采用院、校、地合作模式，建成中国科学院海西院、福建光电创新实验室、物联网开放实验室、清华福州数据科学研究院等一批大型科研平台。福州省级新型研发机构 57 家，省级技术转移机构 28 家，省级重点实验室及工程技术研究中心 264 家，居福建省第一；市级行业技术创新中心 53 家。特别是闽都创新实验室和海峡创新实验室两家福建省实验室落地福州，集聚了 200 多位高水平科研人员，包括 6 位院士，目前已掌握关键核心技术 40 多项，完成重大创新成果 10 多项，多项成果产业化成效显著。④

（4）园区载体全面拓展。

"十三五"期间，福州市积极推动园区标准化建设，先后印发《福州市工业（产业）园区标准化建设推进制造业高质量发展实施方案》《福州市工业（产业）园区标准化建设深化改革行动方案》，分类指导 17 个重点园区改造提升。目前，福州下辖的区市县都设有工业园区。

---

①③④　福州市人民政府办公厅关于印发福州市"十四五"工业和信息化产业发展专项规划的通知［EB/OL］.（2022 – 05 – 09）［2023 – 10 – 27］. https：//www.fuzhou.gov.cn/zgfzztt/sswgh/fzssswghzswj/202205/t20220509_4357759.htm.

②　梁凯鸿，林双伟. 福州：国家高新技术企业总量全省第一［N］. 福州晚报，2023 – 02 – 13.

2021 年，重点工业园区规模以上工业企业数量占福州总量的 70% 左右，规模以上工业总产值占福州总量的 85% 左右；培育形成 4 个规模超千亿元园区，培育 3 个国家级及 1 个省级新型工业化产业示范基地，1 个国家级及 4 个省级战略性新兴产业集群。[①]

2. 福州市产业发展方向

为全面贯彻落实强省会、福州都市圈等重大战略，加快发展"数字经济""海洋经济""绿色经济""文旅经济"，有效推进福州市产业高质量发展超越，按照福州市委市政府工作部署，福州市发改委同国家发改委国土开发与地区经济研究所，联合编制了《福州产业发展规划（2022—2035 年）》（以下简称《规划》），在总结福州市产业发展成就的基础上，为福州市中长期产业发展与空间布局提供了重要依据。该规划将福州市定位于我国重要的数字经济集聚区、东南沿海传统产业转型升级先导区、粤闽浙沿海城市群"三新"产业发展主体区、粤闽浙沿海城市群新兴海洋产业引领区、福建现代高端服务业发展支撑区、都市圈特色精品农产品供给保障区，并将打造成高端产业与产业高端并重、协同发展与发挥优势并重、规模拓展与资源集约并重、发展超越与生态优先并重、两岸融合与区域协作并重的东南沿海地区重要的综合性现代产业集聚区。

（1）产业体系建设。

依《规划》，到 2025 年，福州将完成产业布局协调机制构建，完成产业园区功能调整和布局优化。同时，结合福州主城区规模拓展，初步完成现代服务业布局调整，到 2030 年，全面完成市域现代服务业布局调整。到 2035 年，将形成板块分工格局清晰的产业布局空间结构，即以先进制造业为主导，高端现代服务业为支撑、特色生态农业为辅助的现代产业体系。

同时，福州还将以省级以上产业园区为依托，引导重点产业通过产业链关联实现集聚发展，打造六大优势产业集群。

一是万亿级数字产业集群。以东南大数据产业园为核心集聚区，整合周边县区数字产业资源，形成福州市数字产业一体化布局。数字产业规模到 2025 年达 6000 亿元，到 2030 年达 8000 亿元，到 2035 年突破 1 万亿元；到

---

① 颜澜萍. 福州工业（产业）园区标准化建设"成绩单"亮眼 [N]. 福州日报，2022 – 08 – 17.

2040 年，全面实现高水平的产业数字化、数字产业化，形成有全球影响力的数字产业集群。

二是 8000 亿新兴海洋产业集群。依托福建三峡海上风电国际产业园、闽台（福州）蓝色产业园的风电产业集聚优势，打造风电全产业链基地。依托连江、罗源相关产业园区，推动关联产业成组布局，构建引领性的国家级海洋装备制造基地。依托高新区、仓山区医药产业园等平台载体资源集聚优势，形成国家重要的海洋生物资源精深加工基地。新兴海洋产业规模到 2025 年突破 2500 亿元，到 2030 年突破 4000 亿元，到 2035 年突破 6000 亿元，到 2040 年突破 8000 亿元。

三是 8000 亿功能性纺织化纤产业集群。引导纺织化纤产业向柔性化、智能化、精细化转型升级，大力发展绿色、功能性、差别化、可循环纺织化纤产业。纺织化纤产值到 2025 年突破 4000 亿元，到 2030 年突破 6000 亿元，到 2035 年突破 8000 亿元；到 2040 年，纺织化纤产业形成具有全球影响力的超大规模产业集群。

四是 6000 亿绿色钢铁化工集群。依托罗源湾深水大港，以宝钢德盛、三钢闽光等企业为龙头，大力吸引福州钢铁工业资本回流，建设罗源湾精品钢基地。钢铁工业规模到 2025 年达 1000 亿元以上，到 2030 年达 2000 亿元以上，到 2035 年，稳定在 2000 亿元以上；到 2040 年，形成具有全球影响力的特钢、不锈钢生产基地。同时，引导高端化工产业与钢铁工业成组布局，打造罗源湾高端化工产业基地。高端化工规模到 2025 年达到 2000 亿元以上，到 2030 年达到 3000 亿元以上，到 2035 年达到 4000 亿元以上；到 2040 年，形成具有全球影响力的高端化工生产基地。

五是 6000 亿新材料新能源产业集群。依托化工副氢等资源优势，以福清、长乐、闽侯等为核心发展区，大力发展氢能、光伏、核能、储能等清洁能源。依托万华化学、中景石化等龙头企业，加快推进先进基础材料企业工艺技术升级进程；依托中国科学院福建物质结构研究所、福州大学等科研机构及福耀、坤彩、阿石创等企业，重点发展高端电子化学品、功能性有机发光材料、第三代半导体材料、智慧玻璃、珠光材料、溅射靶材、光伏玻璃等关键战略材料。新材料新能源产业集群产能到 2025 年突破 2000 亿元，到 2030 年突破 4000 亿元，到 2035 年突破 6000 亿元；到 2040 年，形成我国重要的新材料新能源产业集聚区。

六是 2000 亿新能源汽车产业集群。依托东南汽车、福建奔驰等龙头企业，引进新能源汽车整车厂及汽车产业链相关项目。到 2025 年，初步形成整车生产能力；到 2030 年，新能源汽车规模突破 1000 亿元；到 2035 年，高端汽车规模力争突破 2000 亿元；到 2040 年，形成在我国东南沿海地区具有重要地位的大型新能源汽车生产基地。

（2）产业空间布局。

福州市立足产业发展的现实基础，结合产业空间布局特点和重点产业优化发展需求，以"生产空间集约高效、生活空间宜居适度、生态空间山清水秀"为目标，按照"核心引领、山海协同、湾区联动、板块支撑"的总体思路，引导优势产业向相关区域集聚，构建"一核两区三湾五板块"的产业总体空间架构。

"一核"是依托福州盆地，打造引领福州产业发展的主城核心区，包括鼓楼、台江、仓山和晋安南部四个核心区，以及三江口、吴航玉田、青口、旗山、荆溪五大组团。推动高端制造业和高端服务业向核心区集聚，提升业态能级，提高城市品位，增强中心城区的集聚效应和对外辐射能力，打造引领全市产业发展的核心引擎。

"两区"是依托西北山区和东南滨海地带，打造生态经济片区和产城融合片区。两大片区围绕主城核心区，立足自然和产业基础，错位发展、山海协同。其中，生态经济片区重点发展特色农业、生态工业、旅游业和大健康产业；产城融合片区重点发展先进制造业、临港大工业和现代服务业。

"三湾"是依托环罗源湾、泛闽江口和环福清湾，围绕临港经济、先进制造和湾区经济三类产业发展主导方向，打造分工有序、功能联动的三大现代化湾区。环罗源湾，包括罗源县和连江县的滨海区域，重点发展临港经济，搞好冶金、化工、电力能源、修造船等临港工业。泛闽江口，包括马尾和长乐的沿江滨海区域，重点发展先进制造，搞好纺织服装、食品加工、机械加工等传统产业的转型升级和电子信息、高端装备、海洋生物医药等园区型产业的优化布局。环福清湾，包括福清湾和江阴湾，重点发展湾区经济，搞好临港重化工业转型升级和电子信息、海工装备、新能源、生物医药等园区型产业的优化布局。

"五板块"是着力打造特色突出、功能明确的五大产业板块。一是高端服务业板块，包括鼓楼、台江、仓山全域和晋安南部主城区部分，涉及福州软件园、福州新区仓山功能区、福州金山工业园、福州福兴经开区 4 个重点园区。重点发展总部经济、平台经济、楼宇经济，优先布局战略性新兴产业和高端服务业，引导传统制造业和商贸物流服务业向外围围县转移。二是高端制造业板块，包括三江口、吴航玉田、青口、旗山、荆溪五大组团，以及马尾和长乐，涉及福州高新区核心园、福州经开区、闽侯青口汽车工业园、闽侯经开区、福州新区长乐功能区、闽江口工业集中区、福州临空经济区 7 个重点园区。重点发展科创经济、园区经济，优先布局电子信息、高端装备、生物医药、新能源等高新技术产业。三是港产城联动板块，包括福清全域，涉及福清融侨经开区、福州江阴经开区、福州新区元洪功能区、闽台（福州）蓝色经济产业园 4 个重点园区。结合城市副中心建设，推进实体经济、科技创新、现代金融、人力资源协同发展，集聚提升先进制造、高端商务、滨海旅游等功能，壮大现代工业，加快发展现代服务业，培育发展海洋经济。四是临港大工业板块，包括罗源和连江滨海区域，涉及福州台商投资区、罗源湾经开区、连江经开区 3 个重点园区。依托深水港口资源，积极发展港口物流和临港工业，完善服务配套，协调罗源湾南北岸产业布局，推动冶金、能源产业升级。五是生态低碳产业板块，包括闽清、永泰全域和闽侯、晋安北部山区，涉及闽清经开区、数字永泰产业园 2 个重点园区。立足生态优势大力发展特色农业和休闲旅游，依托城区和重点园区适度发展特色产业，形成点状集聚、面域保护的发展格局。

（二）福州资本市场发展现状

福州资本市场发展相对较为成熟。近年来，福州市的资本市场得到了快速发展，包括上市公司数量、规模、债券发行数量和私募基金发展状况等方面都有不少的成绩，但与苏州、宁波等体量相近且资本市场活跃的沿海城市相比仍有一定差距。

1. 上市公司发展现状

截至 2023 年 8 月，福州市境内外上市公司累计 98 家，福州市企业利用资本市场融资较为活跃，发展较为迅速。自 1993 年 A 股设立以来，经过近 30 年的发展，福州市 A 股上市公司从 3 家增长到 54 家，总市值达 8685.57 亿元；境外上市公司累计 44 家，现存续 23 家（见图 1）。

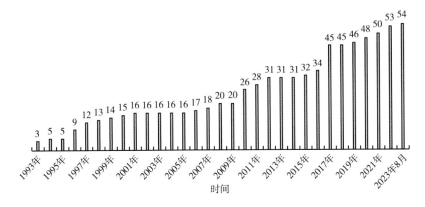

图 1 1993 年以来福州市 A 股上市公司数量（单位：家）

注：数据不包括已退市公司。

资料来源：时代数据、Wind、天眼查。

截至 2023 年 8 月，福建省共有 A 股上市公司 171 家，福州市以 54 家的数量位列全省第二，落后于排名第一的厦门 12 家。2015 年以前，福州市上市公司数量均居福建省首位，但近年来已被厦门市反超。2022 年，福建省新增 A 股上市公司 9 家，福州市及厦门市各 3 家，并列全省第一。2023 年截至 8 月，福建省新增 A 股上市公司 4 家，其中福州和泉州各新增 1 家，厦门则新增 2 家。①

2022 年 11 月 28 日，福建省地方金融监督管理局发布《2022 年度福建省重点上市后备企业名单》，共 502 家企业入选。其中，福州市 140 家，是福建省重点上市后备企业数量最多的地区，超出排名第二的厦门 4 家。福州市地方金融监督管理局印发《2022 年福州市重点上市后备企业名单》，2022 年福州市重点上市后备企业共 263 家。

福州市 A 股上市公司中影响力较大的有兴业银行、福耀玻璃、兴业证券、永辉超市等。其中，兴业银行作为国内系统重要性银行，在助力福州加快数字产业化及产业数字化、海洋经济高质量发展、绿色循环低碳发展、文旅资源开发利用等具体项目实施中发挥了重要作用；此外，兴业银行还为福州"专精特新"等科技型企业提供全线上融资服务，助力"专精特新"中

_____

① 资料来源：时代数据、Wind、天眼查。

小企业上市。

与苏州、宁波等城市相比，福州市的上市公司数量和规模还存有一定差距。截至 2022 年 12 月 31 日，苏州市共有 A 股上市公司 198 家，总市值为 16202.39 亿元①；宁波市共有 114 家 A 股上市公司，总市值达到了 13798.17 亿元。② 从上市公司数量和市值来看，福州市仍有较大的追赶空间。

2. 债券发行现状

福州市债券市场发展较为活跃。近年来，福州市政府及企业债券发行数量呈逐年上升趋势。此外，企业债券发行也不断增加。例如，福州新区开发投资集团有限公司 2022 年面向专业投资者非公开发行创新创业公司债券（第一期）在上海证券交易所成功发行，债券发行规模达 6 亿元。③ 2022 年 12 月 14 日，由兴业银行牵头、工商银行联席主承销的"宁德时代新能源科技股份有限公司 2022 年度第一期绿色中期票据"成功发行，金额 50 亿元、期限 3 + 2 年。④ 该债券系人民银行福州中心支行联合中国银行间市场交易商协会组织金融机构点对点服务企业发债，引导绿色债券创新的成果，成为全国银行间债券市场首单锂电行业绿色债券，也是福建省内企业单笔发行金额最大的绿色债券。

福州市的债券市场发展稳健，为福州市企业的融资提供了重要的支持。但是与国内其他金融发达城市相比，福州市的债券市场发展还有较大的提升空间。

3. 私募基金发展现状

中国基金业协会统计数据显示，截至 2022 年 12 月 31 日，福建省（不含厦门）共有私募基金管理人 245 家，管理基金数量达 1852 个，管理基金规模达 1679.26 亿元；而宁波市有私募基金管理人 755 家，管理基金数量达 5275 个，管理基金规模达 7489.31 亿元。与宁波相比，福州市的私募基金发

① 资料来源：《2022 年苏州市国民经济和社会发展统计公报》。

② 宁波上市公司之窗 [EB/OL]. [2023 - 10 - 27]. https://www.jiemian.com/special/2788.html.

③ 资料来源：上海证券交易所发布的《关于福州新区开发投资集团有限公司 2022 年面向专业投资者非公开发行创新创业公司债券（第一期）挂牌的公告》。

④ 刘凡等. 全国银行间债券市场首单锂电行业绿色债券落地福建 [EB/OL]. (2022 - 12 - 16) [2023 - 10 - 27]. https://www.financialnews.com.cn/qy/dfjr/202212/t20221216_261711.html.

展尚处于起步阶段，还有较大的提升空间。

4. 资本市场交易现状

《2022 年福州市国民经济和社会发展统计公报》显示：2022 年，福州全市股票、基金交易额 111051.12 亿元，全年期货交易额 43312.15 亿元；年末股民资金开户数 535.04 万户，新增 34.93 万户；年末期货公司 3 家，期货营业部 35 个；证券公司 2 家，营业部 132 个；外资金融机构（不包含保险和证券机构）在福州设立的分行 10 个；全年保险公司保费收入 403.81 亿元，比上年增长 6.3%，其中，财产险保费收入 105.15 亿元，人身险保费收入 298.66 亿元；全年赔付支出 136.73 亿元，比上年下降 2.2%，其中，财产险 68.05 亿元，人身险 68.68 亿元。

《2022 年宁波市国民经济和社会发展统计公报》显示：宁波同年完成证券成交总额 12.0 万亿元，其中股票和基金成交额 6.5 万亿元；年末客户证券资产总额 12900.9 亿元，增长 7.0%；全年期货代理交易量 11154.0 万手，代理交易额 7.3 万亿元；年末证券投资者开户数 286.0 万户，年末共有 1 家证券公司、32 家证券分公司、167 家证券营业部、1 家证券投资咨询公司、1 家期货公司、13 家期货分公司和 40 家期货营业部；继续推进"凤凰行动"宁波计划，2022 年新增境内上市公司 8 家，完成首发（IPO）融资 69.6 亿元，年末境内上市公司总数达 114 家；全年各类公司通过定向增发、公司债券等工具再融资 972.7 亿元；2022 年末共有市级及以上产险机构 31 家、寿险机构 26 家、专业中介机构 87 家；全年完成保费收入 416.1 亿元，其中，财产险保费收入 190.7 亿元，人身险保费收入 225.4 亿元；全年提供风险保障 45.5 万亿元；全年赔付支出 163.4 亿元，其中财产险赔付支出 117.7 亿元，人身险赔付支出 45.7 亿元。

具体来看，全国性券商方面，全国主要券商在福建和福州均有设立各级机构。本土券商方面，注册地在福州的证券公司有兴业证券和华福证券。兴业证券股份有限公司（兴业证券）于 1991 年 10 月 29 日成立，2010 年 10 月在上海证券交易所首次公开发行股票并上市，是中国证监会核准的全国性、综合类、创新型、集团化、国际化证券公司，在我国 31 个省、市、区共设有 286 个分支机构，其中分公司 116 家、证券营业部 170 家。截至 2023 年 6 月末，总资产 2613 亿元，净资产 582 亿元，境内外员工近 1 万人，涵盖证券、基金、期货、资产管理、股权投资、另类投资、境外业务、区域股权市场等专业领域。① 华福证券前身为福建省华福证券公司，成立于 1988 年 8 月，是全国首批成立的证券公司之一；2003 年 4 月，增资改制并更名为广发华福证券有限责任公司；2011 年 7 月，更名为华福证券有限责任公司，为福建省属国有金融机构，注册资本 33 亿元，构建起包括证券经纪、融资融券、资产管理、保荐承销和新三板主办等完整的证券全牌照业务体系，经营范围包括证券、基金销售、托管、期货中间介绍等业务。截至 2023 年 8 月，华福证券在全国设有 50 家分公司、176 家证券营业部，形成了全国化经营网点布局，并创造了全国首单绿色创投债、全国首单上交所公募创新创业债、全国首单地产类租赁资产证券化项目等发行先例。②

区域股权市场方面，截至 2023 年 8 月底，福州海峡股权交易中心共有展示企业总数 8241 家，挂牌企业总数 552 家，托管企业总数 344 家，托管总股本 215.35 万股，实现融资 196.44 亿元。同期，厦门两岸股权交易中心共有展示企业 4832 家，托管企业 565 家，挂牌企业 320 家；宁波股权交易中心共有挂牌企业 3596 家，累计挂牌企业 4002 家，托管企业 291 家，培育企业 4548 家。与宁波等地相比，福州区域股权市场发展有待提高。

综合来看，福州市资本市场发展已经取得了不少的成绩，但仍有较大的提升空间。未来，福州市需继续加大支持资本市场发展的力度，进一步扩大上市公司数量和规模，完善债券市场体系，促进私募基金等领域的发展，以推动福州市资本市场更加快速和稳健的发展。

二、福州资本市场发展的 SWOT 分析

（一）福州资本市场发展面临的外部环境

1. 全面注册制改革

2023 年 2 月 17 日，证监会发布全面实行股票发行注册制相关制度规则，

---

① 兴业证券公司简介 ［EB/OL］. ［2023 - 10 - 27］. https：//www. xyzq. com. cn/xysec/aboutus/11084.

② 华福证券公司简介 ［EB/OL］. ［2023 - 10 - 27］. https：//www. hfzq. com. cn/About. aspx.

证券交易所、全国股转公司、中国结算、中证金融、证券业协会配套制度规则同步发布实施，全面实行股票发行注册制正式落地。从科创板先行、创业板推广、开设北交所，再到如今的全面注册制启动，四年试点蓄力，证明"试点先行、先增量后存量、逐步推开"的改革路径符合中国国情，资本市场改革全面深化。这一重大改革，意味着注册制推广到全市场，标志着新一轮资本市场改革迈出了决定性的一步，为资本市场服务高质量发展打开了更广阔的空间。全面注册制改革呈现四大亮点。

第一，不同板块定位的差异化进一步明确，"错位发展"的市场格局基本形成。主板主要突出大盘蓝筹特色，重点支持业务模式成熟、经营业绩稳定、规模较大、具有行业代表性的企业；科创板将优先支持符合国家战略、拥有关键核心技术、科技创新能力突出、主要依靠核心技术开展生产经营、具有较强成长性的企业；创业板及北交所将分别服务于成长型创新创业企业及创新型中小企业。注册制下的差异化定位有助于我国证券交易所市场由单一板块逐步向多层次拓展，形成功能互补的市场格局。

第二，把选择权交给市场，强化市场约束和法治约束。建立以信息披露为核心的运行机制，有力约束市场主体行为，发行上市全过程更加规范、透明、可预期，具体体现在五个方面。一是大幅优化发行上市条件。注册制仅保留了企业公开发行股票必要的资格条件、合规条件，将核准制下的实质性门槛尽可能转化为信息披露要求，监管部门不再对企业的投资价值作出判断。二是切实把好信息披露质量关。审核把关将更加严格，主要通过问询来进行，督促发行人真实、准确、完整披露信息。同时，综合运用多要素校验、现场督导、现场检查、投诉举报核查、监管执法等多种方式，压实发行人的信息披露第一责任、中介机构的"看门人"责任。三是坚持开门搞审核。审核注册的标准、程序、内容、过程、结果全部向社会公开，公权力运行全程透明，严格制衡，接受社会监督，与核准制有根本的区别。四是优化发行承销制度。对新股发行价格、规模等不设任何行政性限制，完善以机构投资者为参与主体的询价、定价、配售等机制。五是完善上市公司重大资产重组制度。各市场板块上市公司发行股份购买资产统一实行注册制，完善重组认定标准和定价机制，强化对重组活动的事中事后监管。

第三，完善审核注册程序，进一步明晰职责分工。坚持证券交易所审核和证监会注册各有侧重、相互衔接的基本架构，进一步明晰证券交易所和证监会的职责分工，提高审核注册效率和可预期性。证券交易所审核过程中发现重大敏感事项、重大无先例情况、重大舆情、重大违法线索的，及时向证监会请示报告。证监会同步关注发行人是否符合国家产业政策和板块定位。同时，取消证监会发行审核委员会和上市公司并购重组审核委员会。

第四，强化监管执法和投资者保护，推进常态化退市机制。在监管方面，上交所、深交所及北交所分别出台了数部与全面实行股票发行注册制相配套的规则及指南，细化责令回购制度安排，市场监管力度大幅提高，监管内容愈发全面。加速形成常态化退市机制，深入推进中介机构廉洁从业建设，保证信息披露的真实准确完整。在投资者保护方面，我国建立了中国特色的证券集体诉讼制度，依法从严打击证券发行、保荐承销等过程中的违法行为。

2. 香港上市制度改革

作为全球主要国际金融中心，港交所与纽交所、纳斯达克交易所一样，较早建立了以信息披露为核心的上市发行制度，上市环节公开、透明，上市周期短、效率高。香港上市制度对不同类型企业，特别是对红筹、VIE 架构企业的包容性更强。受益于规则优势，香港成为大量优质内地企业上市融资的重要目的地，不仅支持香港成为全球金融危机后国际领先的新股融资中心，而且起到连接国内、国际市场的独特功能，促进了香港经济金融的繁荣发展，打造了香港国际金融中心地位。

随着近年来创新企业成为上市融资主力，香港不断反思完善上市制度，弥补产品及服务上的欠缺，提高香港上市制度对新经济企业的包容性。香港在 2018 年启动过去 25 年的最大上市制度改革，主要内容是包容同股不同权企业上市、大中华企业二次上市和未盈利生物科技企业上市；随后，2021 年再度放松二次上市门槛并设立特殊目的收购公司（SPAC）上市机制，以更大力度支持中概股二次上市和各类科技创新融资活动。2023 年 3 月 31 日，香港交易所正式在《主板上市规则》中新增第 18C 章节（18C 改革），支持尚未盈利或未达到主板收益要求的新一代信息技术、先进硬件、先进材料、新能源与节能环保、新食品及农业技术等五类特专科技企业在香港上市。香港“18C 改革”能够和内地科创板形成补充，有助于丰富我国资本市场的层次，拓宽我国新经济企业融资渠道。香港"18C 改革"能够包容科创板在吸纳未商业化"独角兽"科技企业方面的不足，在研发指标、行业属性等方面更加宽松灵活，为不能满足科创板上市条件的科技企业提供了新的上市渠道。

2018 年以来港交所上市制度改革吸引多家同股不同权大型新经济企业和生物科技企业赴港上市。2019 ~ 2021 年港交所 IPO 融资均在 3000 亿港元以上，2019 年、2020 年分别位居全球交易所 IPO 融资额第一、第二，是目前亚洲最大、全球第二大生物科技融资中心。2018 年上市制度改革改变了香港过去以传统行业为主的股票市场结构，资讯科技业和生物医药业占港交所总市值比重从 2017 年末的不到 15% 上升至 2022 年末的接近 33%，占同期总成交额的比重从 16% 上升到 41%[①]。新经济企业的加入不仅巩固香港全球领先新股融资中心地位，同时促进证券交易、资产管理、金融衍生品等更多金融业务的增长，提升香港对国际金融机构、人才和资金的吸引力，巩固了香港国际金融中心地位。

3. 赴美上市政策频出

2020 年底，时任美国总统特朗普签署《外国公司问责法》，2021 年底，美国证券交易委员会（SEC）进一步出台了该法案的实施细则，并于 2022 年 3 月开始正式实施。该法案核心内容是，如果外国上市公司连续三年使用未经美国上市公司会计监督委员会（PCAOB）审查的审计机构，SEC 有权将其从交易所摘牌。此后，170 多家中概股被列入"预摘牌名单"，中国企业赴美上市自 2021 年下半年暂停。

2022 年 8 月，PCAOB 与中国证监会和财政部签署审计监管合作协议。同年 12 月，PCAOB 发布报告，确认 2022 年度可以对中国内地和香港会计师事务所完成检查和调查，撤销 2021 年对相关事务所作出的认定。中概股在美国的退市风险解除，中国企业赴美上市之后还要承担退市的风险也自然消除。

2023 年 2 月，证监会印发《境内企业境外发行证券和上市管理试行办法》《关于加强境内企业境外发行证券和上市相关保密和档案管理工作的规

---

① 李彤. 上市制度改革创新助港巩固国际金融中心地位［EB/OL］.（2023 – 05 – 31）［2023 – 10 – 27］. https：//ishare. ifeng. com/c/s/v002e0xNDxmRSRHPYYie—lLP245ZFbCxX4yqAEYPpW3lD5I.

定》，为中国企业境外上市跨境监管合作提供了制度保障。2023 年以来，中国企业赴美上市数量快速增长。

（二）福州市资本市场发展优劣势

1. 福州市资本市场发展的优势

（1）产业优势。

福州坚持高质量发展落实赶超，实现了工业总量提升和结构优化。2022年，规模以上工业总产值突破 1.2 万亿元，规上企业数量超 2600 家。结构持续优化，形成以纺织化纤、轻工食品、机械制造、电子信息、冶金建材、石油化工、生物医药、能源电力等八大重点产业为主导的特色产业体系，培育形成纺织化纤（3444 亿元）、轻工食品（2254 亿元）、机械制造（1968 亿元）、冶金建材（1962 亿元）、电子信息（1042.1 亿元）、电力能源（1169.9 亿元）等六个千亿产业。新兴产业增势强劲，2022 年福州市规上工业战略性新兴产业增加值占规上工业增加值比重 40.3%。福州深入开展数字经济领跑行动，数字经济迎来快速发展，2022 年度，福州市共有 316 家企业入选福建省数字经济核心产业创新企业，其中，"独角兽企业" 6 家，未来 "独角兽企业" 37 家，"瞪羚" 企业 89 家；福州数字经济规模超过 6000 亿元，占 GDP 比重超过 50%。① 福州获批国家首批 "综合型信息消费示范城市" 和 "中国软件特色名城"，物联网开放实验室已参与发布 29 项物联网标准，成为物联网行业标准制定重要城市。

（2）科创优势。

福州持续深入实施创新驱动发展战略，以建设国家创新型城市为总抓手，聚焦提升科技创新主体能力。在发力科创新赛道方面，2021 年 8 月，出台《福州市建设科创走廊工作方案》，以中国东南（福建）科学城、软件园、旗山湖 "三创" 园、晋安湖 "三创" 园等主要产业园区为支撑，打造国内一流的科技创新集聚地。福州市相继获批 "福厦泉国家自主创新示范区" "国家级双创示范基地"，获评全国首批 "中国软件特色名城" "海洋经济创新发展示范城市"，蝉联 "国家知识产权示范城市"，顺利通过国家创

---

① 2022 年福建省 "独角兽" "瞪羚" 企业发展报告发布 ［N］. 福建日报，2022 - 10 - 08.

新型城市的评估。按照"科技型中小企业—国家级高新技术企业—科技'小巨人'企业"发展梯次培育,现有国家高新技术企业 3759 家、科技小巨企业 749 家。① 福州大力开展补链强链专项行动,支持发展"专精特新"企业。截至 2022 年,培育省级"专精特新"中小企业 245 家,国家级专精特新"小巨人"企业 66 家,中央财政支持的重点"小巨人"企业 9 家,国家级制造业单项冠军企业 12 家,省级制造业单项冠军企业(产品)75 家,数量均位居福建省第一,形成了较好的集群优势。② 福州市统计局公布的资料显示,2022 年,福州全社会 R&D 支出 257.4 亿元,总量和增量连续 6 年保持全省第一;全市共创建 342 家市级以上企业技术中心(国家级 18 家、省级 139 家、市级 185 家)、38 家市级以上工业设计中心(国家级 3 家、省级 13 家、市级 22 家);全市共有市级以上科技企业孵化器 28 家(含国家级 7 家、省级 20 家)、市级以上众创空间 146 家(含国家级 12 家、省级众创空间 79 家)。R&D 投入强度提高到 2.25%,达到全国平均水平。

(3)政策优势。

福州已经集合了"福州新区""21 世纪海上丝绸之路核心区""自由贸易试验区"等七区叠加的政策优势。2021 年 6 月,国家发改委批复《福州都市圈发展规划》,2021 年 10 月,福建省政府出台《关于支持福州实施强省会战略的若干意见》,支持提升福州省会城市影响力,发挥中心城市的核心作用。2021 年 1 月,福州市委、市政府出台了《坚持"3820"战略工程思想精髓加快建设现代化国际城市行动纲要》,提出重点建设福州滨海新城、福州大学城、东南汽车城、丝路海港城、国际航空城、现代物流城,打响海上福州、数字福州、新型材料、海港空港、闽都文化等五大国际品牌,实施党建引领、科教兴城、龙头扶引、扩大内需、改革攻坚、区域协同、绿色发展、温暖榕城、平安福州等九大专项行动,推动现代化国际城市建设取得更大突破。2023 年 8 月,福州市委、市政府出台了《关于贯彻落实新时代民营经济强省战略推进高质量发展的实施方案》,坚持推动民营经济健康发展、高质量发展,着力以创新增动能、以转型优结

① 梁凯鸿,林双伟.福州:国家高新技术企业总量全省第一[N].福州晚报,2023 – 02 – 13.
② 颜澜萍.福州专精特新企业抢占发展新高地"小巨人"迸发大能量[N].福州日报,2022 – 10 – 03.

构、以改革激活力、以开放拓空间，促进民营经济健康发展、高质量发展。在促进产业创新发展方面，出台了《实施"榕升计划"推动规上工业企业倍增的行动方案》《关于实施产业链链长制的工作方案》，聚焦纺织功能新材料、新型显示、高端精细化工等16条重点产业链，全力提升产业链水平和竞争力，打造一批有福州特色、在国内外有影响力的产业集群、产业基地。在提升产业园区水平推动标准化建设方面，先后印发《福州市工业（产业）园区标准化建设"十位一体"工作实施方案》《福州市园区标准化建设推进制造业高质量发展实施方案》，分类指导17个重点园区改造提升。在布局未来产业方面，出台《关于加快培育未来产业的实施意见》，推动新一代光电、自主人工智能、未来能源、深海空天开发、元宇宙、未来医疗等6个具有发展潜力的产业倍增发展，前瞻布局量子科技、未来网络2个孕育期未来产业。

（4）开放优势。

福州作为21世纪海上丝绸之路核心区重要支点，深入实施"海上福州"战略，瞄准21世纪海上丝绸之路核心区发展目标，在充分发挥国家级21世纪海上丝绸之路博览会的品牌、发展开放型经济效应方面持续彰显。福州积极推动自由贸易试验区建设，打造互联互通的重要枢纽和经贸合作前沿平台，自由贸易试验区取得一大批全国首创创新成果。在健全跨境贸易便利化体制机制，持续拓展升级国际贸易"单一窗口"，实行关、港、贸、税、金一体化运作，加强与"一带一路"重要节点上自由贸易试验区协同合作，推进更高层次的对外开放，打造新时代全面开放新高地方面取得明显成效。作为两岸合作重要门户，福州积极贯彻落实党中央对台大政方针，推进两岸融合发展，搭建海峡两岸交流的桥梁，打造台胞台企登陆的第一家园、两岸融合发展先行区，与台湾地区开展了广泛深入高水平的合作，促进对台先行示范作用更加凸显，引领两岸交流合作走向新阶段。福州正加快推进中印尼"两国双园"建设，推动21世纪海上丝绸之路博览会打造成为集商品交易、投资洽谈等多功能为一体的国际博览会，争创21世纪海上丝绸之路沿线具有重要国际影响力的海洋中心城市。

（5）集聚优势。

福州市鼓楼区作为福州市金融业主要承载区和增长极，是推动福州市乃至福建省金融发展的"主引擎"，目前已经形成了一定的金融和集聚优势。

2022 年末，鼓楼区金融业规模体量跃升，金融业增加值从 279 亿元增加至 677 亿元（占全区生产总值比重达 25.95%），占福州市金融业增加值比重为 49%，占福建省金融业增加值比重为 17.4%，整体发展水平居全国中心城区前列，全区上市企业 28 家，持牌金融机构及金融企业近 2000 家。① "十三五"时期末，福建自贸区福州片区内各类金融企业达 2921 家，较 2015 年挂牌前增长 13 倍。海峡金融商务区、闽江北岸中央商务区入驻企业 3715 家，区域性金融总部超 20 家，金融中介服务机构超 40 家，4 家世界管理咨询大行入驻，形成"保险楼""律师楼""私募楼"等税收超亿元的特色楼宇。此外，福州的区域型股权交易市场也形成了一定的集聚优势。② 2013 年，海峡股权交易中心（福建）有限公司在平潭综合实验区设立，这是中国证监会和福建省政府明确的福建省行政区域内合法有效的证券登记托管机构，是福建省扶持中小微企业发展政策措施的综合运用平台和重要的金融基础设施，是集股权交易市场、资源环境交易市场、金融资产交易市场为一体的地方性交易场所。海峡股权交易中心也是经福建省政府授牌的福建省上市后备企业培育孵化基地，是上海证券交易所资本市场服务福建基地和深圳证券交易所福建基地的运营单位，与深圳证券交易所下属子公司深圳证券通信有限公司开展区块链技术合作，负责运营"海峡基金港"。

（6）生态优势。

《福州市"十四五"林业发展专项规划》显示，福州的森林覆盖率超 57%，位居全国省会城市第二，免检获评"国家森林城市"；同时，福州的空气质量优良率在全国 169 个重点城市中排名第八，在省会城市中排名第三。促进人与自然和谐共生，是中国式现代化的本质要求，绿色是中国式现代化的底色。"十四五"时期是推动我国能源转型的关键窗口期，在中国绿色产业政策推动下，福州将借助本土良好的生态环境大力发展"绿色产业 + 绿色金融"，坚持产业生态化和生态产业化协同并进，推动电子设备行业绿色产业企业上市。同时，在榕银行和保险机构也积极践行绿色发展理念，在机制建设、产品和服务创新方面开展探索和实践。2021 年 3 月，中国建设银

---

① 定了！国际目标！鼓楼又有大动作！［EB/OL］.（2023 – 03 – 01）［2023 – 10 – 27］. https：//news. fznews. com. cn/fzxw/20230301/S9946au60O. shtml.

② 福州市人民政府办公厅关于印发福州市"十四五"金融发展专项规划的通知［EB/OL］.（2022 – 04 – 28）［2023 – 10 – 27］. http：//www. fuzhou. gov. cn/zwgk/gb/202204/t20220428_4352891. htm.

行福建省分行投资华电福新碳中和债 2 亿元，5 月承销华电福新公司 6 亿元绿色债券，成为全国银行间市场首支可持续挂钩、乡村振兴、碳中和三重标签的绿色债券。①

2. 福州市资本市场发展的不足

第一，福州市传统产业占比较高，与先进城市相比科技创新型新兴产业基础较为薄弱，上市后备力量质量不够高。福州八大重点产业中，传统产业占 5 个，战略性新兴产业体量小、活力和爆发力不足。与厦门、济南、合肥、西安相比，福州规上战略性新头产业增加值比重仍较低，产业分布仍偏向传统行业，战略性新兴产业发展后劲不足，每年新增战略性新兴产业项目不明显，挖潜压力大；创新型战略性新兴产业领军企业规模不大、实力不强，具有全球影响力的新兴产业集群尚未形成。战略性新兴产业关联度较低，集聚集群程度不高，发展层次和水平有待提升。如厦门聚焦海洋经济，以海洋生物医药、海洋高端装备核心部件等为切入点，加速了海洋高新技术成果转化落地，在多个海洋战略性新兴产业领域迎来突破，带动传统海洋产业转型升级到海洋战略性新兴产业。而福州战略性新兴产业集群效应不明显，产业势能较弱，以新材料、新一代信息技术两大产业为主，生物医药、高端装备制造、新能源汽车、新能源、节能环保等五类产业占比低。工业互联网、大数据、生物医药等先导型产业内在动力不足、发展步伐较慢，具有爆发式增长的新赛道较少。传统产业中龙头企业数量偏少，没有产值超 500 亿元以上的超大型制造业龙头企业。传统龙头企业对中小配套企业的带动性也有待提升，未能有效辐射周边地区或带动上下游产业链、供应链、创新链协同发展，一些关键核心技术、基础零部件、基础材料、基础工艺长期依赖省外甚至境外供应链，个别技术和产品面临"卡脖子"困境。从产业链条完整度来看，纺织化纤、新能源汽车等产业环节大多处于价值链微笑曲线中端，中低端的中间产品居多，终端产品较少，关键环节缺失。如纺织化纤产业链集中在中间制造环节，容易受上游原材料产品价格变动及终端服帽市场销售等因素影响；新能源汽车产业虽有整车、电池、电控等相关企业，但关键零部件、原材料等环节较为薄弱。成长期的科技创新型企业中全年净利润

---

① 闽山闽水的建行"碳"索 建设银行以绿色金融守护福建生态底色［EB/OL］.（2021 – 07 – 01）［2023 – 10 – 27］. http：//money. fjsen. com/2021 – 07/01/content_30774223. htm.

在 1000 万 ~ 4000 万元之间的较多，而达到 5000 万 ~ 8000 万元的公司偏少，离上市标准距离较远。

第二，产业技术创新能力不足，高水平的科技创新平台偏少，上市后备企业科创属性不强。如济南拥有"中科系"科研院所 15 家，集聚科研人员 2000 人，在科技创新领域有 8 项创新指标稳居山东第一，在全球科研城市百强名单中，位列第 36，[①] 目前正全力创建国家区域科技创新中心。相比之下，福州产业链关键共性技术研究存在明显短板制约，高水平的科技创新平台不多，特别是国家级和省级创新平台数量明显不足。围绕战略性新兴产业的科技创新投入产出效率较低，科技成果转化率不高。前沿技术攻关能力较为欠缺，技术源头创新、中试转化不够强。福建省科技厅发布的信息显示，2021 年福州全社会研究与试验发展经费投入强度为 2.27%，低于全国平均水平（2.44%）。产业人才队伍建设相对落后，在长三角和粤港澳地区巨大的虹吸效应下，福州人才吸引力不够，高层次领军人才、经济管理人才、高素质专业技术人才欠缺。当前资本市场高度关注拟上市企业的科技含量、创新能力，福州企业研发机构数量不多、规模偏小，规上工业企业中，设有研发机构的 242 家，占全部规上企业的 44.3%[②]，一些上市后备企业对研发投入、研发队伍建设、自主专利布局不够重视，造成科创属性不够强，未能抓住上市机遇。

第三，上市企业质量不够高，市值普遍较小，再融资规模偏小。截至 2022 年 12 月 31 日，苏州共有 A 股上市公司 198 家[③]，宁波市共有 114 家[④]，厦门市共有 64 家[⑤]，而福州市仅有 52 家 A 股上市企业。

第四，深耕福州市场的保荐代理队伍偏少，本地券商实力排名靠后，区域股权市场功能偏弱。在福州设立深耕本地市场的保荐代理队伍较少，大部分证券公司将服务福建、福州市场的保荐代理队伍设在上海、深圳等地，服

① 济南国家创新型城市评价排名提升 ［N］. 济南日报，2023 - 03 - 29.

② 福州市人民政府办公厅关于印发福州市"十四五"工业和信息化产业发展专项规划的通知 ［EB/OL］.（2022 - 05 - 09）［2023 - 10 - 27］. https：//www.fuzhou.gov.cn/zgfzzt/sswgh/fzssswghzswj/202205/t20220509_4357759.htm.

③ 资料来源：《2022 年苏州市国民经济和社会发展统计公报》.

④ 宁波上市公司之窗 ［EB/OL］.［2023 - 10 - 27］. https：//www.jiemian.com/special/2788.html.

⑤ 钟宝坤. 营收 2.3 万亿元净赚 301 亿元 厦门 64 家 A 股上市公司 2022 年成绩单出炉 ［N］. 海西晨报，2023 - 05 - 04.

务距离较远。区域性股权市场作为省级行政区域内中小微企业的私募股权市场，在多层次资本市场中的地位逐步提升，服务中小微企业、支持科技创新的包容度和覆盖面持续拓展，在拓宽中小微企业融资渠道等方面发挥了积极作用，但在市场功能发挥方面仍存在不足，服务企业的规模普遍较小，公司科创属性和发展潜力不足，直接融资方面能力仍然较弱，场内股份转让成交额小，私募股权投融资生态尚未形成。

（三）福州市资本市场发展的挑战与机遇

1. 福州市资本市场发展的机遇

第一，"三个福州"建设有序推进，做大做强临港产业，大力发展涉海经济；同时鼓励优质企业上市直接融资，扩大产业规模，打造多层次资本市场。《2022 年福州市国民经济和社会发展统计公报》显示，截至 2022 年 12 月 31 日，福州市 GDP 达 12308.23 亿元，位于福建省第一，占福建省 GDP 的 23.18%，同比增长 4.4%，地区经济平稳上涨，福州共计上市公司 95 家，其中 A 股 52 家。清华大学数据治理研究中心出版的《中国数字政府发展研究报告（2021）》显示，福州数字政府发展指数位列省会城市第四，政府服务能力获评优秀。"三个福州"的有序推进，为福州市资本市场的发展提供了新动能。

第二，"六区叠加"为福州发展带来诸多政策优势，为资本市场发展提供更加广阔的空间。作为 21 世纪海上丝绸之路建设的核心区，中央在全方位推动福州高质量发展超越、推动自由贸易试验区建设、支持福州打造 21 世纪海上丝绸之路战略枢纽城市等方面出台了一系列利好政策，在金融行政资源、信贷审批权限等方面给予足够的发展空间。福厦泉国家自主创新示范区是中国的第 15 个国家自主创新示范区，着力打造连接海峡两岸、具有较强产业竞争力和国际影响力的科技创新中心，有利于吸引一大批科技创新企业入驻福州。习近平总书记于"十四五"规划开局之际在闽考察时提出的"滨海城市、山水城市"建设构想，为福州资本市场高质量发展提供源源不断的动力。同时，《区域全面经济伙伴关系协定》（RCEP）已于 2022 年 1 月 1 日生效，为福州构建更高水平开放型经济新体制、推动现代化国际城市建设提供了更多机遇。为进一步把握 RCEP 带来的利好与机遇，目前福州市已制定《用好 RCEP 加快福州经贸发展的工作方案》。

第三，金融新技术、新模式和新业态快速发展。金融科技不断创新，以云计算、分布式数据库和区块链等新技术持续推动着福州市金融业态的发展。新模式的多元化，亦不断增强福州市金融生态服务的高效性。金融新兴业态快速发展，金融生态圈愈加丰富，为福州市资本市场发展带来良好契机。

第四，信息技术、数字化等新领域前景广阔。当前，大数据应用水平正在成为金融企业竞争力的核心技术，金融行业数据整合、共享与开放成为趋势，金融数据与其他领域数据的融合应用亦不断强化。随着新一代信息技术的兴起，数字化转型为资本市场发展带来了新机遇。数字化不仅能够提高金融机构服务质效，而且可以加强风险防范和化解能力，进一步促进资本市场创新发展。福州市亦能紧追大数据应用发展潮流，从而助力资本市场创新发展。

第五，"资本市场提升工程"，发挥区域性股权市场服务于中小微企业的功能，叠加福州市上市后备企业培育孵化基地的作用，与福建省科技厅共同支持海峡股权交易中心建设"海峡科创板"，为福州市科技创新企业提供全面的资本市场服务。

第六，未来产业发展为资本市场发展提供新的需求。目前，福州市政府着力以中国东南（福建）科学城、滨海新城为双核心，打造新型实验室和重大科技基础设施，努力建成 10 个以上未来产业创新中心，打造辐射全国乃至世界的科技创新策源地。目标是到 2030 年，涌现一批有影响力的未来技术、创新应用、头部企业和领军人才，聚力打造具有较强国际竞争力的未来产业集群和原始创新策源地。未来产业需要较大的资本投入，这也为福州资本市场的发展提供了发展机遇。

2. 福州市资本市场发展面临的挑战

第一，新冠疫情冲击和经济逆全球化叠加，外部经济环境复杂严峻，金融风险防控压力加大。新冠疫情后，全球经济金融发展的不确定性和不稳定因素依然广泛存在。当前经济运行面临新的困难挑战，主要是国内需求不足，一些企业经营困难，重点领域风险隐患较多，外部环境复杂严峻。疫情防控措施改变之后，经济恢复是一个波浪式发展、曲折式前进的过程。金融业发展进入盈利调整期和风险暴露期，不良贷款攀升，盈利水平下降，金融风险积聚。金融风险隐患的潜在威胁可能会给福州市数字金融发展带来不确定性挑战。

第二，资本市场与数字金融监管体系不健全，基础设施不完善。当前，福州市金融监管体系仍有待健全，在资本市场快速发展背景下，新兴金融业态在当前福州市金融监管体制下容易形成一定的"监管真空"。随着互联网技术的快速发展和数字金融的持续推进，财务造假、内幕交易等严重破坏资本市场秩序的违法犯罪活动给资本市场的高质量发展构成了一定阻碍。同时，福州市基础设施有限的承载力亦给资本市场的创新造成一定的挑战。

第三，区域竞争引发核心区域的虹吸效应。福州地处长三角和粤港澳大湾区之间，受两大经济增长极强大虹吸效应影响，资本要素向两大增长极聚集，对福州的吸引力包括资本市场高端人才在内的优质资源带来挑战。一方面，受限于区域竞争格局，福州深度融入两大经济区域发展的空间有限；另一方面，面对城市资源禀赋同质化竞争的挑战，叠加经济发展不确定因素，福州资本市场发展的集聚度和竞争力还需再提升。核心区域的虹吸效应和同质城市的激烈竞争是福州面临的巨大挑战。

第四，总部金融机构、要素交易市场少，资本市场改革创新的品牌不强。在区域市场建设方面，面临同等能级城市的竞争和挑战长期存在。福州总部金融机构和要素交易市场不仅与上海、深圳和广州等城市差距巨大，与杭州、南京等同为东部沿海省份的省会城市相比，依然有一定差距。

（四）福州资本市场发展 SWOT 矩阵

综上所述，本专题进行了福州资本市场发展的 SWOT 分析，具体如图 2 所示。

通过 SWOT 分析，可以清晰地了解市场的发展优势和劣势、机遇和挑战。在未来的发展中，福州需要加强政策支持和市场创新，推动市场的国际化和创新化发展，加强人才培养和引进，提高市场的服务质量和效率，强化金融监管和风险管理，维护市场的公平、公正、透明和稳定。

	优势（S）	劣势（W）
	S1 金融环境良好，民营经济高度发达，有利于资本市场发展 S2 对外开放进一步扩大，有利于其与国际金融机构合作 S3 具有优越的"六区叠加"政策优势 S4 有在全国范围内具有一定实力的金融机构 S5 福州科创走廊的创建在福州形成一个科技创新集聚地，带来众多经济项目以及优质科创企业 S6 福建省支持强省会模式，会有很多产业、资本市场发展政策的支持，拥有全省最好的医疗、教育、文化、政治等城市资源，有大量可供发展的土地及人口	W1 资本市场发展与发达地区相比较为落后，难以产生集聚效应 W2 夹在长三角与大湾区之间，存在区位劣势 W3 沿海地区连片土地开发滞后，没有形成滨海资源的优势 W4 本地持牌金融机构数量较少，具有行业影响力和竞争力的头部机构数量少；且城市商务中心发展分散，城市架构松散 W5 缺乏金融高端人才，且难以吸引留住人才 W6 城市知名度不高，在省内面临厦门、泉州的竞争
机遇（O） O1 地处建设 21 世纪海上丝绸之路的核心区，有利于"海丝"沿线区域信息互联互通、货物通关和人员往来便利化 O2 "六区叠加"为福州发展带来诸多政策优势，为资本市场发展提供更加广阔的空间 O3 各种新业态、新技术、新模式和新平台快速发展 O4 资本市场福建对接大会在福州召开，加大扶持力度推进资本市场科技创新赋能高质量发展	SO 策略 充分发挥福州既有政策优势以及资本市场福建对接大会的组织经验，承办众多以资本市场发展为主题的论坛和研讨会，为金融专业人才进行知识交流、经验分享、思维碰撞和观点探讨等提供平台；采取积极的政策措施在支持资本市场建设的同时推动债务融资工具证券化、绿债以及可持续发展债券、股债结合、乡村振兴票据等领域的创新	WO 策略 以推进"三个福州"为契机，加强与头部科技公司在金融领域的合作，打造功能鲜明且具有影响力的优质科创企业集聚区，加大对后备上市企业的培育力度。以福州特色的新产业、新业态为抓手，与长三角和粤港澳大湾区形成错位发展，吸引优质资源辐射福州。充分利用政策红利，加大高层次金融人才的引进力度，利用奖励和政策支持来鼓励优质企业上市直接融资
挑战（T） T1 新冠疫情冲击和经济逆全球化叠加，外部经济环境复杂严峻，金融风险防控压力加大 T2 金融混业经营更加普遍，业务交叉风险不容忽视 T3 资本市场监管体系不健全，资本市场基础设施不完善 T4 随着支持企业上市融资等政策的推进，财务造假、内幕交易等严重破坏资本市场秩序的违法犯罪活动层出不穷	ST 政策 面对国际外部环境的不确定性，抓住"国内大循环"为主体的新格局，争取资本市场基础设施落地；与此同时，提升金融监管科技水平，利用监管科搭建多层次、系统化的资本市场，形成与资本市场发展相配套的监管机制。在鼓励优质科创企业上市的同时，应该加强防范化解资本市场风险，保护投资者的利益	WT 政策 利用国外经济环境复杂严峻，而国内经济强势复苏的大背景，以更大的开放姿态吸引国外经济金融资源在福州集聚落地，吸引国际金融机构在福州设立全国或区域总部，支持金融机构在福州设立金融科技子公司、优秀科技企业在福州设立金融研发机构，对新注册设立的金融企业给予一次性奖励，从而避免与长三角和粤港澳大湾区，以及厦门既有资源的直接竞争

图 2 福州市数字金融发展 SWOT 分析矩阵

三、苏州与宁波资本市场发展的成功经验

（一）苏州市资本市场发展的成功经验

近年来，资本市场"苏州现象"备受瞩目。苏州是创新与产业、资本与产业结合最好的城市之一。苏州市的地区生产总值仅占全国的2%，而境内A股上市公司数占到全国的4%，2020年以来新增境内A股上市公司数更是达到全国的6%。苏州拥有丰富的金融资源，金融机构的总数超千家。[①]2022年，苏州的存贷款增量在全国主要城市中位列第六，其中贷款增量位居全国主要城市第一。苏州还拥有大量的股权投资基金、创业投资基金，总量超过2000支，基金管理规模达到8000多亿元。[②] 在这种情况下，苏州的上市公司顺利地茁壮成长。可以说，苏州已然探索出一个金融与经济共生共荣的"苏州模式"。

截至2023年2月，苏州共有201家A股上市公司，具有鲜明的特点，民营企业占比约75%，制造业企业占比约80%，高新技术企业占比约85%。[③] 制造业上市公司占比较高，这和苏州这座城市的产业特征是高度吻合的。苏州是一座以制造业为主的城市，所以A股上市公司当中，制造业上市公司占比约八成。与此同时，苏州的上市公司绝大部分是高新技术企业，其中有49家在科创板上市。[④]

苏州资本市场发展的成功经验主要有以下五条。

1. 完备且先进的现代产业发展体系

得益于改革开放以来工业化进程的快速推进，苏州已经形成了完整的先进制造业集群，成为全国以至全球的工业重地。苏州制造业以满足国内外需求和转型升级为原动力，以产业集群化和细分领域"专精特新"为突破口，持续优化产业结构，推进智能制造以及产业链集群化和高端化。现如今，苏

---

① 资料来源：《2022年苏州市国民经济和社会发展统计公报》。

②③④ 仲茜，张问之. 苏州市地方金融监督管理局党组书记、局长谢善鸿：打造金融生态，培育"参天大树"[N]. 上海证券报，2023 - 02 - 10.

州是我国工业体系最完备的城市之一。苏州在培育产业方面的发展方向和目标十分明确，聚焦电子信息、装备制造、先进材料、生物医药等四大产业，构建创新集群，并因地制宜地优化创新集群布局。如今四大产业集群已经走在全国前列。完备且先进的现代产业发展体系是苏州上市企业不断快速增加的源头活水。

2. 创新驱动高新技术产业发展

苏州投入巨资积极兴建科技创新载体、引育高端创新人才，提供高品质创新服务，着力集聚创新要素，完善创新生态，助力工业经济创新发展。2022年苏州研究与试验发展（R&D）经费占地区生产总值比重达4.0%，高于全国平均水平1.5个百分点。截至2022年底，苏州共建设了1363家省级以上工程技术研究中心、1111家省级以上企业技术中心和91家市级新型研发机构；共有高层次人才37万人，高技能人才91.2万人。入选首批国家知识产权强市建设示范城市和首批全国商业秘密保护创新试点地区。大量的创新投入取得了显著效果，2022年，苏州共有13473家高新技术企业，首次跃升至全国第四位，高新技术产业实现产值22874.6亿元，占规模以上工业总产值的比重高达52.4%。[①]

3. 政府激励政策及扶持措施

近年来，苏州积极抢抓设立科创板并试点注册制、创业板注册制改革、北交所设立以及全面注册制改革等资本市场改革重大机遇，出台了一系列政策及配套措施，带动更多企业登陆资本市场，并推进上市公司高质量发展。具体做法上，苏州从完善工作机制、优化培育环境、加大政策扶持、鼓励上市企业做强做优、加强监管和风险防范等方面，进一步优化政策环境，以此不断推动企业上市。苏州实现了"组建储备一批、重点培育一批、辅导一批、申报一批、挂牌一批"的梯队建设成果，不仅靠前一步挖掘"金种子"后备企业，还努力当好种子期、培育期、冲刺期企业的"参谋长""辅导员""护航者"。此外，苏州市政府还通过优惠政策吸引了众多优秀的科技和金融企业进驻苏州，进一步促进了苏州资本市场的发展。通过培育优势产业集群、加强上市后备梯队培育、高水平集聚私募基金发展、深化与交易所全方位合作、做优做细政府服务、打造最优营商环境、完善服务生态体系等

---

① 资料来源：《2022年苏州市国民经济和社会发展统计公报》。

举措，苏州正推动着科技、资本和产业形成良性循环格局。

4. 科技型企业培育孵化

苏州发达的先进制造业为科技型企业培育孵化提供了天然土壤。与此同时，苏州资本、科技和产业三者高度融合的发展模式，进一步激发了科技型企业培育孵化进而踏上源源不断的上市之路，形成不断壮大的上市公司"苏州科技型企业军团"。具体做法上，苏州通过坚持不懈推动各类创新要素有效集聚整合，坚持深化产业链投资并购，深耕产业链"国产替代"，构建上市公司核心竞争力，形成促进苏州产业创新集群发展的最优生态。首先，加强科技型企业培育。进一步优化营商环境，落实各项惠企利企政策，全力支持企业创新发展；完善创业支持和服务体系，全面优化创业环境，培育更多高精尖企业，推动科技创新体从分散走向集聚，形成更具竞争力的创新集群。其次，注重科技型企业孵化。注重从源头上挖掘优质资源，通过打造链接全球创新资源赛事品牌，吸引优质创新项目，培育一批科技领军企业；深入发掘后备资源，重点关注专精特新"小巨人"企业、高新技术企业、成长性较好的中小微企业，支持企业对接资本市场。最后，着力从产业链深耕"国产替代"。从国际技术竞争态势看，核心零部件及关键领域国产替代已迫在眉睫，而"国产替代"也为半导体、医疗器械等高端制造业带来新的发展机遇。苏州通过加快相关产业具有核心竞争力的替代产品研发进程，深度融入相关产业链龙头企业，带动相关产业、企业快速成长。

5. 发挥投资基金的作用

苏州已经成为母基金和创投发展的热土、VC/PE 的首选落地城市之一。"苏州模式"突出的一点就是其针对企业不同发展阶段和需求，从企业初期成果转化的天使轮投资，到成长期、成熟期扶优扶强的不同轮次投资，建立了一整套服务企业全生命周期的政府投资基金组合。苏州市围绕产业创新集群 25 个优势细分领域，推动建立"一产业一基金"，持续为科技创新注入强劲动能。企业在苏州发展机遇前所未有，创投在苏州市场空间无限广阔。

苏州重视发挥国有金融资本的引领带动作用，织精织密全市创新资本网络，推动创新链、产业链、资金链、人才链深度融合。2022 年 6 月，组建苏州创新投资集团有限公司，该公司整合了苏州国发创投、苏州产投集团、苏州科创投、苏州天使母基金和苏州基金等苏州最优质的国有科创基金资源，注册资本达到180亿元，净资产管理规模跻身国内创投的第一方阵。苏州创新投资集团力争到2025年末，总资产规模达320亿元，累计合作基金规模突破3000亿元，产业直投规模超80亿元，投资苏州金额超300亿元。2023年，苏州政府引导基金开始迈入千亿时代。为更好助推苏州产业创新集群发展，苏州创新投资集团在原有基金矩阵基础上，携手国内知名投资机构和产业投资基金，全新打造基金71支，总规模达千亿元。2023年以来，新成立的千亿级规模引导基金总规模超过1万亿元。[①]

相比以往的引导基金，新设的这些千亿级引导基金有所不同，可谓是引导基金3.0版本：政府推动产业投资的逻辑从扶持单一的国资投资平台、单一基金，向推动打造基金群"航母舰队"转变，引导基金引导市场资源发展产业和招商引资向专业化、市场化方向转变。具体表现为：苏州市、县（区）两级政府在持续完善"投行思维"，充分运作人才、产业、资本等要素，优化绩效考核、基金激励与尽职免责，逐渐提高对子基金的出资比例并降低返投要求等方面不断努力，以充分发挥引导基金的作用。

（二）宁波市资本市场发展的成功经验

宁波作为全国重要的先进制造业基地和全国首个"中国制造2025"试点示范城市，拥有门类齐全的制造业体系，尤其是形成了以绿色石化、汽车及零部件、新材料等为支柱的产业集群，正全力打造2个万亿级、4个五千亿级、6个千亿级现代产业集群。2022年，宁波全部工业增加值由全国城市第12位跃升到第7位，占全市GDP比重达42.5%；工业投资增长14.5%，增速连续4年保持两位数增长。[②]

目前宁波共有境内外上市公司138家，其中A股上市公司116家，数量和市值均居全国主要城市第8位，此外还有4家过会企业、13家在审企业、60家辅导期企业、240家市级拟上市企业培育库入库企业（9成以上为制造业企业），形成了梯次发展的良好格局。

---

① 苏创投落地千亿基金群"最强地级市"苏州三大创投平台"扳手腕"谁能称王？［N］. 科创板日报，2023 – 06 – 19.

② "单项冠军之城"宁波：数资赋能助力制造业高质量发展［EB/OL］. （2023 – 03 – 21）［2023 – 10 – 27］. https：//www. cnfin. com/hg – lb/detail/20230321/3827195_1. html.

宁波市资本市场发展主要经验有以下四条。

1. 众多制造业单项冠军和专精特新"小巨人"

截至 2022 年底，宁波累计培育国家级专精特新"小巨人"企业 283 家，居全国城市第四位；宁波还是国家级制造业单项冠军"第一城"，国家级制造业单项冠军总量达 83 个（其中 46 家已上市）。宁波市经信局对 384 家制造业单项冠军及培育企业的分析数据显示，主导产品市场占有率全球第一的企业有 110 家，市场占有率全国第一的企业有 262 家，大多数企业早已是细分领域真正的冠军。①

2. 数字化智能化与资本对接赋能制造业转型升级

宁波市通过推动数字和资本对接，有效赋能传统制造业，已形成资本市场梯次发展的良好格局。数字化和智能化当前已成为全球制造业发展的焦点。宁波提出要打造具有全球影响力、智造引领力、创新驱动力、生态吸引力、示范带动力的智造创新之都，推动数字、资本双向发力，以数智化助推企业加快转型发展，更好地对接资本市场。同时，借助资本力量，通过股权投资、挂牌上市、并购重组等多种方式融资融智。在这个进程中，数智化 + 资本与产业融合加速，有助于拓宽制造业行业的投融资渠道，进一步助力企业找到符合自身发展的融资方式。

3. 上市企业孵化培育及扶持上市的政策体系

浙江省非常重视辖内各地市企业上市工作，推出了以企业上市和并购重组为核心的"凤凰行动"计划。宁波已全面推进"凤凰行动"计划，各区县都出台了企业上市扶持政策，且纳入考核指标。各区县的金融工作部门主动与证券监管部门对接，摸排符合上市条件的企业，推动地方政府、中介机构等相关各方形成合力，帮助企业精准把握上市板块，推进构建"储备一批、改制一批、申报一批"的上市企业梯队。

4. 充分发挥宁波股权交易中心的作用

自 2016 年成立以来，宁波股权交易中心围绕"企业成长性、融资私募性、市场区域性"的发展定位，聚焦"价值筛选、孵化培育、投融对接"，持续开展中小企业普惠金融服务，努力搭建拟上市企业后备梯队，全力做好

---

① 王田.【对话十城专精特新】宁波："制造大市"迈向"智造之都"，冲刺"小巨人"第一城［EB/OL］.（2023 – 03 – 21）［2023 – 10 – 27］.成都商报红星新闻客户端.

"融资＋融智"特色服务，累计挂牌及展示企业、上市企业培育的数量和质量均处在全国区域性股权市场前列，已成为宁波培育拟上市资源的重要载体与平台。

2021 年，宁波股权交易中心入围全国首批区域性股权市场创新试点。目前，宁波正在全力推进该创新试点建设，计划到 2025 年末，培育企业总量达 5000 家，助力 1000 家高新技术企业规范发展。① 宁波股权交易中心作为宁波市重要的金融基础设施和试点实施单位，通过建设孵化培育、规范辅导、投融资服务、区块链创新"四大平台"，着力搭建覆盖企业生命周期的全链条上市规范培育体系，推动各项试点工作落实落细，探索区域性股权市场服务地方经济高质量发展的新路径。具体做法上，宁波股权交易中心通过"筛选一批、孵化一批、培育一批、上市一批"，逐步形成多元化的挂牌企业价值发现机制和覆盖中小企业成长全周期的培育、孵化体系，从而推动宁波资本市场的高质量快速发展。

（三）对福州市资本市场发展的启示及借鉴

苏州与宁波两个兄弟城市的资本市场的发展都很成功，两地成功经验不可复制但极具借鉴意义。综合两地成功经验，福州从中得到的经验借鉴包括以下四点。

1. 培育和发展独具特色的城市现代产业体系

如果说苏州的优势是完备且具有规模优势的现代产业体系，宁波的优势则是专特精企业及各细分行业的隐形冠军。苏州得益于引进新加坡投资建立中新工业园之先机，如今已是经济规模与特精尖产业兼具；宁波是全国"小巨人"企业前三甲，量大面广的"单项冠军"和"小巨人"企业，正是宁波资本市场的独特资源优势。因此，作为资本市场发展的需求端，具有鲜明特色、错位发展的现代化产业体系是福州打造资本市场高地的前提条件和基础。福州应充分发挥侨台优势，外引内联，培育发展现代产业体系，并不断壮大其产业规模。

---

① 我市启动区域性股权市场全国创新试点［EB/OL］．（2021－10－18）［2023－10－27］．http：//jrb. ningbo. gov. cn/art/2021/10/18/art_1229024326_58895908. html.

2. 推进产业数字化和数字产业化

坚持科技创新驱动产业发展是苏州、宁波两市现代产业体系建设的共同路径。数字经济时代背景下，围绕"数字福州"建设，福州市应大力发展数字经济，通过产业数字化、数字产业化，促进实体经济全面数字化转型。鼓励企业充分利用资本市场工具和直接融资实现企业的数字化发展壮大，为经济高质量发展提供更加直接、强劲的发展动能。

借鉴宁波数字化智能化对接资本赋能现代先进制造业转型升级的经验，通过加快数字福州建设，推动数字、资本双向发力，以数字化、智能化助推企业加快转型发展，推进数字化产业更好地对接资本市场。借助资本力量，通过股权投资、挂牌上市、并购重组等多种方式融资融智，拓宽新兴数字产业的投融资渠道，进一步助力企业找到符合自身发展的融资方式。

3. 地方政府金融相关部门强力扶持

我国金融市场结构传统上是以间接融资为主型，要充分发挥资本市场直接融资的功能，在市场主导的基础上，需要政府的政策支持和强力助推。借鉴苏州、宁波经验，福州市应结合自身条件、优势和产业发展定位，进一步加大政府扶持政策力度，培育形成充分数量的优质拟上市企业资源库，同时出台一系列支持企业上市的政策，推进一批优质的企业迅速登陆资本市场。

借鉴苏州、宁波经验，一是梳理福州产业及创新集群，设定若干个优势细分领域，推动建立"一产业一基金"，持续为科技创新注入强劲动能；二是细化并完善上市资源梯队建设，按照"组建储备一批、重点培育一批、辅导一批、申报一批、挂牌一批"的梯队，丰富多层次、多梯级上市资源库。

4. 健全的多层次资本市场体系

借鉴"苏州模式"，大力发展政府投资基金、投资基金母基金及创业投资基金等各类基金，不断扩大福州基金队伍的规模。同时，针对企业不同发展阶段和需求，从企业初期成果转化的天使轮投资，到成长期、成熟期扶优扶强的不同轮次投资，建立一整套服务企业全生命周期的政府投资基金组合。

通过构建多层次资本市场体系，包括充分利用海峡股权交易中心的直接融资功能，进一步提升资本市场为不同发展阶段、不同规模和行业的企业提供直接融资服务的功能。借鉴宁波股权交易中心创新试点建设经验，福州股权交易市场建设应聚焦"价值筛选、孵化培育、投融对接"，持续开展中小企业普惠金融服务，努力搭建拟上市企业后备梯队，通过"筛选一批、孵化一批、培育一批、上市一批"，逐步形成多元化的挂牌企业价值发现机制和覆盖中小企业成长全周期的培育、孵化体系，使海峡股权交易中心成为福州培育拟上市资源的重要载体与平台。

同时，市场中介的作用不可忽视。借鉴宁波、苏州的经验，福州市应进一步发展本地或在地券商、审计、律师、评估等资本市场中介服务机构，推进中介机构的发展壮大，助推资本市场发展。

四、福州资本市场建设与企业上市发展对策建议

当前，福州市资本市场与上市公司发展所面对的挑战与问题依然较多，包括国有企业资产规模不大、民营企业发展较为困难、企业历史遗漏问题较多、股权激励政策与税负减免政策力度不够、跨境业务开展阻碍较多、政府职能部门支持企业的意识不够强等。针对如上问题，本专题将从以下六个方面讨论相关对策建议。

（一）完善产业集群与企业选择

产业发展是资本市场建设的基础，只有形成完善的产业链并推动龙头企业做大做强，才能建立稳定的资本市场上市与拟上市队伍，并为证券、基金行业的发展提供市场支撑。产业发展规划是引导未来福州资本市场发展方向的重要依托，也是选择上市后备企业的重要依据。福州要从产业发展规划入手，突出主导产业倾斜政策，完善产业链条，扩大产业集群，在做大龙头企业的同时带动后备企业扩大市场份额，形成衔接有序的上市企业与拟上市企业"金字塔"，这样才能推动产业发展与企业上市的良性循环与接续有力。

1. 扩充产业集群与企业规模

"十四五"时期，福州的产业发展将由规模增长向质量效益提升转变，由"142"产业体系转向"344"产业体系，即重点发展电子信息、化工新材料、纺织化纤等三大引领产业，培育壮大软件信息、新能源、高端装备、生物医药等四大新兴产业，优化提升冶金、建材、食品、轻工等四大

基础产业。

要引导企业扩大规模，争取达到上市标准。从短期看，政府应当尽可能帮助企业提升业绩，可以通过企业兼并，或是为企业导入业务资源等方式，帮助企业扩大规模以达到上市要求。从长期看，应当打造福州自身的产业特色，实现产业集群稳步提升，让福州在某一两个产业成为全国甚至全世界闻名的集群地。福州要推动化纤、装备、医药、轻工等产业向高端化升级，推动电子信息、软件信息、工业互联网等产业向智能化发展，推动冶金、建材、食品等产业向绿色化转型，着力培育新材料、新能源和新一代信息技术"三新"产业，构建具有福州特色的"三化三新"现代产业体系。

福州要实施高新技术企业倍增计划，完善高新技术企业成长加速机制，优化"科技型中小企业—省级高新技术企业—国家级高新技术企业"创新主体链，在产业集群的某个方面或是产业链条的某个环节形成大量"专精特新"企业和"单项冠军"。要建立科创板上市企业发现、培育、服务机制，加速形成"科创企业上市培育库"，培育壮大科技企业队伍。要强化线上线下政策宣传、递进式培训、高新技术企业奖补政策资金支持，建立市县区联动、绩效考核机制，充分调动市县区以及企业发展高新技术企业的积极性。要实施创新型领军企业培育计划，以新一代信息技术、高端装备制造、新能源汽车、生物与新医药、节能环保、新能源、新材料、海洋高新技术等战略性新兴产业领域为重点，瞄准产业技术需求，大力培育一批专精尖行业龙头企业，打造一支面向全国、全球具有知识产权和自主品牌的创新型领军企业。

2. 加强政策支持与服务意识

福州需要持续提高政府职能部门的服务意识，增强企业信心，进一步优化企业租金、贴息贷款、税收优惠、人才引进等政策，推动产业发展与企业壮大两者之间形成良性循环，本地产业发展有利于企业吸引优质资源，从而推动企业受到资本市场青睐。

第一，加大研发投入。福州要加大对企业研发投入的支持力度，增加科技创新基金和科技研发经费，鼓励企业在技术创新和研发领域进行更多的投资。

第二，持续减税降费。福州要对研发领域内的企业减免税收，例如减少企业所得税、增值税、关税等，以减轻企业负担，促进企业在研发领域的投入。

第三,人才培育引进。福州要加大人才引进政策力度,引进更多优秀的技术研发人员,或者建立与发达地区研发人员的共享机制,支持企业在技术创新和研发领域招聘和利用更多高素质的人才。

第四,鼓励技术创新。福州要建立技术创新中心,为企业提供技术支持和咨询服务,为企业提供专业的技术支持和合作机会,并且推动研发信息在企业之间的相互传递。

第五,加强产学研合作。福州要鼓励企业和高校、科研机构建立紧密的产学研合作关系,促进科技创新和研发成果的转化和应用。

3. 建立产业引导与基金支持

外部资金的支持对于企业能否在短期内迅速做大做强具有非常大的作用,尤其是股权投资类基金,在支持企业扩张规模的同时还能推动企业的股份制改造。政府引导基金不仅可以助力产业发展,同时可以吸引民间资本共同注入优势产业与优秀企业。福州要通过政府产业引导基金,撬动社会上的私募股权基金共同为企业服务,做大企业规模,拓展业务赋能。福州要对产业基金多加梳理和引导,推荐其对接国企与央企资源,帮助企业进行上下游整合,形成行业龙头,实现上市前最后一跃。

同时,福州政府产业基金应当进一步变补为投,通过股权投资方式发挥扶持作用,并且促进企业的股份制改造,甚至通过参股的方式可以推动企业经营模式的转变,推动企业建立更加符合资本市场要求的股权结构和经营方式。而且,福州要进一步明确产业引导基金的尽职免责机制,政府产业基金不应以投资为诉求,而要以能否发挥产业引导作用为目标,为产业发展与上市公司储备提供咨询与参考。

4. 完善后备企业与储备机制

当前,福州上市后备企业名单存在较严重的信息不对称。有上市需求的企业挖掘不到位;而部分后备名单中的企业,已无上市可能,却仍占据稀缺的政府资源。因此完善后备企业名单建立机制是福州市打造资本市场高地的关键环节。

福州要加强拟上市公司的互相交流,建立交流群,增加实地观摩学习和交流的机会。在走访和遴选上市后备企业时,需要聘请银行、券商等专业人士共同参与决策。尤其是地方金融监督管理局欠缺专业人士,需要成立专家团队，与券商、会计师事务所、律师事务所等成立咨询小组，多方共同努力来进行企业筛选，还要跟工信局等地方相关部门积极合作，增强对企业情况和行业发展状况的了解，多部门共享信息，从而准确遴选上市后备企业。

福州要对上市后备企业进行分门别类的管理，要分清资格、条件和需求，上市后备企业要分行业，有些不受资产市场青睐的行业已经可以剔除。上市后备企业要实行动态调整。并且，选择渠道要实现多样化，要建立分门别类的企业档案，分为"有条件、无意愿""有条件、有意愿""无条件、有意愿""无条件、无意愿"等类别，便于全面掌握情况。

（二）提升国企规模与上市意愿

福建省的省属国企总部都在福州，国有企业在福州经济发展中占有较大的比例和重要的地位，但是截至目前仅有一家福州国企在资本市场挂牌上市。福州需要推动国有企业上市，在国有资产管理和国有企业决策方面，需要减少行政指导，需要依据上市公司运营规范建立更加市场化的运作体系和决策机制，妥善处理国有企业与上市公司之间所存在的完成国有企业任务与实现资本盈利之间的矛盾，减轻国有企业的包袱。

1. 支持国企改革与资源引进

福州要抓住建设中国特色国有企业估值体系的历史机遇，鼓励国有企业进行市场化改革，引导企业走向自主决策，增强企业竞争力，培育一批有上市潜力的国有企业梯队。在注册制背景下，上市公司的壳资源交易价值逐年递减，需要适当从其他省份通过参与定增引入募投落地而后逐步渗透或以现金收购控股权等方式将上市公司注册地引入到福州。

福州的国资委和金融局要起牵头协调作用，成立国有企业上市辅导专门机构，自上而下地为企业答疑解惑并提供咨询帮助，鼓励上市公司导入优质资源。同时，要引导企业选择自己适合的上市场所。虽然目前 A 股全面实施了注册制，但是上交所和深交所对业绩和行业的要求较高，对于未达到业绩要求的企业，应该积极引导它们到香港等境外市场上市，或者通过新三板在北交所上市，以此增加福州上市公司的数量。

2. 协调国企发展与上市诉求

国有企业与上市公司之间的矛盾不仅涉及所有权、管理、经营等方面的不同利益诉求和冲突，也反映出市场化改革的深化和治理结构的完善亟待解决。福州作为一个国有经济与市场经济并存的城市，需要进一步优化经济结构，加快推进市场化改革，为国有企业和上市公司提供更好的发展环境和更加公平的竞争机会。

（三）推动企业股改与公司治理

股份制改造是企业上市的必经之路，福州存在企业股份制改造困难，员工股权激励平台方面的税负过重，对外籍员工持股缺乏政策灵活性等诸多问题，且不少企业的公司治理尚不能达到上市公司要求。这就需要从多方面支持上市后备企业进行股改，对标上市企业规范要求，健全公司治理、财务管理、内部控制等相应的公司治理制度，夯实上市基础。

1. 鼓励员工持股与降低税负

福州要降低员工股权激励平台方面的税负，提高员工参与股权激励计划的积极性，促进企业发展。当前我国个人所得税法规定的减持所得税率为35%，相对较高。如果能够适当降低减持所得税率，加大股票分红所得税率优惠力度，可以减轻员工持股平台股东的税负，鼓励更多员工参与到股权激励计划中，从而提升员工积极性和企业创新能力，在开拓企业资金来源渠道的同时能够提升员工归属感与企业发展动力。

同时，福州可以在个人所得税法中明确规定，税基计算方法包括股票所属公司实际发行价格以及员工持股平台实际购买该股票的成本，以更加合理地计算员工的个人所得税税负。

对于符合条件的企业，在外籍员工参与股权激励上，建议由政府授权给予企业"兜底"的权利，明确由公司承担相关法律责任。外管局等金融监管部门适当简化手续，对于外籍员工股权激励账户的开立，考虑远程视频办理，并由企业进行担保。

2. 支持国企混改与案例宣传

福州要进一步加强对国企混改意义、优秀模板案例的宣传力度，提升企业混改的预期性、透明度。对国内已经成功进行国企混改的样板积极宣导，借鉴其经验，探索符合福州国企的发展战略，并将政策细化至保持国企持续经营能力和提升持续盈利能力等战术层面，包括如何突破地域的限制，将业务拓展到省外，复制省内的盈利模式，实现资产、收入、利润的增长等国企经营的关键问题。

同时，福州要加大对员工持股计划的宣传力度，尤其是对省外混改成功案例的宣导，使员工和国企长远目标趋于一致。要统一政府、企业和员工对混改的认识，包括在政府层面、券商等中介机构层面、企业层面形成共识，不同成分属性的单位要共同支持企业混改。要制定灵活的配套制度，包括融资、转让、税收、减持等方面的制度，在合法合规的条件下，通过职工代表大会等相关载体充分、及时地使员工知悉公司的发展方向，以期达到增强员工持股的意愿。

3. 加强公司治理与问题解决

福州要引导上市公司加强公司治理，建立健全的股权激励计划制度和风险防控机制，确保员工股权激励计划的公平性和有效性。同时，公司还需对员工进行股权激励计划的相关培训，提高员工对股权激励计划的理解和参与度。

同时要加强资本市场监管。资本市场监管机构需要加强对上市公司股权激励计划的监管力度，建立规范的股权激励计划管理体系，确保员工股权激励计划的公平和透明度，防范潜在的市场风险。

对于早年粗放式发展所带来的历史遗留问题，诸如关联交易、同业竞争、缺乏政府合规证明等问题，要运用创新性思维和做法尽快加以解决。政府职能部门要敢于担起职责，尽力为企业合规证明的取得保驾护航，对于难以解决的历史遗留问题，要依据问题出现的现实原因和时代背景加以灵活处理。企业也要敢于正视自身缺陷，以壮士断腕的勇气解决历史遗留问题，企业家要敢于在股改过程中承受短期内的阵痛与损失。

（四）改善营商环境与税费优惠

福州可以通过加强与证券监管机构的合作，加大政策支持力度，强化行业自律和加强企业培训和指导等多方面的举措，提高上市公司和拟上市公司的合规意识和能力，加快审核流程，为企业更好地融入资本市场提供便利和支持，同时要持续减税降费，改善营商环境。

1. 改善审核流程与行政方式

福州要加强与证券监管机构的协调与合作，设立统一协调部门，节约沟通成本，推动合规证明审核流程的简化和规范化。同时，设立统一开具合规证明的窗口，建立便捷的信息交流机制，提高审核效率，缩短审核周期，为企业更快速地融入资本市场提供便利。

福州作为政府信息化的试点之地，应该充分利用信息化手段，尽快实现相关政务系统的线上服务，充分简化企业在上市过程中与政府职能部门的沟通并提高效率，争取实现线上全流程办理。

2. 加强合规引导与行业自律

福州需要加强对上市公司和拟上市公司的培训和指导力度，提高企业合规意识和能力，减少合规证明审核过程中的问题和纠纷。同时，还可以建立健全完善的合规咨询机制，提供一站式的法律、财务、税务等方面的咨询服务，帮助企业更好地遵守相关规定和标准。

福州需要积极推动上市公司和拟上市公司加强行业自律，建立和完善行业准则和标准，加强信息披露和企业社会责任管理等方面的规范化管理。这样有助于提高企业形象和市场声誉，减少因不合规而造成的损失和风险，为企业和资本市场的高效协同发展提供坚实基础。

3. 完善税收政策与服务水平

福州可以根据本地实际情况，出台具有针对性的税收优惠政策，如减免企业所得税、印花税、城建税等，提高上市公司的税收优惠力度，吸引更多的上市公司留在本地。

福州需要加强税务部门对上市公司的服务，建立健全税收风险管理机制，提高税收征管效率，降低企业税负，从而吸引更多的上市公司留在本地。同时，需要引导资本市场参与税收分配，采取分红纳税方式，使得上市公司在本地实现股权激励后，能够在本地缴纳个人所得税和企业所得税，为本地财政作出贡献。

（五）全面提升政府、中介及企业的员工素质

上市中介机构的数量与质量，中介机构与上市企业员工的素质与能力直接决定了企业上市的成败与难易程度。福州上市中介机构明显偏少，而且企

业家和员工的上市意识不强，行为短视与合规意识较差，是制约福州企业上市的关键环节。福州应该在做大做强上市中介机构与加强上市企业员工培训方面实施更多更好的政策措施。

1. 提升官员能力与服务效率

福州要加强对地方官员的培训，尤其是要提升与上市工作相关的职能部门的履职能力。地方官员必须明确地方政府要做什么，能做什么，要分清楚政府官员、中介机构与上市企业的职能分工，地方官员要有专业性，要懂资本市场，这是对地方官员培训的重点。同时，地方政府行政领导要高度重视企业上市与资本市场建设这项工作，能够给予资源倾斜。

福州要加强地方金融局的业务能力和机构配备，在各个区县的金融局等相关部门要配备懂资本市场的业务人员，在区县一级需要设立专人专岗。同时，要加强基层金融口工作人员的培训，要推动他们多与企业家交流沟通，真正了解企业需求，要让他们理解企业上市规则，要会对资本市场发展和企业上市有自我判断能力。

2. 做强中介机构与服务能力

福州要推动上市中介机构的行业协作与业务交流，可以通过行业协会、上市研讨会、行业沙龙等方式，促进律师事务所和会计师事务所之间的交流和合作，共同提高其服务能力。同时，要加强对律师事务所和会计师事务所的监管和管理，建立健全的规章制度和评价体系，规范从业行为和服务质量。

福州要加强中介机构人才的培育和引进，可以通过配套人才引进政策，引进高水平的专业人才来提高律师事务所和会计师事务所的服务质量和专业水平。此外，还可以通过提供专业培训和学习机会等方式，培养现有员工的专业能力，提高服务水平。

3. 提升企业水平与员工素质

福州要加强对已上市与拟上市企业的管理层人员的培训。福州民营企业主要涉及房地产、食品等行业，在企业做大做强、市场拓展方面，较多的是依靠强关系、强资源，这使企业的实控人形成了所有权和经营权牢牢绑定的观念。因此，福州民营企业对上市过程中所有权和经营权分离的接受程度较低。为扭转上述局面，建议要加大对民营企业实控人参与资本市场等相关理念的培育力度，从而改变企业实控人的观念。

福州需要多管齐下积极引进企业上市所需要的人才。福州筹划上市的企业和拟上市企业自身的人才是短缺的。以拟上市公司的董秘和财务总监来说，董秘和财务总监在整个上市过程中起到的作用非同一般，甚至操办整个上市流程，需要很高的专业能力、协调各方的组织能力和管理能力，福州企业尤为缺少这方面的人才。对于这方面有经验的人才，福州应当出台专门或特别的人才补贴政策，例如购房补助等让其愿意留在福州，弥补福州这方面人才的短缺。

（六）加强制度建设与措施保障

1. 完善政策配套支持

以国家金融方针、政策和法律法规为依据，进一步完善金融产业扶持政策，优化政策扶持方式，实现精准施策。以国家大战略、大格局和大愿景为导向，积极争取数字金融、科技金融、海上金融等先行先试政策。加大金融发展专项资金支持，对引进和培育金融机构和金融人才、重大金融会议、金融创新发展、重大金融研究项目给予资金支持。发挥财政资金杠杆作用，利用信用增信、成本补贴、风险补偿、应急周转等政策工具，实现金融与实体经济的良性循环。

2. 健全管理服务体系

有效推动政府部门、金融监管机构、金融中介机构、企业等四方的有效联动。建立健全联络员制度，协助企业有效对接政府部门、金融监管和中介机构，及时向有关各方沟通反映企业诉求，协助企业提高各环节办事效率。联合金融中介机构为企业制定个性化服务方案，促进企业最大化利用好资本市场和金融工具。完善上市后备企业库管理，联合金融监管和中介机构筛选符合上市后备资格的企业，动态调整入库企业，实现企业的可进可出。制定有效政策，积极培育本地金融中介机构、律师事务所、会计师事务所服务本地企业的能力，吸引外地大型金融中介和服务机构落地福州，推动交易所在福州设立分支机构。

3. 提升教育宣传力度

常态化开展有关资本市场的金融教育培训活动。联合证监局、交易所等深入开展针对企业家、企业高管、地方金融局基层工作人员的资本市场教育培训和宣讲活动，提高相关人员懂金融、用金融的意识。积极宣传教育利用资本市场的利弊，提高企业利用资本市场的趋利避害的能力。针对上市后备企业，进一步完善上市辅导员制度，联合金融中介机构提前开展上市培训，协助企业制定上市发展规划，促进企业合规成长。积极推动在榕民营企业和台资企业上市，积极宣传坚定支持民营企业和台资企业发展的决心，消除其政策顾虑。

4. 优化金融人才保障

建立健全人才引进激励机制，大力引进高层次和紧缺型金融人才，完善全职引进和柔性引进措施，在财政补贴、税收优惠、住房保障、医疗保障、子女入学等方面给予政策支持。依托福建省内外高校加大金融人才培育，加强与国际华人华侨金融人才联络，为引进榕籍金融人才回乡创业就业提供优质条件。推进金融特色学科建设、专业资格认证和专业人才联合培养，鼓励金融机构设立博士后工作站、培训实践基地，创新金融人才培养模式。支持本土金融人才加强学习深造，选派金融业务骨干赴境内外金融中心城市交流，为金融人才营造良好发展生态。鼓励企业引进金融人才，促进企业融资渠道多样化发展，更好用好资本市场。完善促进本地金融人才终身学习的激励制度，鼓励金融从业人员、企业和政府涉金融工作人员参加特许金融分析师（CFA）、金融风险管理师（FRM）、北美精算师（ASA）等资格认证考试，奖励持证人。

参考文献

[1] 陈晓，王琨. 关联交易、公司治理与国有股改革——来自我国资本市场的实证证据 [J]. 经济研究，2005（4）：77 - 86，128.

[2] 李世杰，赵婷茹. 自贸试验区促进产业结构升级了吗？——基于中国（上海）自贸试验区的实证分析 [J]. 中央财经大学学报，2019（8）：118 - 128.

[3] 刘星，代彬，郝颖. 高管权力与公司治理效率——基于国有上市公司高管变更的视角 [J]. 管理工程学报，2012，26（1）：1 - 12.

[4] 罗党论，甄丽明. 民营控制、政治关系与企业融资约束——基于中国民营上市公司的经验证据 [J]. 金融研究，2008（12）：164 - 178.

[5] 潘爱玲，邱金龙，杨洋. 业绩补偿承诺对标的企业的激励效应研究——来自中小板和创业板上市公司的实证检验 [J]. 会计研究，2017（3）：46 - 52，95.

[6] 苏冬蔚，林大庞．股权激励、盈余管理与公司治理［J］．经济研究，2010，45（11）：88－100.

[7] 王红建，曹瑜强，杨庆，等．实体企业金融化促进还是抑制了企业创新——基于中国制造业上市公司的经验研究［J］．南开管理评论，2017，20（1）：155－166.

[8] 王会娟，张然．私募股权投资与被投资企业高管薪酬契约——基于公司治理视角的研究［J］．管理世界，2012（9）：156－167.

[9] 夏后学，谭清美，白俊红．营商环境、企业寻租与市场创新——来自中国企业营商环境调查的经验证据［J］．经济研究，2019，54（4）：84－98.

[10] 于文超，梁平汉．不确定性、营商环境与民营企业经营活力［J］．中国工业经济，2019（11）：136－154.

[11] 张奇斌，陈雄，郭锬力．福建省跨境人民币发展平台期的特点、原因及展望［J］．福建金融，2018（4）：11－17.

专题二　福建省保险业发展研究

一、福建省保险业发展现状

近年来，福建省保险业整体发展较快，保险业作为金融市场重要的支柱之一，其本身特殊的分散风险、补偿损失和社会管理等功能，在保障社会稳定促进国民经济发展方面发挥着积极作用。2014 年，《国务院关于加快发展现代保险服务业的若干意见》提出，要使我国从保险大国转变为保险强国，进一步推动保险业的发展。随着我国经济的发展和人们风险意识的逐步提高，社会各方面对保险业务的需求都在不断增加，目前福建省保险业还处于快速发展之中，因此进一步研究保险业的发展状况，对于促进区域保险业协调、健康和稳定发展具有显著的现实意义。

（一）福建省商业保险业发展情况

随着我国全面建设社会主义现代化国家新征程的开启，保险业与经济活动之间的发展关系也逐渐发生了变化，二者间相辅相成，相互影响程度加深，实现经济与保险业的协调发展。经济发展可以为保险业的发展壮大创造优越的发展条件和成长空间，从而促进经济体系功能的整合优化；同时，保险业的发展也能满足经济发展的要求，更好地应对经济运行中形成的新型风险，减少整个经济社会的风险保障成本，进一步充分发挥保险业的功效和作用，并以此推动经济的成长。

1. 保险费收入

从保险费收入来看，虽然 2020 年疫情严重影响了保费收入，但根据福建省统计局公布的数据，2021 年保费相比于 2020 年仍然呈微弱的增长趋势，说明保险行业具有一定的抗风险能力。目前，以用户需求为导向，用科技赋能驱动高质量发展，已成为保险业的共识。

2021 年，福建省保险费总收入 1295.66 亿元，同比增加 5.34 亿元，增长 4.30%（见表 1）。其中，财产保险 329.13 亿元，减少 60.91 亿元，降低 15.62%；车险仍是保费规模最重要的贡献险种，机动车辆险共 231.0482 亿元，占财产保险总额的 70.2%，比 2020 年减少 7.76 亿元，降低 3.25%。说明财产保险的减少主要与除机动车辆保险以外的其他保险的下降有关。福建省 2021 年人身保险业务总额为 966.53 亿元，增加 114.32 亿元，增长 13.41%。人身保险业务主要分为人寿保险、健康保险、意外伤害。其中人寿保险为主要收入来源，占总额的 68.13%，2021 年共 663.17 亿元，同比增加 43.19 亿元，增长 6.97%；健康保险为 266.42 亿元，增加 55.90 亿元，上升 26.56%；意外伤害保险为 36.94 亿元，增加 15.23 亿元，上升 70.11%。因此不难看出，人寿保险、健康保险、意外保险三项都增加导致了 2021 年人身保险总金额的上升，其中主要来源于健康保险和人寿保险的增加。

表1 　　　　　　　　　**福建省商业保险费收入情况** 　　　　　　　单位：万元

项目	2020 年	2021 年
保险费收入	12422493	12956598
财产保险	3900407	3291276
机动车辆险	2388086	2310482
人身保险	8522086	9665322
人寿保险	6199780	6631702
健康保险	2105128	2664171
意外伤害	21718	369449

资料来源：《福建统计年鉴 2020》《福建统计年鉴 2021》。

2. 有效保单赔款及给付金额

福建省 2021 年有效保单赔款及给付金额为 429.77 亿元（见表 2），占总保险收入的 33.17%，同 2020 年比增加 36.54 亿元，增长 9.29%。

表2	福建省商业保险有效保单赔款及给付金额情况	单位：万元
项目	2020年	2021年
有效保单赔款及给付金额	3932296	4297736
财产保险	2431610	2168654
机动车辆险	1432080	1564968
人身保险	1500686	2129083
人寿保险	864984	813190
健康保险	589349	1207836
意外伤害	46353	108056

资料来源：《福建统计年鉴2020》《福建统计年鉴2021》。

由表2可知，2021年，财产保险赔付额为216.87亿元，占总赔付额的50.46%，同比减少26.30亿元，降低10.81%。机动车辆险赔款额占财产保险额的72.16%，共156.50亿元，同比增加13.29亿元，增长9.28%。说明财产保险的赔款同比减少是除机动车辆保险以外的其他保险赔款额的减少导致的，且其他项目赔款的减少大于车辆险的增长值。

由表2可知，2021年，人身保险的赔款共计212.91亿元，占总赔付额的49.54%，同比增加62.84亿元，增长41.87%。人寿保险赔付81.32亿元，同比减少5.18亿元，降低5.99%；健康保险赔付120.78亿元，同比增加61.85亿元，增长104.94%；意外伤害赔付10.81亿元，同比增加6.17亿元，增长133.11%。由此可见，在有效保单赔款及给付金额中健康保险占主要部分，占比达56.73%，人寿保险其次，占38.19%，意外伤害的赔付最少，仅占5.08%。所以人身保险的赔款的增长主要来源于健康保险赔付的增加，健康保险赔付的激增正源于2020年疫情的蔓延，虽然人寿保险降低了，但总赔款依旧同比增加。

3. 福建省各市商业保险情况

福建省一共有九个市，其中福州市为省会，其余为厦门市、莆田市、三明市、泉州市、漳州市、南平市、龙岩市和宁德市。福建省各市商业保险情况如图1所示。保险费收入方面，福州市、莆田市、厦门市位居前三，分别为379.89亿元、261.76亿元、243.87亿元，均超过200亿元，而其他的六个市区均在100亿元以下，其中漳州市的最低，仅有57.83亿元。有效保单赔款及给付金额方面，也是福州市金额最大，达139.74亿元，且仅福州市超过100亿元大关，厦门市和莆田市分别为第二、第三，金额为82.72亿元、71.06亿元，漳州市最低，金额为18.63亿元。可见，作为福建省的省会城市，福州市的商业保险规模和体量远超同省的其他城市，厦门和莆田的表现在省内也比较突出。

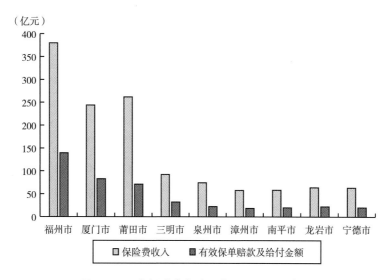

图1 2021年福建省各地区商业保险业务情况

资料来源：《福建统计年鉴》。

（二）福建省保险业发展水平分析

1. 保险密度

保险密度是指限定的统计区域内常住人口的平均保费数额，从人均角度反映了该区域保险市场发展状况和人们的保险意识强弱。由图2可知，2012年福建省的保险密度为1243.68元/人，而全国平均保险密度为1139.47元/人，福建省保险密度超过了全国平均保险密度。2012~2021年，福建省和全国的保险密度都有大幅度的增长，且在2016年及以前的数年，福建省均稍高于全国，但是自2017年开始福建省的保险密度开始略低于全国的保险密度，到2021年福建省保险密度与全国平均保险密度相差 84.07 元/人。由此也可以看出福建省保险行业发展趋势和增长速度与全国基本一致，但是近五年在数值上略低于全国平均保险密度。

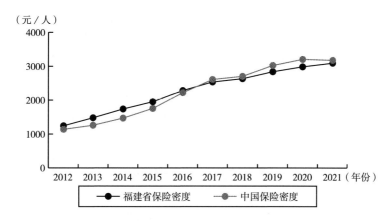

图2　2012～2021 年福建省和全国保险密度比较

资料来源：CEIC 统计数据库和相关年份的《福建统计年鉴》。

2. 保险深度

保险深度是指某区域保费收入占该区域生产总值（GDP）之比，反映了该区域保险业在整个区域经济中的地位。保险深度取决于经济总体发展水平和保险业的发展速度。它在一定程度上体现了保险观念与经济发展的同步性，以及保险业的发展潜力。

由图 3 可知，2012～2021 年福建省保险深度的增长趋势基本与全国保持一致，但是与全国水平仍有差距。2012～2015 年间，福建省保险深度与全国相差不大，但是自从 2016 年开始，福建省与全国的保险深度逐渐拉开。2012 年福建省保险深度为 2.37%，全国保险深度为 2.88%，到 2021 年福建省保险深度上升到 2.65%，而全国平均保险深度为 3.91%，福建省与全国平均水平差距进一步拉大。其间，2018 年和 2021 年保险深度出现下降，2018 年主要是由于保费收入增长减缓，而 2021 年是 GDP 增长较大导致的。总的来说，福建省保险业收入占地区生产总值的比重比较低，保险业发展相对滞后。从整体来看，福建省的保险渗透率偏低，2012～2021 年平均保险深度维持在 2.85%，而福建"八山一水一分田"的特殊地形，是造成保险的覆盖面和渗透率低的一个重要因素。特殊的地形造成了例如农业保险标的极其分散，除了传统保险产品实现全省覆盖外，福建

省特色农业产品创新险种具备分散性，以小规模发展为主，大多数覆盖面
较窄，缺乏可持续发展能力。

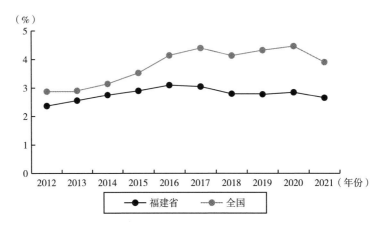

图 3　2012～2021 年福建省和全国保险深度比较

资料来源：CEIC 统计数据库和相关年份的《福建统计年鉴》。

3. 福建省各市商业保险情况

由图 4 可看出福建省各市 2021 年的保险密度和保险深度基本情况。从
保险密度来看，福州市、厦门市、莆田市、三明市四个地区的保险密度超过
了福建省的保险密度，分别为每人 4511.76 元、4618.71 元、8129.10 元、
3719.50 元，其余五个城市均低于福建省保险密度，其中泉州市最低，仅
840.18 元/人，泉州市 2021 年保险费收入一般，排行第五，但是常住人口数
较多，达 885 万人，在福建省中最高，因此保险密度最低。保险深度方面，
福州市、厦门市、莆田市、三明市、南平市五个地区的保险深度均超过了全
省的 2.65% 的水平，分别为 3.35%、3.47%、9.08%、3.12%、2.76%，其
余四个地区中泉州市依然最低，仅 0.66%，远低于全省水平，原因在于泉州
2021 年 GDP 较高，达 11304.17 亿元，在全省中仅次于省会福州市，且相差
不大，但是泉州市 2021 年保险费收入不高，导致了保险深度较低。莆田市
的保险密度和保险深度远远高于其他地区，甚至远远高于同时期的福建省，
然而泉州市的保险密度和保险深度远远低于其他地区，这表现出极大的地区
不平衡性。

福建省保险业在宏观经济发展中占据着一定的比重，但是，福建省各市之

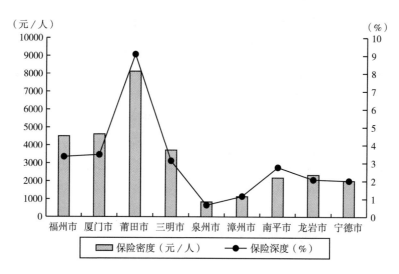

图 4　2021 年福建省各市保险密度和保险深度情况

资料来源：《福建统计年鉴 2021》。

间的保险业发展却呈现出极不协调的发展状况，从福建省 2021 年三大指标的最大全距差来看，如表 3，保费收入全距达到 322.06 亿元，保险密度最大差距达到 7288.92 元/人，最大保险深度差为 8.42%，从 2021 年保费收入的市场占比看出，福州市、莆田市、厦门市三个城市的保费收入总和占到福建省总保费收入的 2/3 左右，从 2021 年统计结果来看，厦门市、泉州市、福州市保费收入总和占到福建省保费收入的 68.34%，其中，在经济较为发达的厦门市、福州市、泉州市，保险的经营活动发展已呈现出网络化发展趋势，而在经济发展相对滞后的三明、宁德等地方，保险经营活动呈现典型的散点状分布特征。由此可见，虽然福建省整体保险发展态势强劲，但是，福建省 9 个市级区域的保险发展水平差距明显，福建省保险业发展的地域结构也不尽合理，不但影响了保险业本身的发展壮大，同时也制约了地方经济的地区统筹发展。

表 3　　　　　　　　　2021 年福建省保险三大指标全距

指标	排名	市区	指标值
保险费收入（亿元）	1	福州市	379.89
	9	漳州市	57.83
	全距差		322.06

指标	排名	市区	指标值
保险密度（元/人）	1	莆田市	8129.10
	9	泉州市	840.18
	全距差		7288.92
保险深度（%）	1	莆田市	9.08
	9	泉州市	0.66
	全距差		8.42

资料来源：《福建统计年鉴 2021》。

（三）福建省保险业发展结构

保险市场结构对经济发展有促进也有抑制，完全垄断型结构的市场运行效率最低，不利于经济发展；竞争型市场的保险企业数量多，竞争激烈，最有利于促进保险业自身和经济的发展。为了说明福建省保险市场结构特征，对福建省保险市场集中度进行分析。

本专题采用 2021 年数据进行 CR_n 指数分析，从福建省整体的保险公司数量来看，本专题只考虑省级分公司及中心支公司数量，财产保险公司共有 187 家，人寿保险公司共有 185 家，各个市级的保险公司数量如表 4 所示。

表 4　　　　　　2021 年福建省不同市级保险公司数量　　　　　单位：家

地区	福州	厦门	莆田	泉州	漳州	三明	南平	宁德	龙岩
财产保险公司数量	33	24	21	22	21	18	14	14	20
人身保险公司数量	34	18	17	30	23	16	15	15	17

资料来源：《中国保险年鉴 2021》。

通过分析福建省 9 个市级保险公司数量发现，在经济相对较发达的地区，保险公司的分布数量较多，例如福州市的财产、人身保险公司数量均居于首位；经济较为落后的地区，例如南平市和宁德市的财产、人身保险公司的数量就较少。从区域保险公司数量的全距来看，区域财产保险公司全距差达到 19 家，区域人身保险公司的全距差达到 19 家，说明福建省区域保险公司的分布存在很大的差距，极大影响福建省保险行业的整体发展结构。

为了进一步分析福建省保险市场的结构，本专题运用保险市场集中度指标进行分析，保险市场集中度指标主要是以保险行业内发展规模最高的前几家公司的相关数值占整个保险市场的比例，反映出保险行业中前几家保险公司对行业的垄断程度。计量模型公式为：

$$CR_n = \frac{\sum_{i=1}^{n} X_i}{\sum_{i=1}^{N} X_i} \tag{1}$$

其中，CR_n是指保险行业中规模最高的前 n 家保险公司的市场集中程度，X_i为保险行业中第 i 家保险公司的保费总收入，n 为保险行业市场中的公司数量，N 为福建省保险行业的公司总数。式（1）中，n 的值通常取 $n=4$ 或 $n=8$。显然，如果 $CR_1=100\%$，那么保险市场是完全垄断的；相反，如果 CR_1 接近于零，保险市场就趋向于完全竞争；一般来说，公司集中率越高，就代表前几个公司在市场上的经济实力越强，市场垄断程度越高。根据 CR_n 计量公式，最终计量结果如表 5 所示。

表 5　　　　　　　　2021 年福建省财险公司市场集中　　　　　　　单位：%

城市	财险 CR_1	财险 CR_4	财险 CR_8	寿险 CR_1	寿险 CR_4	寿险 CR_8
福州	34.25	65.79	82.67	26.01	55.52	69.43
厦门	42.97	80.24	91.29	29.84	67.52	83.93
莆田	52.27	85.42	92.44	56.01	77.85	89.13
泉州	46.83	87.34	94.27	35.15	74.30	84.56
漳州	58.07	86.94	93.72	35.77	69.21	82.33
三明	49.79	81.62	92.86	44.26	72.74	90.39
南平	61.16	86.82	95.72	51.99	77.57	92.59
宁德	53.94	86.84	95.38	50.96	81.26	93.77
龙岩	55.15	83.90	93.88	45.87	75.48	91.21

资料来源：根据《中国保险年鉴 2021》的数据计算。

关于市场集中度指标的划分，目前采用最多的是贝恩的划分标准，本专题引入了贝恩的市场集中度分类准则，如表 6 所示。

表6 市场集中度指标划分

市场结构	寡占型				竞争型	
	高寡占Ⅰ型	高寡占Ⅱ型	低寡占Ⅰ型	低寡占Ⅱ型	竞争Ⅰ型	竞争Ⅱ型
CR_4	$CR_4 \geqslant 85\%$	$85\% > CR_4 \geqslant 75\%$	$75\% > CR_4 \geqslant 50\%$	$50\% > CR_4 \geqslant 35\%$	$35\% > CR_4 \geqslant 30\%$	$30\% > CR_4$
CR_8	—	$CR_8 \geqslant 85\%$	$85\% > CR_8 \geqslant 75\%$	$75\% > CR_8 \geqslant 45\%$	$45\% > CR_8 \geqslant 40\%$	$40\% > CR_8$

从 2021 年福建省财产、人身保险公司单家保险公司市场集中度 CR_1 来看，由表5计算可得，福建省整体 $CR_1 < 65\%$。对于财产保险，仅南平市超过 60%，达 61.16%，漳州市、龙岩市、宁德市、莆田市均超过 50%，这几个市都是人保公司占据市场的比重大，都是主要经营机动车辆保险，而福州市最低仅 34.25%；对于人身保险，CR_1 排在前三的是莆田市、南平市、宁德市，且均超过 50%，主要是中国人寿占市场主体位置，中国人寿 2021 年在莆田市保费收入达到 30.87 亿元，占莆田市人身保险总保费收入的 56.01%，主要以经营普通寿险为主。

从图5可以看出，福建省财险公司 CR_4 均大于 65%，其中仅福州市的 CR_4 为 65.79%，小于 75%，属于贝恩分布的低寡占Ⅰ型，说明福州市的保险市场竞争状态比其他市稍好，厦门市、三明市、龙岩市的 CR_4 大于 75% 小于 85%，属于贝恩分布的高寡占Ⅱ型，存在较高的垄断程度，主要是由于人保、大地、平安、国寿财险、太保这几家保险公司的市场占比高，其他保险公司的市场占比极低。值得关注的是莆田、泉州、漳州、南平、宁德均超过 85%，达到高寡占Ⅰ型，保险市场存在高度的垄断程度，人保财险公司占据了主要的市场地位。而从人身保险公司垄断程度来看，福建省9个市的 CR_4 均大于 55% 小于 85%，其中四个城市莆田、南平、宁德、龙岩超过 75%，属于高寡占Ⅱ型市场，主要是由国寿、太保、平安、人保寿险、太平这几家保险公司占市场主导地位，其余五个城市属于低寡占Ⅰ型，竞争程度稍高。

从福建省的市场集中度 CR_8 指标也可以看出，在财产险方面福建省9个市都属于高度垄断的保险市场。根据贝恩市场分类标准，除福州市为低寡占Ⅰ型外，其余八个城市都处于高寡占Ⅱ型市场；在人身保险方面，仅福州市为低寡占Ⅱ型，厦门、泉州、漳州为低寡占Ⅰ型，其余均为高寡占Ⅱ型。由此可见，从福建省总体来看，由于高度垄断，保险市场的竞争力较弱，保险

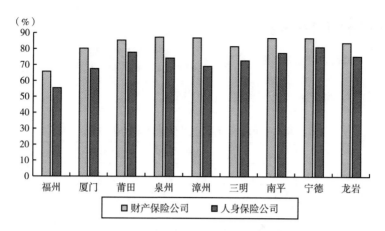

图5　福建省9个市财险、寿险公司 CR₄ 对比

市场的运行效率相对较低。不过，市场集中度指标分析也存在不足之处，市场集中度指标只是体现了行业中规模最高的前几家公司的市场集聚程度，而忽视了其他公司规模的市场分布状况。

（四）福建省保险业与经济协调发展测度分析

衡量福建省保险业与经济相配合协调发展的程度，需要涉及"量""质""功能"指标，前面已经对"量""质"展开了剖析，因此下面重点围绕着保险业在经济社会发展中的功能发挥程度来分析。而保险业对经济发展过程中的作用程度，主要体现在保险业的功能发挥程度上，所以本专题主要分析保险业的功能发挥程度。为了更有效说明问题，以及受到数据收集的限制，故本专题主要选取2018～2020年的数据进行分析。

1. 保险业对于金融体系的参与度

保险具备资金融通功能，保险业的发展可提升地方的资金融通实力，为投保人的风险融通提供服务，同时对保险资金进行运用。衡量保险业的资金融通功能发挥的程度，主要采用保险业对金融体系的参与度指标。这个指标是保险业的资产总额占金融机构资产总额的比重，从资产总量的视角分析福建省保险业在整个金融体系中的影响力，以及保险业相对于其他金融机构在金融体系的发展程度。一个地区的保险业规模越大，其资产总量和经营综合能力就越强，相应的，对地方金融机构体系承纳和转移风险的能力也就越强。该指标的计算公式为：

$$保险业对金融体系的参与度 = \frac{保险业的资产总额}{银行业金融机构资产总额} \times 100\%$$

通过计算三年的指标，计量结果如表 7 所示。

表7 　　　　2018～2020 年保险业对金融体系的参与度

年份	2018	2019	2020
保险业对金融体系的参与度（%）	2.66	2.97	3.09

资料来源：相关年份的《福建保险年鉴》。

从这三年的指标来看，福建省保险业对金融体系的参与度平均为 2.91%，而全国的保险业对金融体系的参与度为 6.45%，因此相比较来讲，福建省保险业对金融体系的参与性相对较差，对于福建省金融体系的影响也比较微弱，与其他行业的融合度不高，同时也表明了福建省的金融体系中发挥资金融通功能时，仍主要依赖于地方银行体系，保险业的影响非常有限。

2. 保险业对经济增长的贡献度

保险公司作为最主要的金融类产业，直接地参加了国内生产总值的形成，所以衡量保险业对国内生产总值形成过程中的贡献程度，可以通过保险业对经济增长的贡献度来反映。该指标是保险业增加值占 GDP 的比重，计算公式为：

$$保险业对经济增长的贡献度 = \frac{保险业增加值}{GDP} \times 100\%$$

其中，保险业增加值也就是由保险公司直接创造的 GDP，其主要核算方法有产出法、收入法和费用法三种，本专题选择国家统计局所使用的收入法作为依据，计算公式为：

$$保险业增加值 = 劳动者薪酬 + 生产税净额 + 固定资产折旧 + 经营利润$$

由于数据收集受限，只选取部分指标进行计算，通过计算三年的指标，计量结果如表 8 所示。

表8 　　　　2018～2020 年保险业对经济增长的贡献度

年份	2018	2019	2020
保险业对经济增长的贡献度（%）	3.138	2.220	2.154

资料来源：《福建省金融运行报告》《福建统计年鉴》《中国保险年鉴》。

相对应可求出保险业对经济增长的贡献率，该指标反映保险业增加值的上升对区域经济发展的边际作用，计算公式为：

$$保险业对经济增长的贡献率 = \frac{保险业增加值增长额}{GDP\ 增长额} \times 100\%$$

通过计算三年的指标，计量结果如表 9 所示。

表 9　　　　　　　　　　2018～2020 年保险业对经济增长的贡献率

年份	2018	2019	2020
保险业对经济增长的贡献度（%）	1.798	2.518	1.714

资料来源：《福建省金融运行报告》《福建统计年鉴》《中国保险年鉴》。

从这三年的指标来看，福建省保险业对经济增长的贡献度基本上保持在 2.5% 左右，对经济增长的贡献率平均为 2.01%，而在 2020 年福建省第三产业对经济增长的贡献率达到 56.6%，可见保险业对经济增长的贡献程度仅占第三产业对经济增长贡献的 3.5%。通过上述指标分析可发现，福建省保险业对于经济增长的作用较低，保险业增长速度低于经济发展的增长速度，说明福建省在经济增长之时，相应地需要承载很高的风险，经济社会的发展速度和质量也会相应地减弱。

3. 保险业对社会就业的贡献度

保险还具有社会管理功能，起到稳定经济社会发展的作用。促进经济社会稳定的其中一个重要指标就是就业率，高的就业率对于促进经济增长具有一定的积极作用。保险业可以通过增加就业的方式，来发展保险市场，同时带动经济的发展。福建省保险业对于经济社会就业工作的直观贡献程度分析，可以采用保险业对经济社会就业工作的贡献率指标。该指标是保险业直接提供的经济社会就业岗位总量占全福建省经济社会就业岗位总量的比例，体现出保险业对经济社会发展就业的直接贡献水平，计算公式为：

$$保险业对社会就业的贡献度 = \frac{保险业就业人数}{福建省总就业人数} \times 100\%$$

其中，由于数据收集受限，保险业就业人数不包括代理制销售人员数。通过计算三年的指标，计量结果如表 10 所示。

表 10　　　　　　2018～2020 年保险业对社会就业的贡献率

年份	2018	2019	2020
保险业对社会就业的贡献度（％）	0.16	0.16	0.16

资料来源：《福建统计年鉴》。

福建省保险业对于福建省整体的就业贡献度这三年来维持在 0.16％，相对于第二产业以及其他第三产业整体而言，福建省保险业对促进福建省就业的贡献度在比较低的水平上，保险业的社会管理功能发挥得有限。从保险公司岗位供给与员工专业匹配程度的角度来看，在保险人才培养上，福建省高等院校中含有保险专业的有 3 所，其中专门设立保险专业的院校仅 1 所，可见在针对保险人才的培养上，福建省高等院校的培养力度不够，对于保险职业发展的关注度不高。

二、福建省保险业发展存在的问题

前面从福建省保险业发展的"质"和"量"两个角度出发，重点围绕保险业在经济社会发展中的功能发挥程度作出具体的分析，详细剖析了福建省保险业整体发展和局部发展的现状，充分反映了福建省保险业在经济体系中的功能，体现了福建省保险业与经济相配合协调发展的程度。

基于前述分析，接下来本专题将归纳在分析中所发现的福建省保险业发展中存在的主要问题，从整体和局部入手，指出福建省保险业和整体经济协调发展存在的问题，同时将福建省地区保险业整体发展情况同长三角、珠三角地区的整体保险业发展情况作出对比。

（一）福建省保险业综合发展问题

从局部看，根据前面对福建省各市保险深度等的分析，福建省各市保险业发展呈现极大的地区不平衡性和不协调发展状况，且与各市自身的经济发展水平不完全对应，存在很大的不匹配、不协调现象。同时保险业发展的地域结构也不合理，福建省约七成保费收入来自泉、福、厦三个发达地区，且发达地区的保险业经营活动发展也超前于欠发达地区。这些制约了地方经济的统筹发展。

从整体看，首先，福建省整体的保险业发展水平不高，明显落后于福建省经济发展水平。根据前面的分析，一方面，考虑保险密度指标。尽管福建省保险业保险密度增长趋势和增速同全国保险密度增长趋势和增速基本一致，但自 2017 年起，福建省保险密度被全国保险密度超过，并一直低于全国水平。另一方面，考虑保险深度指标。尽管 2012 ~ 2021 年福建省保险深度的增长趋势基本同全国保持一致，但均明显低于全国水平，从 2016 年开始，福建省同全国保险深度水平明显拉开，2018 年和 2021 年保险深度出现下降情况。

这表明从整体上分析，作为东部沿海省份，福建省保险业市场发展水平较低，福建省居民的保险意识不强，福建省保险的覆盖率、渗透率较低，福建省保险业发展相对整体经济发展水平相对滞后，明显落后于全国平均水平。福建省多山地丘陵的地理特征是限制福建省保险业提升渗透率、覆盖面及创新险种可持续发展能力的重要因素。

其次，福建省保险业的市场结构存在优化空间，根据前面构建的市场集中度指标，我们可以看到福建省整体保险市场呈现高度垄断的特征，保险市场的竞争力较低，保险市场的运行效率也较低，这会一定程度上抑制保险产品的创新，降低保险市场活力，限制新兴保险机构发展，尤其是在欠发达地区。

最后，根据前面的指标体系法分析发现，福建省保险业对金融体系的参与性相对较差，影响也比较微弱，同其他行业融合度不高。福建省金融体系主要依赖于地方银行体系进行资金融通。保险业对于经济增长的作用较低，增长速度滞后于福建省经济增长速度，在福建省经济发展中起到的风险管理作用有限，减弱了经济社会的发展速度和质量。地区保险业对社会就业方面影响较小，保险人才培养力度不足、关注度较低。在经济社会发展中，保险业没有很好发挥其功能和作用，保险业和经济发展未能在"质"上很好地相适应。

（二）福建省保险业发展与长三角和珠三角的比较

为了对福建省保险业发展水平进行适当的评价，我们可以将其与同为沿海发达地区的长江三角洲地区和珠江三角洲地区相比较。之所以选取长江三角洲地区和珠江三角洲地区，是因为这两个区域的保险业更加发达与成熟，具有较好的参考价值。与这两个区域相比，福建省的发展劣势在于经济总量和保险业总量偏小。下面将用三个地区的发展主体——上海、福建和广东的统计数据作对比①。

2022 年福建省地区生产总值达到 53109.8 亿元，总量发展水平与上海相近（44652.8 亿元），但是却远低于广东省（129118.6 亿元）。考虑人口差异，从人均发展水平上来看，福建省也存在明显发展劣势。2022 年福建省人均国内生产总值达到 126829 元，其发展水平同广东省（102015 元）相近，但又远落后于上海市（1803425 元）。从前后两个数据的比较中可以看出，福建在整体经济发展水平上处于落后状态。

接着我们比较福建省保险业和其他两个地区的整体发展情况。我们将三个地区的保险业整体发展水平通过保险费、保险深度、保险密度三个主要指标进行比较。

由图 6 可知，在保险费方面，三个地区的人身保险和财产保险比例基本一致。2022 年福建的保险费达到 1104.2 亿元，而同期上海和广东的保险费却高达 2095.01 亿元和 4366.51 亿元。从数据的比较可以看出，福建省保险费收入远低于上海和广东。图 7 显示了三个地区 2012~2021 年保险费的增长情况，可以看到福建省的保费收入一直明显低于其他两个地区的保费收入。

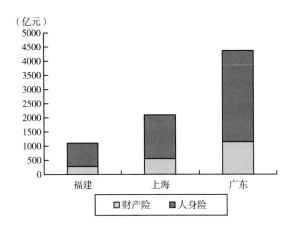

图 6　福建、上海、广东的财产险、人身险保险费情况

资料来源：CEIC Data。

---

① 本部分数据均来自 CEIC Data。

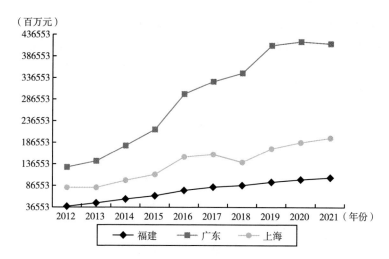

图7 福建、广东、上海保险费增长情况

资料来源：CEIC Data。

在保险深度方面，图8显示了2012～2021年三地区保险深度的变动情况。福建省保险深度长期低于上海和广东地区，且十年间没有明显增长。从2016年开始，广东和上海地区的保险深度基本维持在4%以上，而福建省保险深度基本维持在3%以下，同上海和广东地区存在较大差距。

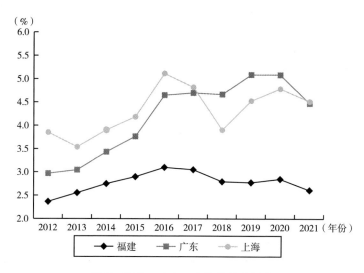

图8 福建、广东、上海的保险深度

资料来源：CEIC Data。

在保险密度方面，图 9 显示了 2012～2021 年福建省的保险密度的变动情况。福建省的保险密度同样长期低于上海和广东两个地区，且存在明显差距。

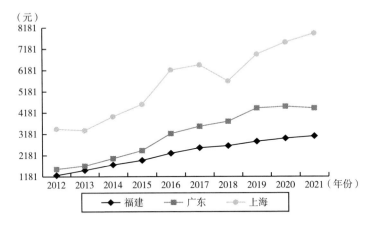

图9　福建、广东、上海的保险密度

资料来源：CEIC Data。

然而，虽然相较于上海和广东两个地区，福建省在绝对值方面整体处于相较落后地位，但是从增长率来看情况有些不同。由图 10 可知，福建省的地区生产总值在 2012～2021 年这十年间增速一直处于三个地区的前列，自 2017 年起长期领先于上海和广东两地区的生产总值同比增速，保持着高速增长态势，尽管 2019～2020 年三省份的宏观经济增长速度都有较大的下滑。

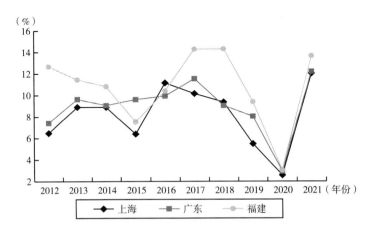

图10　上海、广东、福建的地区生产总值增速

资料来源：CEIC Data。

从人均发展水平上来看，福建省亦存在增长速度优势。图 11 是三个省份人均生产总值的增长速度，可以看到福建省增速同样长期处于三个地区的前列，从 2017 年开始，福建的增长速度快于广东和上海，尽管 2019～2020年三省份的宏观经济增长速度都有较大的下滑。

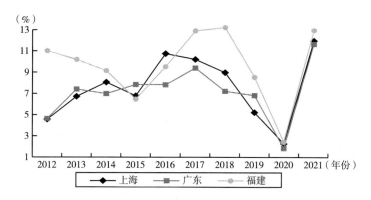

图 11　上海、广东、福建的人均生产总值增速

资料来源：CEIC Data。

从保险费来看，福建省发展趋势稳定。图 12 显示了 2012～2021 年三省份保险费的同比增长速度。十年间，福建省的保险费收入增速整体上介于上海和广东两个地区之间。上海地区在 2018 年出现了较大的同比负增长；广东地区近年增速显著下降，并在 2021 年出现了同比负增长；而福建省则一直保持着较为稳定的正向增长。但考虑到福建同上海和广东两地区保险费收入的绝对值差距，该差距存在逐年扩大的情况。

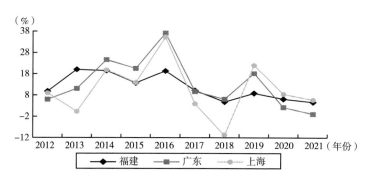

图 12　福建、广东、上海的保险费同比增长速度

资料来源：CEIC Data。

从保险深度来看，图 13 显示了 2012～2021 年三省份保险深度的同比增长速度。福建省的保险深度增速整体上低于上海和广东两个地区，同其他两个地区的差距仍在扩大。其中福建省保险深度在最近五年基本呈同比负增长状态，整体增长情况不甚良好，出现明显的下降趋势。

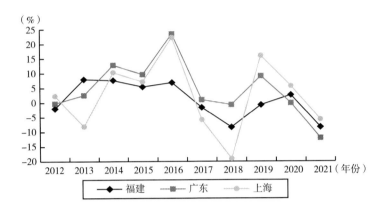

图 13 福建、广东、上海的保险深度同比增长速度

资料来源：CEIC Data。

从保险密度来看，图 14 显示了 2012～2021 年三省份保险密度的同比增长速度。整体上福建省保险密度增长较为平缓，考虑到本身同上海和广东两地区存在的绝对值差异，所以福建省保险密度同其他两地区的差距依然较大。

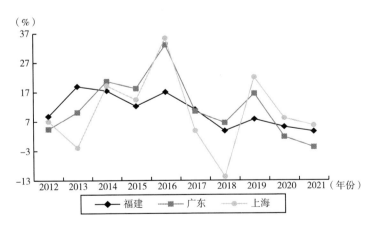

图 14 福建、广东、上海的保险密度同比增长速度

资料来源：CEIC Data。

通过同长三角、珠三角这两个保险业较为发达地区的比较，我们可以知道，福建省在经济整体发展上与它们存在一定差距，但一个乐观的事实是福建省的经济总量保持着较快的发展态势，而保险业发展情况与其他两个地区存在较大的差距。相较于其他两个地区，无论从保险业各个主要指标的绝对值角度还是增速角度来看，福建省表现都不甚理想，存在差距不断扩大、增长的波动性较大、发展的稳定性不足等问题。

三、福建省保险业发展对策

从前文分析可知，福建省保险业在"质"和"量"上都存在很大的发展潜力，福建省保险业和经济的协调发展存在巨大的提升空间，福建省保险业均衡发展、高质量发展是未来的重要目标。福建省保险业与经济不协调发展的主要原因在于，福建省保险业的发展没有跟上经济发展的脚步。因此下面将着力于对促进福建省保险业的发展方面提出建议，采取多方面的措施，以提高保险业发展在"质""量"方面与经济均衡发展的协调程度。

（一）推动福建省保险业整体发展

要促进福建省保险业与区域经济的协调发展，首要任务是发展福建省的保险市场，从而达到"质"和"量"的协调，提升福建省保险业在经济中的作用。

整体而言，首先需要完善福建省对保险业的监管，保险监管工作任重道远，宏观层面上需要深刻理解中央对金融工作的部署，又要以稳为基调，开展保险业监管工作，提高保险业的政治地位。坚持保险主业，着力服务实体经济，严格管理风险，鼓励保险业务和产品创新，实现地区保险业和地区经济的协调发展。要建立健全保险行业的风险管理体系，加强动态监测、预警，提高应对和处置危机能力，维护保险市场安全稳定。发挥保险行业协会自律作用，维护行业秩序，营造公平竞争市场环境。加强保险消费者权益保护，建立和完善销售、承保、回访、保全和理赔给付等各环节服务标准。加大监督检查力度，建立常态化检查机制，严厉查处保险市场违法违规行为，加大对保险诈骗、恶意投诉、不良代理等行为的打击力度，维护保险业健康发展。

其次，推动区域保险的差异化经营。区域保险差异化经营的顺利实施有助于匹配区域间差异化的保险需求，促进保险市场的发展，改善地区保险业的业务结构。

再其次，拓宽保险服务的覆盖面。由前面的指标分析可知，目前福建省保险覆盖范围与保险业在社会经济发展中的影响仍相当有限，为促进保险业与经济协调发展，需要进一步开辟保险业务服务的新领域，使保险业渗透到社会经济运行的各个环节。

最后，可以增加政策性保险的扶持力度。一般公共预算总收入的提高，对于政策性保险的支持力度大，能够带动当地财产保险业的发展。要实现区域间保险业的协调发展，靠市场调控和保险企业的自身发展还不够，还需要相应的政策性财政补贴引导，以推动福建省保险业务的迅速扩展。

（二）创新保险产品

通过指标体系法分析发现，福建省保险业对经济增长的贡献度较低。所以，在经济发展过程中，市场经济主体相应所需要承载的风险较高，较高的风险会对市场经济正常运转产生一定负面影响。由此就需要进一步发现经济运行中的潜在风险，及时识别经济多元化发展而形成的新型风险形态，积极推进保险公司的产品研发创新与经营服务创新，为经济快速运行保驾护航，在保障经济运行的同时，促进保险业的发展。福建省人均收入水平较高，大部分的社会资金投资主要依托于商业银行等金融机构，所以需要促进保险产品的多样化。

同时考虑福建地区的地理特点，作为海峡西岸的沿海省份，临近台风源头西北太平洋，是我国遭受台风袭击较多的地区，在台风过后出现洪水等次生灾害的概率也较大。一旦出现了强烈的大风等自然灾害，会导致经济发展的速度减缓，甚至可能导致经济运行的中断。为了保障第一产业经济的稳定发展，可以创新发展巨灾保险，从而确保经济的稳健运行。只有保障经济运行的稳定性，才有助于保险与经济的协调发展。

（三）优化地区保险业竞争格局

除了要促进地区保险机构差异化竞争，还需要优化地区保险业的空间布局，促进不同地区间保险业的均衡发展。根据前面的分析，目前福建省保险市场整体呈现出高度垄断，且各市之间保险公司数量差距较大，保险公司空间布局差异大，保险市场运行效率相对低下。当前，福建省的保费收入仍主要集中于大中城市。所以，要缩小福建省内各地区间保险业的发展差异，降低保险市场集中程度，提升保险业的竞争力，激发保险市场的活力，就必须有合理的保险市场结构，对地方保险空间进行合理规划，相关部门在保险机构批设上应适当向经济较为落后地区倾斜，给予一定的政策优惠、税收减免等方式，吸引更多保险机构向欠发达地区延伸。发达地区可以发挥领头羊作用，带动周边欠发达地区的保险业发展。

（四）发挥主体城市辐射效应

为进一步促进各区域保险业的发展，应采取措施强化保险市场发展态势好的城市，进而对周边城市起到辐射作用，促使主体城市充分发挥带头作用，大力发展非主体城市的保险业务。一般而言，保险市场发展态势好的城市保险创新能力强，保险创新活动大都最先出现在保险业发展比较成熟的地区，继而往经济欠发达区域延伸。按照这一规则，厦门、福州、泉州可以划分为第一、二类城市，其他城市可划分为第三类城市，那么第一、二类城市应当作为当前福建省保险创新的主要策源地，根据市场需求的变化，不断推出新的保险产品和新的业务经营方法，进而把创新险种推至周边城市，并按照网络化发展模式，积极向广阔的地域空间开拓服务。

同时，第一、二类城市也要给与第三类城市相应的政府支持和人员帮扶，以助力第三类城市保险市场的发展。第三类城市也要发挥自身优势，创新发展地方保险市场，进一步吸纳人才，从而逐步缩短与第一、二类城市之间的差距，以此保障区域保险的均衡发展。第三类城市也应该参考同类型经济发展态势相似城市的发展模式，比如同处于第三类的龙岩市在全国首先开创了"三农"综合保险试验区模式，有效地缓解了本地农户因灾返贫问题，并带动了本地的经济社会发展，由此其他第三类别城市就可以通过借鉴"龙岩模式"经验，创新发展适用于本地发展的保险保障模式。

（五）促进保险与金融机构相互渗透合作

前面指标体系法分析结果表明，福建省保险业对金融体系的参与度均值约为 2.91%，金融体系发挥资金融通功能仍主要依赖于商业银行体系。要提升福建省保险业的发展，促进保险业与区域经济协调发展，可以借助银行等金融机构的力量，重视银行保险业的相互渗透合作。要推进银保合作，关键在于银保双方都要意识到双方长期合作的重要意义。商业银行不能单纯地把银保业务当作中间业务收入的一个来源，要关注银行保险合作所产生的长期战略性利益，与保险公司从资源上优势互补、技术开发、业务优化、客户资源共享等多维度形成长远的合作伙伴关系。同时，还需创新开发新的银保合作方式和银保产品。例如根据城乡居民储蓄的增加情况，可以从稳健理财和保险保障的视角入手，为顾客设计包括投保、存款、融资功能等各有偏重的保险产品，满足投资者个性化、多元化的融资需要，从而实现保险业与银行业之间的交叉渗透相互合作，这样能更有效推动福建省保险业与经济的增长。

（六）加强保险知识的普及和教育

发展地区保险业要求我们做好对保险知识的教育和普及，提高居民的保险意识，提升地区保险业的信誉。福建省多数地方还是以县域农村为主，农民的保险意识较淡薄，但是县域经济在福建省的经济发展中起着至关重要的作用。根据福建省统计局公布的数据，2021 年福建省县域经济约占全省 GDP 的 50%，县域经济在推动经济增长中起到重要的作用，其保险市场潜力巨大，所以要充分发掘县域地区的需求潜能，积极发展县域保险市场，大力开展县域的保险营销和宣传工作，积极开发适合于县域发展的保险产品，让保险产品更容易为当地消费者所接受。同时还需要提高保险业的信誉，让居民更好地理解和参与其中，这要求我们提高保险业整体营销人员的专业素养，做好对保险产品的解释和推荐，消除客户对保险产品的本质作用存在的各种偏见，合理地使用保险产品来提高居民的福利，促进地区保险业的发展。这要求福建省相关组织和部门主动做好宣传引导，加大保险政策和保险产品的宣传推广力度，通过营业网点、门户网站、手机 App、微信公众号等多种渠道主动加大宣介力度，形成全社会学保险、懂保险、用保险的氛围。同时，积极开展形式多样的保险知识普及活动，做好政策解读、教育引导和风险提示，及时回应社会关切，合理引导预期，增进各方共识，创造良好舆论环境，持续提升公众防范风险意识和依法维护自身权益的能力。

根据《中国保险年鉴 2022》及福建省统计局所公布数据，福建省保险业从业人数占福建省总体就业人口的 1.26% 左右，保险业对促进福建省就业的贡献度一直处在较低的水平上，保险没有很好地发挥出社会管理作用。从发达国家保险业的发展经验表明，充分就业能够降低政府的财政支出压力，促进经济的持续增长。那么要发挥保险的社会效应，促进保险与经济的发展，一方面需要保险业增加一定的就业岗位。目前福建省保险业尚处于保险公司数量主导的发展模式，通过增加保险公司数量可以促进社会就业，也可以促进保险业的发展规模，增加保险的覆盖面，带动经济的发展。另一方面还需要培养与保险公司岗位相匹配的人才，这就需要福建省高校在保险人才培养上足够重视。要促进保险行业的发展，缩小区域间保险发展的差异，重在人才培养，保险业需要具有复合型应用人才，具备能够积极有效地应对各种风险的能力，那么福建省高校应该转变对保险人才培养的理念，不应过分注重保险专业知识的教育而弱化了学生的实操能力，应该重视学生的专业实践能力。保险公司往往需要实务型人才，由此高校应充分利用教学资源，与企业相结合进行人才培养。

加强保险专业人才引进和培养，鼓励福建省内保险机构与高校加强交流合作，充分发挥校企双方优势，形成保险业与高校理论研究、人才培养的产学研联动机制。鼓励保险机构选聘具有科技背景的专业人才进入董事会或高级管理层。注重引进和培养金融、科技、数据复合型人才，强化对领军人才和核心专家的激励措施，提升保险行业创新驱动能力。

四、福建省保险业发展趋势和前景展望

保险业正在从高速发展走向高质量发展，高质量发展是"十四五"时期经济社会发展的主题，追求的是实现发展质量、结构、规模、速度、效益、安全的统一。为了优化福建省保险行业发展环境，全方位推动高质量发展超越，2022 年 9 月福建银保监局印发《关于鼓励和加快福建省保险业高质量发展的实施意见》（以下简称《意见》）的通知，为福建省保险业高质量发展提供了许多思路。

（一）响应国家政策，顺应时代潮流，走向高质量发展

1. 丰富保险机构体系，积极引入各类保险主体

实现福建省保险业高质量发展的前提是建立完善的保险机制，要求丰富保险机构体系，积极引入各类保险主体。为进一步吸引各类优质保险业资源来闽集聚发展，《意见》提出对新引进的各类法人保险主体给与一次性落户奖励和办公用房奖励。

在一次性落户奖励方面，支持新引进保险业各类法人市场主体，以及在闽新发起设立地方法人保险机构。对经中央金融管理部门批准设立或新引进的法人保险机构，给予实收资本 3%、总额不超过 5000 万元的一次性落户奖励。推动境内外保险机构总部在闽设立产品研发中心、数据处理中心、创新实验室等职能机构，支持符合相关条件的市场主体在闽参与设立各类保险中介机构、保险资管公司等机构。对经中央金融管理部门批准，在闽新设立或新迁入的全国性保险职能机构、中介机构和资管机构，实收资本 2 亿元（含）以上的，给予 500 万元一次性落户奖励；实收资本在 2 亿元以下、1 亿元（含）以上的，给予 200 万元一次性落户奖励；实收资本在 1 亿元以下、5000 万元（含）以上的，给予 100 万元一次性落户奖励。

在办公用房奖励方面，对新设或新引进法人保险机构和保险机构总部的职能机构、中介机构和资管机构，购买办公用房自用的，3 年内可按房产原值的 0.5% 给予奖励；租赁办公用房自用的，可按租金市场指导价的 40% 给予一次性 18 个月的租金补助。每家机构享受的办公用房补助不超过 1000 万元。

这两项通知对各类法人保险机构落户福建有着极大的激励，在政策的支持和引导下，未来几年会有越来越多的保险机构进入福建的保险市场，为保险市场注入新的活力，丰富保险机构体系，为福建省保险业的高质量发展添

砖加瓦。

2. 拓展保险保障功能，提升保险保障能力

国家"十四五"规划强调"深化保险公司改革，提升商业保险保障能力"，拓展保险保障功能、提升保险保障能力是保险业高质量发展的重要指标。具体来看，《意见》也明确指出要创新发展财产保险、巩固深化农业保险、高效实施责任保险、加大推广出口信用保险、拓展提升健康保险、加快布局养老保险。

创新发展财产保险，支持保险机构创新符合新兴产业企业需求的保险产品，完善科技保险保费补贴机制。持续加大对生物医疗、集成电路、新材料等战略性新兴产业、"专精特新"企业的保险保障，创新开发"科创保""知识产权保险""人才创业险"等专项产品。持续深化车险综合改革，支持拓宽车险保障范围，创新发展新能源汽车等新生车险业务。加强营运车辆商业保险承保服务，优化承保条件，促进商业营运车辆保险愿保尽保。

巩固深化农业保险，用好用足中央财政保费补贴政策，重点保障关系国计民生和粮食、生态安全的主要大宗农产品，各级财政合计给予保费60%以上的保费补贴，巩固、提升中央财政补贴种植业和森林保险的覆盖面，逐步扩大养殖业（能繁母猪、育肥猪、奶牛等）保险覆盖面，开展病死猪无害化处理与保险联动机制建设试点工作。加大省级财政支持力度，对纳入省级财政保费补贴范围的地方特色农业保险，原则上给予不超过保费30%的保费补贴。落实烟叶种植保险奖补政策，并试点开展对地方优势特色农产品保险的以奖代补政策，对尚未纳入中央和省级财政保费补贴范围的地方优势特色农产品保险，由省级财政按照保费的一定比例给予各设区市（除厦门市外）奖补。积极推广各类渔船渔工责任互助保险，水产养殖互助保险，养殖品价格指数保险等险种，省、市、县各级财政依规给予相应比例的补贴或奖励。鼓励福建省内保险机构承保福建船东在省外、境外注册的船舶。支持福建省渔业互保协会改革，加快推进福建省渔业互助保险改制工作，大力推进渔民互助保险等形式的渔业保险。

高效实施责任保险，在国家规定的高危行业、领域依法实施安全生产责任保险制度，支持保险机构创新高危行业安全生产责任保险品种，满足高危行业企业投保需求；督促属于国家规定的高危行业、领域的生产经营单位投保安全生产责任保险，鼓励其他生产经营单位、公众聚集场所投保安全生产责任保险。在福建全省范围内推动肉蛋奶和白酒生产企业、集体用餐单位、大宗食品配送单位、中央厨房和配餐单位主动购买食品安全责任保险。推动完善基本覆盖所有公立医院的医疗责任保险体系，引导非公立医疗机构购买医疗责任保险。推动建筑工程质量潜在缺陷保险在福建省试点实施，鼓励以工程质量保证金保证保险替代施工方的工程质量保证金，探索年度投标保证金保证保险制度，减轻企业负担。发挥环境污染责任保险市场机制作用，逐步推行环境污染责任保险，引导环境高风险企业主动投保。

加大推广出口信用保险，支持出口信用保险机构为企业开展大型成套设备出口、高附加值机电产品、境外工程承包、境外投资提供国别风险、买方资信调查和风险保障等综合性服务。加大出口信保对关键产业链企业的买方限额支持，扩大"单一窗口＋出口信保"模式对中小微企业的服务覆盖面。开展出口信保"白名单"银信合作模式，继续推广出口信用保险保单融资。

拓展提升健康保险，支持有条件的地区开展保险机构经办医疗救助试点，推动大病保险省级统筹，进一步提高大病保险筹资水平。探索推进"基本医保经办＋大病保险＋医疗救助"一体化服务模式，支持开通理赔直连通道，鼓励商业保险公司为包括新市民在内的群体提供多样化的商业健康保险保障和健康体检、慢病管理、就医绿色通道等增值服务。深入开展长期护理保险制度试点，逐步扩大试点地区和参保对象范围。允许职工基本医疗保险参保人员使用个人账户资金为本人购买，或使用个人账户资金设立家庭共济账户为家庭共济成员购买与基本医疗保险相衔接的，包括定制型商业医疗保险在内的非投资理财性商业补充保险。

加快布局养老保险，推动将符合规定的商业养老保险产品纳入个人养老金投资范围，享受国家规定的税收优惠政策。引导保险机构精准细分客户群体，大力发展包括专属商业养老保险在内的各类符合长期养老需求和生命周期特点的商业养老保险业务。支持保险机构提供长期直至终身的养老金领取服务，探索将商业养老保险产品与养老、长期照护等服务相衔接，丰富养老金领取形式。鼓励吸纳新市民就业较多的企业为新市民投保专属商业养老保险提供缴费补贴支持。鼓励通过公建民营、民办公助、以奖代补、政府购买服务等形式，支持保险机构参与到居家社区和机构养老服务。

3. 完善行业保障机制，营造保险发展良好环境

完善和健全保险行业保障机制是保险业高质量发展的基础，在监管部门和政策的支持下，完善行业保障机制，营造保险发展良好环境是必要环节。《意见》提出要支持地方法人保险机构增资扩股、加强保险专业人才引进和培养、鼓励创新保险产品、拓宽险资运用渠道、完善激励评价机制、加强保险行业监管和主动做好宣传引导，为健全福建省保险业保障机制指出了明确的路线。

支持地方法人保险机构增资扩股，鼓励地方法人保险机构引进战略投资机构，增强资本实力，完善法人治理，推动公司向数字化、精细化、现代化转型。鼓励福建省国有企业积极参与省内法人保险机构增资扩股。

鼓励创新保险产品，鼓励保险机构增强创新动力，积极探索新业态、新领域保险服务，将产品创新与推动经济高质量发展、增强中小微企业和"新市民"保险服务积极融合。引导福建省内保险机构积极参与每年"金融创新"项目评选，并对获奖机构予以相应奖励，一类项目1个（每个奖励50万元）、二类项目3个（每个奖励30万元）、三类项目6个（每个奖励10万元）。对在推动机构创新中作出突出贡献的团队和个人，获奖机构可给予适当的奖励。

拓宽险资运用渠道，持续推进"险资入闽"，综合采用推介会、交流会等多种形式争取保险公司总部支持，以债权、股权、资产支持计划等形式积极参与福建省内基础设施、重点产业和民生工程建设。遴选保险资金投资项目，将引进保险资金纳入各级招商引资范围，多渠道遴选符合投资条件的重点项目，建立保险资金运用与我省重点项目常态对接机制，引导保险资金为福建省战略性新兴产业、现代制造业、重大基础设施建设等提供中长期资金支持。

完善激励评价机制，对福建省法人保险机构和保险机构省级分公司在支持福建经济建设、服务实体经济发展、履行社会责任、业务发展情况等方面进行综合评价，对财产险公司和人身险公司分别考评，各设一等奖1名、二等奖2名、三等奖3名，相应授予"服务福建经济五星、四星、三星保险机构"称号，并分别给予200万元、100万元、50万元奖励，获奖机构可对本机构有贡献的高管及有关人员给予适当奖励。

（二）把握"一带一路"建设中的时代机遇

近年来全球经济发展减速，全球化脚步放缓，"一带一路"的提出对于我国经济社会走出国门、谋求发展提供了良好的机遇和平台。福建省主动融入"一带一路",深化 21 世纪海上丝绸之路先行区和战略支点城市的建设,把握"一带一路"建设中的时代机遇能够促进福建省保险业更好地发展。同时,近年来中国数字经济蓬勃发展,国家"十四五"规划强调要发展数字经济,加快数字化发展,保险业面临着数字化转型的机遇与挑战。

"一带一路"起源于我国古代闻名于世的"丝绸之路",它是在世界格局发生深刻变化、国际金融危机阴霾未散、世界经济复苏缓慢等多重背景下提出的。"一带一路"在陆上依托国际大通道,海上以重点港口为节点,连接东亚和欧洲两大经济圈,包含中亚等经济发展潜力巨大的区域,力求实现共同发展、共同繁荣。

2015 年国家发展改革委、外交部、商务部联合发布《推动共建丝绸之路经济带和 21 世纪海上丝绸之路的愿景与行动》,对各省份在"一带一路"建设中的定位予以明确,其中福建被定位为"21 世纪海上丝绸之路核心区"。2017 年《中国保监会关于保险业服务"一带一路"建设的指导意见》提出,要"提升保险业服务'一带一路'建设的渗透度和覆盖面,构建'一带一路'建设保险支持体系,创新保险产品服务,构建'一带一路'保险服务网络"。党的十九大报告指出,"一带一路"是推动我国形成全面开放新格局和建设开放型世界经济的重大倡议。因此,从国家政策的层面来看,福建省保险业的发展与"一带一路"紧密相连,未来的发展应该牢牢把握"一带一路"建设中的时代机遇。

一方面,"一带一路"的建设为正处于发展阶段的福建省地区保险业提供了绝佳的平台和庞大的潜在市场。"一带一路"带来了大规模的基础设施建设,基础设施建设不仅资金需求量大,而且建设的时间周期较长,并且建成后需要大量的后续投入,往往具有周期长、规模大的特点,投资回报的风险是不可回避的,需要有效的、必要的风险防控和管理,否则很可能蒙受较大的损失。保险行业发挥着分担风险的重要作用,可以有效管理和减低风险,在基础设施建设投资上发挥着显著作用。因此,可以预见,随着"一带一路"倡议的不断深入,作为重头的基础设施建设将给保险业务带来巨大的机遇。从"一带一路"倡议明确的合作重点来看,确保贸易畅通、促进投资贸易合作是一大重点内容,在建设过程中,参与各方将在解决投资贸易便利化问题、消除和避免贸易壁垒、构建良好贸易环境等方面持续努力。随着"一带一路"的深入推进,共建各国贸易往来愈发频繁,业务量大幅增长,保险业需要渗透的领域也将不断地扩大。福建省的保险机构应当紧密配合相关政策，发挥福建省在"一带一路"建设中的区位优势，大力开展业务，深化相关合作以把握时代机遇。

另一方面，由于"一带一路"倡议带动国内企业在外投资持续增加，风险也随之增加，因此，亟待保险业发挥作用，帮助在外投资企业降低风险，为"一带一路"倡议的深入推进提供安全保障。同时随着与所在国的业务合作逐渐深入，保险机构会不断根据实际情况进行监管、服务、产品、机制等方面的创新，推动保险行业从本土经营走向国际化，进而实现产业转型升级。在走出国门面向海外的过程中，福建省的保险业也能够更多地积累国际化经验，增强国际沟通和合作，汲取国际上先进的发展经验，促进福建省保险业更高质量的转型发展，探索属于福建省具有中国特色的保险业高发展路径。

（三）保险业数字化转型发展的机遇与挑战

数字经济是通过运用大数据技术使资源得到优化配置与再生，从而推动经济高质量发展的经济形态。在数字经济时代，各类新兴的数字技术赋能金融行业，对金融产品和服务创新产生了极大的推动作用，数字化转型赋能保险业快速发展已成为大势所趋。随着数字化技术日渐完善、相关政策相继出台，我国保险业数字化转型步伐不断加快。

1. 保险业数字化转型发展的趋势

2022 年 1 月，中国银保监会发布《关于银行业保险业数字化转型的指导意见》，为数字经济时代保险业数字化转型指明了方向，越来越多的保险机构为寻求数字科技赋能保险业高质量发展而进行数字化转型。借助数字技术，保险机构得以深度融入大健康、新能源汽车、农业现代化等多个产业的发展。与此同时，科技赋能改变了行业经营管理方式，使得保险业数字化转型加快演进，惠及更多保险消费者。

当前保险业数字化转型呈现出以下三个新趋势：第一，走出差异化转型路径。传统保险公司基于不同资源禀赋，制定出不同的数字化转型策略。研究表明，大型保险公司由于数字化转型起步早、投资大，已取得初期成果，开始围绕自身业务优势，全面发展、构建保险生态，拓展业务边界。中型保险公司尚处于"选择赛道、科技赋能"的阶段，聚焦业内成功实践，应用成熟技术，通过科技赋能"找长板、补短板"。小型保险公司受限于自身现状和能力，着重"赛道突围，探索细分市场突破"，主要聚焦于渠道拓展，围绕业务模式和保险场景进行体验优化，且以完善现有数字化能力为主。第二，深度融入不同产业。随着科技赋能的加速，数字化创新渗透至诸多保险业务，进而为大健康、新能源汽车、农业等产业的发展注入新动能。新能源汽车和智能技术的发展促进了汽车行业的发展，也给保险行业带来了重大变革。第三，科技赋能互联网保险发展。作为数字化时代的新兴行业，互联网保险在科技赋能下已经成为保险业务新的增长引擎。互联网保险的出现，大大弥补了传统保险销售渠道在处理效率、服务水平等方面参差不齐的问题。

2. 保险业数字化转型的机遇

第一，保险业数字化转型条件日渐完善。在数字技术的推动下，保险业近年来正在全面重塑经营活动，包括渠道升级、运营管理、产品研发等，努力加快数字化转型进程。自进入保险业数字化转型升级时代以来，伴随着保险业线上化经营的趋势不断扩大，各保险公司逐渐将更多资金用于建设布局渠道数字化，数字保险解决方案的需求增量将变得更加多维化。保险业数字化业务升级包括业务系统和服务框架构建，以及对传统流程进行业务升级改造，前者是面向互联网渠道和应对移动化趋势进行的数字化升级，后者则是基于新一代信息技术而升级改造传统业务流程。

第二，支持保险业数字化转型的政策力度大。近年来，政府机构发布多项鼓励保险行业转型数字化经营的相关文件，并持续规范保险业数字化经营活动。2020 年 5 月中国银保监会发布《关于推进财产保险业务线上化发展的指导意见》，要求各财险公司加快线上转型进程。同年 9 月，中国银保监会印发《推动财产保险业高质量发展三年行动方案（2020—2022 年)》，该方案要求以科技引领财产保险业加快创新，增加科技资本投入，实现科技与财产保险快速融合，以数字经济赋能财险业发展经营现代化。2021 年 12 月，中国银保监会印发《关于银行业保险业支持高水平科技自立自强的指导意见》，支持创新科技金融产品，鼓励加大保险科技创新投入力度、科技保险服务以及科技人才创新创业服务等。2022 年 1 月，中国银保监会发布《关于银行业保险业数字化转型的指导意见》，要求保险公司科学制定数字化转型战略，大力推进业务经营管理数字化转型以及数字化场景运营体系建设。近年来的多项文件都支持保险业数字化转型经营，涉及多个业务领域，不仅强调要利用现代科技改造和优化传统保险业务，还要求保险业提高数字化转型的速度并保证转型质量、注意规范转型后的经营活动。

3. 保险业数字化转型面临的困难

在数字化转型过程中，保险公司仍面临着数字化转型意识不强、数字技术匮乏、复合型人才短缺等难题。首先，由于数字化转型建设投入的资金及运营成本较大，且带来的反馈利益属于无形利益，不确定性风险较大、回报周期较长，使得保险公司数字化转型意识偏低。其次，保险业数字技术面临创新突破难题，数字应用实践的经验积累和数字技术资源等相对匮乏，难以加快其转型进程。最后，数字技术复合型人才短缺是保险业面临的瓶颈。复合型人才需要掌握数字化交付、具备横跨多个领域的保险专业知识，这类复合型人才严重缺失，高额的人才招聘费用和培养费用也给众多公司带来了额外经济压力。

（四）加快保险业数字化转型的策略

保险公司进行数字化转型可以从不同发展阶段的几个方面中选择。一是从产品创新的角度，利用数字化技术实现产品创新升级。保险公司可以在不同的产业中，结合市场实际情况，运用数字化技术开发出高质量的创新产品，覆盖多个领域，实现产品的异质性，取得市场竞争中的优势地位。二是从成本优化的角度，利用数字化技术提高各环节的效率、减小成本。这需要保险公司具备较强的运营管理技术成本收益效率，注重利用数字技术提高成本效益，实现公司运营的高效化、市场细分的自动化等。三是从客户体验的角度，利用数字化技术加强客户体验感。这需要保险公司具备较强的产品设计水平和方案管理解决能力，时刻保持与客户的云端交流沟通，用先进的数字化满足客户需求，增加客户的体验感和用户黏性。

加快保险业数字化转型是发展数字经济的需要，也是保险业实现从高速发展到高质量发展的重要一环，可以从提升数字化技术和加强人才培养两个环节进行。

一方面，要强化数字技术投入力度及创新能力，解决保险业数字技术匮乏难题。保险业数字化转型遭遇技术匮乏难题，可以通过加大数字技术投资力度解决数字基础设施薄弱、应用水平较低、创新团队不足等问题，为数字化转型提供稳固的原动力；也可以通过加大数据技术创新建立数字治理机制，打破各部门之间的利益固化壁垒，提高数据整合度并充分利用，建设创新激励机制及创新评估管理体系，提高整个行业数字化转型效率。

另一方面，要加大复合型人才引进、培养和管理，突破复合型人才不足瓶颈。专业人才培养和聚集是实现保险业经营数字化转型的核心，是推动数字化服务从理论到实践的关键。保险业面临着数字化转型人才短缺的瓶颈，可以从人才引进、人才培养、人才管理三个方面着手解决。首先，保险公司应该对现有的人才招聘机制进行针对性优化，打造全方位、市场化的数字人才引进体系和深层次、多渠道的数字人才供应链系统，吸纳更多复合型人才。其次，保险公司可以拓宽人才培养渠道，加强人才培育应用一体化，联合其他金融机构投资相关学院或设立研究院，将投资目光转向投入人才培养载体，优化提升保险师资团队，培养复合型师资力量，以便更好、更高效地服务人才培养。最后，保险公司应不断完善数字人才管理体系，围绕数字化转型特征打造一个员工量化考核指标机制，严格执行考核结果，针对人才晋升体系创新，实现晋升的差异化、市场化，在吸引复合型人才的同时激发其积极主动性及创造性。

参考文献

［1］陈斌.数字经济对社会保障制度的影响研究进展［J］.保险研究，2022（3）：99－109.

［2］陈龙.福建省保险业与区域经济协调发展路径研究［D］.昆明：云南财经大学，2022.

［3］戴成峰，张连增.我国财产保险区域差异与宏观经济的关系研究——基于省际面板数据的实证分析［J］.保险研究，2012（11）：42－53.

［4］冬晓.保险业激活区域经济［J］.中国金融家，2010（8）：96－97.

［5］范靖怡."一带一路"背景下的保险区域一体化问题探析［J］.上海保险，2018（9）：60－62.

［6］冯晗.保险科技赋能我国保险业创新发展［J］.时代经贸，2022，19（11）：19－22.

［7］何晓夏，安超帆.空间溢出效应与区域保险产业发展的空间特征［J］.经济问题探索，2018（10）：42－47.

［8］侯志勇，端朝晖．保险业对区域经济增长的推动作用［J］．合作经济与科技，2015（16）：54－55.

［9］冀伟．我国省域保险市场发展的空间均衡性研究［D］．上海：上海理工大学，2012.

［10］王向楠，吴婷．数字时代中国保险业网络风险特征及规制研究［J］．财经问题研究，2020（11）：62－71.

［11］战明华，孙晓珂，张琰．数字金融背景下保险业发展的机遇与挑战［J］．保险研究，2023，420（4）：3－14.

专题三　福建省绿色金融发展研究

一、福建绿色金融改革发展的主要成效

（一）绿色金融组织体系不断健全

福建绿色金融组织体系不断健全主要体现在福建省绿色金融、绿色科技人才、绿色发展政策三方面。

1. 福建省绿色金融

近几年福建省积极响应国家的绿色政策号召，在全省范围内推广各种绿色金融产品，并且致力于发展绿色金融创新，促进绿色经济高质量发展的实现。福建省作为全国首个生态文明试验区，2017 年发布了《福建省绿色金融体系建设实施方案》，提出"到 2020 年建成与福建省生态文明试验区建设相匹配、组织体系完备、市场高度活跃、产品服务丰富、政策支持有力、基础设施完善、稳健安全运行的绿色金融体系"。以福建省排污权交易市场的情况为例，2014 年 9 月福建省首次进行排污权交易，并且通过学习有成功经验的省份并将之转化为适合福建省情况的排污相关管理政策。2014～2018 年的福建省排污权交易市场交易情况见表 1。从表 1 中数据可以发现，福建省排污交易市场中参与企业以及成交额逐年增加，从这一现象可以看出福建省的绿色金融建设力度越来越大，效果也随之逐渐增强。在这期间，福建省各种环境权益抵押新型融资产品也在逐渐丰富，同时，福建省还设立了政府引导基金以促进绿色投资，种种努力为绿色金融可持续发展奠定了基础。但是福建省的绿色金融发展仍处于初期探索的阶段，实践过程中存在一定的问题与挑战，如总量小、市场化不足、信息化程度较低等，这些问题需要通过持续不断的探索实践得到解决。

表1 　　　　　2014～2022 年福建省排污权交易市场总结

时间范围	交易场次（场）	新增参与企业（家）	交易数量（笔）	总成交额（亿元）
2014 年 9 月～2015 年 8 月	19	192	439	1.01
2015 年 9 月～2016 年 8 月	20	350	922	2.17
2016 年 9 月～2017 年 7 月	19	535	1448	2.89
2017 年 8 月～2018 年 8 月	23	1086	2889	4.03
2018 年 9 月～2019 年 9 月	24	1532	3234	4.75
2019 年 10 月～2020 年 10 月	26	1744	4038	5.14
2020 年 11 月～2021 年 11 月	25	2051	4842	5.56
2021 年 12 月～2022 年 12 月	24	2163	5643	5.89

资料来源：福建省排污权交易平台。

2. 福建省绿色科技人才

　　人力资本这一概念可以体现一个区域的人口质量，通过分析福建省人力资本的情况可以得到福建省高级人才及其管理情况的现状信息。由于福建省是一个沿海省份，吸引外资是福建省经济发展的动力之一。研究表明知识密集型的绿色外商直接投资（FDI）可以促进外资吸引地的经济增长，而较高的人力资本水平可以增强该区域对 FDI 的吸收能力。表 2 为 1985～2022 年福建省人力资本与固定资本的情况。

表2 　　　　1985～2022 年福建省人力资本与实际固定资本　　单位：亿元

年份	名义总人力资本	实际人力资本	实际固定资本
1985	10550	10550	250
1986	12510	11820	290
1987	14720	12770	330
1988	17810	12230	360
1989	21370	12350	390
1990	25230	14720	410
1991	30770	17350	440
1992	36970	19670	480
1993	44070	20250	550
1994	52120	19040	650

续表

年份	名义总人力资本	实际人力资本	实际固定资本
1995	61050	19270	780
1996	71200	21090	920
1997	82310	23840	1080
1998	93400	27040	1270
1999	105450	30780	1460
2000	120880	34360	1650
2001	138390	3960	1830
2002	151660	43380	2040
2003	166990	47370	2280
2004	181740	49450	2610
2005	193940	51520	3030
2006	215960	56780	3540
2007	240630	59970	4190
2008	263040	62590	5030
2009	290280	70190	6000
2010	309780	72480	7010
2011	341950	75840	8150
2012	372740	80570	9410
2013	402800	84790	10830
2014	431010	88820	12350
2015	456930	92500	14010
2016	474110	94250	15780
2017	482341	96753	15368
2018	493241	97547	17056
2019	519282	99472	18064
2020	527222	102945	17996
2021	543217	104846	19083
2022	574315	105896	20513

资料来源：福建省统计局。

从表 2 可以更加直观地看出变化趋势，福建省的人力资本总体呈现逐年增长的状态。为了能够达到绿色经济的高质量发展目标，需要使人力资本量增速更快，吸引、培养更多高科技绿色人才。

3. 福建省绿色发展政策

福建省各市为了积极响应《中国制造 2050》《绿色制造工程实施指南（2016－2020 年）》等政策，相继出台多项绿色政策，如《福建省绿色制造体系创建实施方案》《关于创新体制机制推进农业绿色发展加快建设生态农业的实施意见》《福建省绿色金融体系建设实施方案》和福建省绿色价格政策等。这些政策措施涵盖各个行业、多个方面，从多个角度出发进行福建省绿色经济发展的实践。从人才、企业、技术、创新等方面的发展现状也可看出，福建省的绿色政策在其中起到了极大的引导作用。与此同时，福建省正在全面推进闽台经济社会融合发展，这一政策对实现福建省与台湾地区绿色经济高质量发展有极大的促进作用。但是，当前的绿色政策仅仅初见成效，从当前的政策实施效果来看，已有的绿色政策还不够完善，其影响力以及影响长远度还不够，企业、市民等绿色经济的参与者与政策制定者之间的沟通也有所欠缺。为了解决上述问题，政策制定者需要结合具体发展状况进行更多的政策创新。

（二）绿色金融产品和服务不断丰富

1. 厦门绿色金融产品不断创新发展

一是绿色信贷业务创新发展，包括能效信贷、合同能源管理未来收益权、排污权、碳排放权抵质押贷款等新型绿色信贷业务快速发展。国家开发银行厦门分行通过采取项目预期收益权（发电项目电费收费权）质押方式，支持绿色信贷项目 11 个，贷款余额逾 20 亿元；兴业银行厦门分行成功发放厦门市首笔排污权抵押贷款，贷款金额 1700 万元；建设银行、浦发银行、光大银行等银行业机构均有开办合同能源管理项目未来收益权质押融资业务[①]。二是绿色资产证券化取得突破。厦门国际信托投资公司作为首层特殊目的载体（SPV）受托人，成功参与发行全国首单轨道交通行业绿色资产证券化项目——"武汉地铁信托受益权绿色资产支持计划"。三是绿色产业基金落地启动。2017年海峡论坛举办期间，厦门市首支绿色产业基金——"绿色海丝节能环保股

[①]　资料来源：厦门市地方金融监督管理局。

权投资基金"正式启动，它主要投资于循环经济和节能环保项目。四是绿色债券和绿色保险探索前行。厦门银行等地方法人商业银行拟发行绿色金融债券。厦门市自 2017 年起在全市推行环境污染强制责任保险（亦称"绿色保险"），引入保险机制来参与社会治理、服务经济绿色发展。

2. 三明市绿色贷款稳步增长

三明市地方金融监督管理局的统计数据显示，2019 年 6 月底，全市绿色贷款余额 66.4 亿元，同比增长 8.55%，占全市总贷款余额的 4.51%。在绿色贷款的 12 个用途分类中，主要由风力发电、水力发电、太阳能光伏发电贷款构成的可再生能源及清洁能源项目贷款余额为 20.631 亿元，占全部绿色贷款余额的 31.07%；绿色交通运输项目贷款 20.626 亿元，占 31.06%；绿色林业开发项目贷款 12.46 亿元，占 19%。通过绿色贷款发放，实现节能减排量如下：节约标准煤 432442.19 吨，减排二氧化碳当量 2368903.60 吨，减排化学需氧量 9131.10 吨、氨氮 1138.21 吨、二氧化硫 8.77 吨、氮氧化物 7.46 吨，节水 366.84 吨。绿色贷款有效促进了经济生态化的发展。[①]

三明市近年来着力打造绿色银行，对绿色贷款业务品种进行积极创新。比如，三明在福建首创了 10～30 年期的林权按揭贷款，创新形成了"林权抵押＋林权收储＋森林保险"贷款模式，先后成立了 12 家林权收储机构，破解林权抵押贷款"评估难、监管难、处置难"等难题。为推动乡村振兴战略，推出的普惠金融"福林贷""福田贷""福竹贷""福茶贷"等产品也取得良好成效。以三明市农商银行为例，截至 2019 年 9 月 30 日，该行已对两区具有林业资产的 59 个行政村进行"福林贷"授信 2904 户，授信金额达 2.46 亿元[②]；57 个行政村召开村民代表大会表决通过"福林贷"业务，占比 96.61%；50 个行政村成功发放"福林贷"，金额 1.18 亿元，惠及林农 1183 户，且没有一笔不良贷款，实现 0 不良[③]。再比如，为开发排污权的金融属性，增强排污权融资能力，三明积极推动排污权抵押贷款工作，2016 年，清流东莹化工有限公司与福建海峡银行三明分行签订排污权抵押贷款合同，获得了 150 万元流动资金贷款，为福建首例排污权抵押贷款业务[④]。

---

① 资料来源：三明市地方金融监督管理局。
② 资料来源：三明市农商银行。
③ 资料来源：福建省林业局。
④ 资料来源：福建省生态环境厅。

（三）绿色金融运作机制不断创新

1. 南平市"生态银行"机制

如何将"绿水青山"转化为"金山银山"，是当前最重要的国家命题、时代命题之一。南平市立足于自身的生态优势，开创性地探索建设"生态银行"。南平市"生态银行"并不是传统的商业银行，它的机制是通过搭建资源资产权益运营平台，集中整合森林、水、文化古迹等生态资源资产，提质增效后对接产业资本，实现生态产品价值的产业绿色化、绿色产业化模式。

南平市"森林生态银行"是南平市生态银行机制的典型代表，森林生态银行立足于其自身的丰富的森林资源优势之上，南平地区森林覆盖率高达78.85%，林木蓄积量占福建省的三分之一，被誉为地球同纬度生态环境最好的地区之一。但随着20世纪集体林权制度改革和"均山到户"政策的实施，全市76%以上的山林林权处于"碎片化"状态，森林资源难以聚合、资源资产难以变现、社会化资本难以引进等问题凸显[①]。为了有效破解生态资源的价值实现难题，2018年，南平选择林业资源丰富但分散化程度高的顺昌县开展"森林生态银行"试点，借鉴商业银行"分散化输入、整体化输出"的模式，构建"生态银行"这一自然资源管理、开发和运营的平台，对碎片化的资源进行集中收储和整合优化，形成优质"资产包"委托专业且有实力的产业运营商管理，并通过引入社会资本投资，打通资源变资产、资产变资本的通道，探索了一条把生态资源优势转化为经济发展优势的生态产品价值实现路径。2020年4月23日，南平市"森林生态银行"案例入选自然资源部组织编写的《生态产品价值实现典型案例》，成为此次入选的11个典型案例之一。

南平生态银行的运行由两个关键环节或两端交易组成。一是收储分散所有者的资源产权到运营平台的前端交易环节，二是从运营平台到产业投资运营商的后端交易环节。前端交易环节实现生态资源资产化。根据资源所有者意愿，生态银行平台公司采取租赁、入股、托管、赎买等多种方式流转，将

---

① 资料来源：南平市人民政府。

山、水、农、林、湖、矿、茶等分散化的自然资源的资格权和使用权集中化流转到市县生态银行运营公司。后端交易环节实现生态资产资本化。生态银行通过前端交易收储的生态资产，通过生态修复等措施进行整合和增信，将生态资产分类（行业）分块（区域）打包形成生态资产包，对接资本市场，引入专业的产业运营商，通过持续产业运营和市场化融资实现生态资产的保值增值。南平市的生态银行运行机制如图 1 所示。

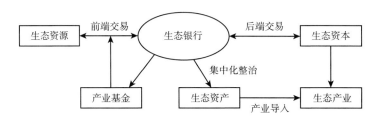

图 1　南平市生态银行运行机制

经过多年发展，南平市"生态银行"包括顺昌县"森林生态银行"、武夷山市五夫镇"文化生态银行"、建阳区"建盏生态银行"、延平区巨口乡"古厝生态银行"等多种模式。它们将分散的自然资源使用权和经营权集中流转并进行专业化运营，因而被誉为"生态产品价值实现机制的生动实践"。

2. 三明农行"绿色金融服务中心＋绿盈乡村"服务模式

三明农行的"绿色金融服务中心＋绿盈乡村"服务模式是一个创新的金融服务模式，旨在通过绿色金融服务中心为三明市的乡村提供专业的、有针对性的绿色金融服务，以支持乡村振兴和可持续发展。

该服务模式的主要特点包括以下四点。第一，建立绿色金融服务中心。三明农行在三明市建立了多个绿色金融服务中心，为乡村提供专业的金融服务。这些中心配备了专门的人员和设备，能够提供全方位的金融服务，包括贷款、存款、理财、保险等。第二，提供针对性的金融服务。《福建省乡村生态振兴专项规划（2018—2022 年）》提出建设具有"绿化、绿韵、绿态、绿魂"的"绿盈乡村"，将"绿盈乡村"划分为初级版、中级版、高级版，打造绿色乡村"福建样板"。三明农行根据乡村的不同需求，推出了多个针对不同版本的"绿盈乡村"服务。这些服务包括初级、中级、高级版绿盈乡村等三个系列产品，以满足不同发展阶段和不同规模的乡村企业的融资需求。第三，建立准入机制。为了确保服务的可持续性和风险控制，三明农行建立了三项准入机制，包括白名单制对接机制、负面清单管理机制、整村推进机制等。这些机制能够有效地筛选客户，降低风险，同时也能更好地满足乡村企业的融资需求。第四，推动地方产业发展。三明农行通过与地方政府和企业的合作，积极推动地方产业的发展。例如，他们推出了"一县一快农贷、一特色产业一快农贷"信贷产品，支持地方特色产业的发展，同时也有助于提升地方经济的整体竞争力。

总的来说，三明农行的"绿色金融服务中心＋绿盈乡村"服务模式是一个全方位、有针对性的金融服务模式，旨在支持乡村振兴和可持续发展。通过专业的金融服务，他们能够帮助乡村企业实现更好的发展，同时也为地方经济的繁荣作出了积极的贡献。目前，三明全市共创建"绿盈乡村"1564个，占全市行政村的90.1%。截至2023年5月末，农行三明分行绿色贷款余额30.26亿元，增幅27.56%；绿盈乡村金融服务覆盖率达99.4%，服务客户2.75万户，增幅8.7%；贷款余额44.89亿元，增幅16.3%。①

3. "厦绿融"数字化绿色金融服务平台

为了推动绿色经济、数字经济、海洋经济融合发展，厦门产权交易中心积极开展"数字绿金益企服务"，打造"厦绿融"数字识绿平台，依托"大数据＋绿色金融"模式开展绿色融资企业及绿色融资项目的识别、认定和融资对接服务，引导金融资源更加精准地对低碳转型、绿色产业和蓝色经济进行滴灌。

"厦绿融"数字识绿平台有三点创新性的做法。首先，在全国率先构建海洋企业入库直通车模式。2021年12月，厦门市出台《厦门市绿色融资企业及绿色融资项目认定评价办法（试行）》，在全国首创设置蓝色经济一级分类，设立海洋企业入库直通车模式，首批入库海洋企业达5家，深入贯彻落实福建省委、省政府制定的海洋经济发展战略。其次，探索数字识绿，构建"大数据＋绿色金融"新机制。"厦绿融"创新运用数字化技术，开启"数字识绿认证、惠企一键直达"模式，充分发挥"准入条件自动核查、绿色属性智能识别、贴息贴现线上秒办"三合一功能，实现"数据多跑腿，企业少跑路"。最后，创新"金砖＋绿色金融"，运用绿色金融服务链赋能企

---

① 资料来源：福建省地方金融监督管理局。

业开拓金砖国家市场。截至 2022 年 12 月，通过"厦绿融"绿色金融服务平台认证，共有 9 家金砖示范企业入选厦门市绿色融资企业库，创新打造"金砖＋绿色金融"的厦门样板。

"厦绿融"数字化绿色金融服务平台在厦门市的绿色金融发展中起到了重要的作用。主要表现在以下四方面。一是便利企业融资。该平台提供了企业金融机构评价功能，帮助企业了解各家金融机构的实力、信誉、服务水平等情况，并选择合适的金融机构进行融资。这有助于缓解企业融资难的问题，提高企业的融资便利性和效率。二是提升认定效率。平台提供了绿色融资项目认定系统，企业可以通过该系统进行绿色项目的认定申请和进度查询。这有助于提高认定效率，减少企业认定绿色项目的烦琐流程和时间成本，促进企业的可持续发展。三是推动绿色金融发展。通过"厦绿融"数字化绿色金融服务平台，厦门市可以进一步推动绿色金融业务的发展，吸引更多的金融机构和企业参与到绿色金融领域中来。这有助于推动当地经济的可持续发展，实现经济与环境的双赢。四是提供政策支持。例如，发布有关绿色金融的政策文件、政策解读等信息，帮助企业和金融机构更好地了解和遵守相关政策要求。这有助于提高政策透明度和落实效率，保障绿色金融业务的健康发展。

综上所述，"厦绿融"数字化绿色金融服务平台在厦门市的绿色金融发展中发挥了重要的作用，通过为企业提供融资便利、提高认定效率、推动绿色金融发展以及提供政策支持等方面起到了积极的作用。截至 2022 年 12 月，通过"厦绿融"数字化绿色金融平台认证入库的绿色融资企业达 105 家，绿色融资项目达 21 个，初步实现碳减排效益 67948 吨，厦门绿色金融支持绿色产业发展实现量增质提。至 2022 年 9 月，厦门市绿色信贷余额达 1182 亿元，同比增长 52.6%，"数字绿金益企服务"成效显著。[①]

（四）环境权益市场不断壮大

"碳交易市场"一词最早出现在 1997 年签署的《京都议定书》中，碳排放权交易是指一定环境容量下，权利人在市场内进行碳排放权交易的金

---

① 资料来源：福建省地方金融监督管理局。

融活动，其目的是控制一定区域内的二氧化碳排放总量。具体的内容就是，政府主管部门对区域内二氧化碳排放总额度进行限制，并给企业分配一定的碳排放权指标或许可，在履约期内部分企业有剩余的碳排放权指标，则可以被放到交易平台去售卖并获得收益，一部分企业在超额排放的情况下，允许到交易平台购买并支付相应的金额。如果企业不能按期履行配额清缴义务，就会受到监管部门的严厉处罚。因此政府可以通过这种排放权交易的方式加强对污染物排放量的控制力度。排放权交易最初的实践探索是美国环保局对大气污染、河流污染治理的应用，而后在各个国家逐渐展开探索和实践。

对于我国碳交易市场的发展，2011 年国家发改委公布的《关于开展碳排放权交易试点工作的正式通知》确定我国七个省市试点开展碳排放权交易，福建碳市场并未在国家发改委划定的试点碳市场范围内，但为了更好地减少二氧化碳和建设全国统一碳市场，福建自愿加入碳交易试点市场展开交易。福建省碳交易试点市场在 2016 年 12 月开市，直接接入全国统一碳市场的试行政策条例，是全国唯一一个采用国家碳市场核算规则的试点，扮演着全国碳市场试验田的角色。本专题搜集了福建碳交易市场 2017年 7 月 1 日到 2023 年 6 月 29 日碳交易成交额、成交量、收盘价的数据，如图 2 ~ 图 4 所示。图 2 ~ 图 4 的数据表明，福建碳交易市场的规模越来越大，尤其在 2022 年之后，交易频率显著增加，交易量也较之前增长数倍。虽然福建碳交易市场开市较 2011 年确定的七个试点省市晚，但发展迅速，同时未来的发展空间也较大。

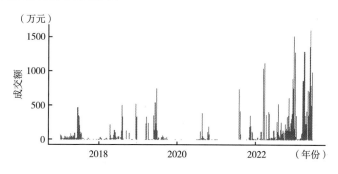

图 2　福建碳交易市场成交额

资料来源：wind 数据库。

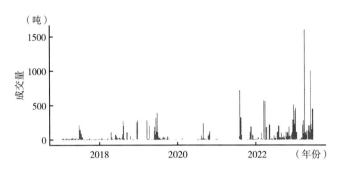

图 3　福建碳交易市场成交量

资料来源：wind 数据库。

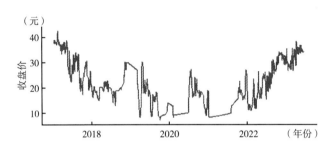

图 4　福建碳交易市场收盘价

资料来源：wind 数据库。

此外福建碳交易市场还注重产品的创新，除了涵盖电力等工业行业外，还充分利用福建的地方特色，大力发展林业碳汇，并将其作为发展的重点，为市场参与者提供多样化的投资选择。截至 2021 年 12 月末，全省林业碳汇累计成交量 350.8 万吨，成交额 5168.86 万元，成交量和成交额均位居全国前列。①

林业碳汇指人类通过造林、再造林、保护森林植被、加强森林经营管理等林业活动，增加森林吸收和固定二氧化碳的能力，并将此生态服务功能转化为可交易的商品的过程、活动或机制，更强调在人类的参与下，林业碳汇成为可交易的商品，实现其经济价值。而在国际上根据交易标的的不同一般

---

① 　资料来源：福建省林业局。

将碳排放交易分成两类，一类是基于配额的交易，另一类是基于项目的交易。基于配额的交易在碳排放权交易市场中占主导地位，而林业碳汇则是基于项目交易的一种。基于项目的交易主要遵循基准信用机制，即在期初就给企业设定了一个排放率或排放密度的基准线，然后由独立的第三方按照规定程序和方法监测和计算企业的排放量，在期末时对比基准线和排放量。若排放量低于基准线，则二者差额可以作为信用额度授予参与方，此信用额度经过核证才是可以交易的。如果某参与方超额排放二氧化碳，可通过购买信用额度来抵消其超出的部分。

福建作为首批国家生态文明试验区之一，拥有较为丰富的林木资源，森林覆盖率、有林地蓄积量保持全国前列。具体福建各地级市林地资源如表3所示。

表3　　　　　　　　　福建省各市区林地资源

地区	2020 年林地保有量（万亩）	森林覆盖率（%）	2020 年有林地蓄积（万立方米）
福州市	1118	55.80	4086
厦门市	101	40.00	313
莆田市	350	59.74	1110
泉州市	1009	56.10	3863
漳州市	1217	62.70	4218
龙岩市	2360	75.79	12702
三明市	2820	73.87	17147
南平市	3215	74.14	17192
宁德市	1475	65.51	4624
平潭试验区	15	30.81	45
福建省	13680	66	65300

资料来源：《福建省"十三五"林业发展专项规划的通知》。

同时参考张颖等（2010）提出的蓄积量扩展法公式，计算得出福建省林木碳汇总储存量，如表4所示。由表4可知，三明市、南平市、龙岩市林木碳汇总储存量位居全省前三。

表 4　　　　　　　　　　　福建省各市区林木碳汇总储存量

地区	2020 年总蓄积量（万立方米）	2020 年林木碳汇总储量（万吨）
福州市	4086	4733.73
厦门市	313	362.62
莆田市	1110	1285.96
泉州市	3863	4475.38
漳州市	4218	4886.66
龙岩市	12702	14715.58
三明市	17147	19865.23
南平市	17192	19917.36
宁德市	4624	5357.02
平潭试验区	45	52.13
福建省	65300	75651.67

资料来源：《福建省"十三五"林业发展专项规划的通知》。

在 2016 年中央发布的《国家生态文明试验区（福建）实施方案》中，着重提出福建省应发挥生态资源优势，率先开展生态文明体制改革的各项试点工作，并鼓励福建省因地制宜地开展林业碳汇交易试点，探索建立林业碳汇的市场化交易机制和模式，建立碳排放权交易市场体系。同年 12 月，福建省政府印发了《福建省碳排放权抵消管理办法（试行）》，将福建林业碳汇项目纳入碳排放抵消机制。为更好地贯彻和执行国家政策，2017 年 5 月，福建省政府制定和出台了《福建省林业碳汇交易试点方案》，该方案提出要在省内 20 个县（市、区）及林场开展林业碳汇项目试点工作，具体的试点项目类别有碳汇造林项目竹林经营碳汇项目、森林经营碳汇项目，并提出增加全省碳汇造林面积，增加碳汇量的工作目标。目前，福建省打造以海峡股权交易中心为主的碳交易平台，并制定相关制度规范为其保驾护航，构建省碳排放权交易市场体系。根据福建省经济信息中心发布的统计数据，从 2016 年 12 月至 2018 年 8 月期间，福建省碳排放权交易总量为 854.47 万吨，其中配额交易（FIEA）占总量的 66%，国家核证自愿减排量（CCER）占总量的 18%，林业碳汇（FFCER）占总量的 16%。截至 2023 年 6 月末，福建海峡资源环境交易中心（以下简称"海峡环交"）已累计实现碳排放权交易 4794.69 万吨，成交金额 12.55 亿元；其中：福建配额（FJEA）成交 2901.14 万吨，成交金额 6.42 亿元；国家核证自愿减排量（CCER）成交 1485.72 万吨，成交金额 5.49 亿元；福建林业碳汇（FFCER）成交 407.84 万吨，成交金额 6340.19 万元。

除此之外，福建作为海洋大省，拥有全国第二长的海岸线，具有明显的海洋渔业产业优势和巨大的碳汇潜力。海洋碳汇，是指海洋活动及海洋生物吸收大气中的二氧化碳，并将其固定、储存在海洋生态系统中的过程、活动和机制。相对于陆地森林固定的林业碳汇——"绿碳"而言，海洋碳汇被称为"蓝碳"。

为探索海洋生态产品价值实现机制和蓝碳进入市场机制，厦门产权交易中心创新开展"蓝碳"交易，推动海洋碳汇交易平台发展，助力海洋经济和绿色金融的深度融合，为双碳目标的实现描绘蓝绿色彩。厦门产权交易中心于 2021 年 7 月设立全国首个海洋碳汇交易平台，逐步探索开展"蓝碳"交易。厦门产权交易中心还与厦门大学院士团队合作开发全国首个红树林海洋碳汇方法学，进一步提升我国在国际海洋碳汇领域的话语权。2021 年 9 月，泉州红树林生态修复项目 2000 吨海洋碳汇在厦门产权交易中心海洋碳汇交易平台顺利成交。该宗交易实现了红树林碳汇功能与生物多样性保护的协同增效、红树林保护与周边社区生态建设协同发展的两大目标，标志着厦门市在海洋碳汇方法学开发、海洋碳汇交易等领域走在全国前列。在厦门市金融监管局等部门的指导和推动下，厦门产权交易中心承担了厦门市绿色融资企业（项目）的认证建库工作，创新性地将海洋产业企业（项目）列入认证范围，并实行分类管理，为海洋专项融资相关政策的落实以及金融市场的投资决策提供依据；同时，启动绿色金融数字化系统建设，探索数字经济、绿色经济、海洋经济"三合一"融合发展。厦门产权交易中心海洋碳汇交易约占全国交易总量的八成，走在我国海洋碳汇发展的前列。厦门通过建立全国首个海洋碳汇交易平台，在探索运用金融手段推动蓝色生态价值实现领域正在形成可复制可推广的"厦门经验"。

环境权益市场是运用市场化的手段实现资源的优化配置，从而促进减排目标。福建环境权益市场的不断完善和发展，以及全国八个碳交易市场之间的取长补短，有利于促进我国形成全国范围内统一的碳市场，进而在 2030 年前达到"碳达峰"，在 2060 年前实现"碳中和"。

（五）绿色金融政策环境不断优化

福建省在推动绿色金融政策环境不断优化方面作出了积极的努力，主要体现在以下几个方面。

1. 政策支持加强

福建省政府高度重视绿色金融的发展，出台了一系列支持绿色金融的政策文件，为绿色金融业务的健康发展提供了政策保障。在顶层设计方面，2017 年 5 月，《福建省绿色金融体系建设实施方案》正式发布，提出了建立健全包括组织、市场、产品服务、政策、基础设施在内的绿色金融体系；2020 年 10 月，三明市、南平市被列为省级绿色金融改革创新试验区并发布工作方案；2021 年 5 月，福建银保监局出台关于银行业保险业推进绿色金融发展的指导意见，提出"十四五"期间要在组织体系、产品服务、改革创新、政策支持等四大方面，完善银行业和保险业的绿色金融体系。在标准制定方面，2021 年 8 月，三明市、南平市相继出台绿色企业及绿色项目评价认定办法，南平市还积极推动《南平市绿色金融标准体系建设》和《低碳发展绿色金融路线图编制》项目进程。

2. 绿色金融产品创新

福建省的金融机构积极推动绿色金融产品的创新，推出了多种符合市场需求和环保要求的金融产品，如绿色债券、绿色保险、绿色基金等。这些产品的推出，不仅丰富了绿色金融市场的品种，也满足了不同类型企业的融资需求。

3. 绿色金融评价机制完善

福建省建立了绿色金融评价机制，对金融机构的绿色金融业务进行评估和考核。这一机制的建立，促进了金融机构绿色金融业务的发展，提高了其服务绿色产业的积极性和主动性。

4. 绿色金融合作机制的建立

福建省积极推动跨部门、跨领域的绿色金融合作机制的建立，加强金融机构与其他政府部门、企业之间的沟通和协作。这有助于实现资源共享和优势互补，推动绿色金融业务向更广领域和更深层次发展。

5. 环保信息共享和披露

福建省积极推动环保信息的共享和披露，加强金融机构对企业的环保信息的获取和分析能力。这一方面有助于金融机构更好地评估企业的环保风险，另一方面也有助于提高企业的环保意识和责任意识，促进绿色金融的可持续发展。

总之，福建省在优化绿色金融政策环境方面作出了诸多努力，通过政策

支持、产品创新、评价机制完善、合作机制建立以及环保信息共享和披露等
方面的不断优化，为推动当地绿色金融业务的发展提供了有力的支持。

二、福建绿色金融改革发展面临的主要制约因素

（一）绿色金融产品供给不足

目前我国的绿色企业和项目的融资渠道大多是以绿色信贷为主，绿色债
券、环境权益融资等直接融资相对来说占比偏低，规模较小，而像绿色基
金、绿色保险等的绿色金融产品在我国尚处于初始阶段，总而言之，绿色金
融产品和工具创新及拓展力度有待进一步增强，具体分析如下所述。

绿色信贷是我国绿色金融发展中起步最早、发展最快、政策体系最为成
熟的产品，自 2007 年至今，我国已陆续出台多项政策，激发商业银行推动
绿色信贷的发展，加速绿色信贷的规模扩大及多元化发展。总体上来看，我
国绿色信贷规模呈上升趋势（见图 5），主要产业投向为基础设施绿色升级
产业，占比 54.5%（见图 6）。

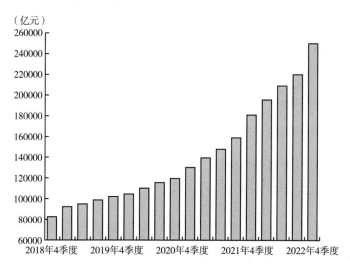

图 5 中国金融机构本外币绿色贷款余额

资料来源：wind 数据库。

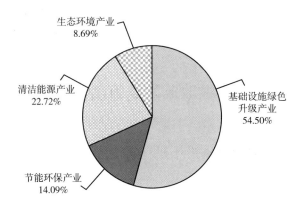

图 6　绿色信贷的产业投向结构

资料来源：国泰安数据库。

相较于规模庞大的绿色信贷，绿色债券的发行规模小很多，2021 年绿色债券发行规模 6669.07 亿元，2022 年为 9104.42 亿元，具体情况如图 7 所示。

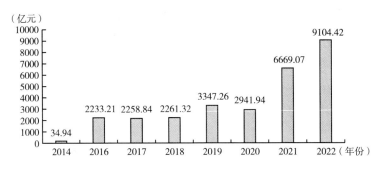

图 7　绿色债券发行规模

资料来源：国泰安数据库。

绿色债券主要是为一些绿色产业募集资金，例如节能环保产业、清洁生产产业、清洁能源产业、生态环境产业、基础设施绿色升级、绿色服务等，这些产业都是偏公益性且建设周期长，因此债券期限较普通债券长，一般为 3 ~ 5 年（见图 8），这可能也是制约绿色债券发行规模的原因之一。

就绿色债券票面利率而言，2017 年和 2018 年平均票面利率较高（见图 9），信用利差也较高，达到 2% 左右。2018 年以后，平均票面利率呈下降趋势，信用风险溢价也随之下降，与上述绿色债券发行规模呈上升趋势相对应。

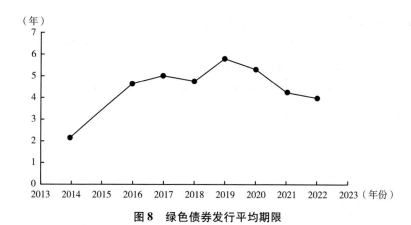

图 8 绿色债券发行平均期限

资料来源：国泰安数据库。

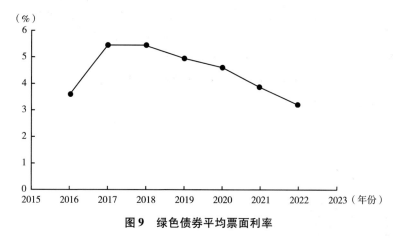

图 9 绿色债券平均票面利率

资料来源：国泰安数据库。

另一种直接融资的绿色金融产品是碳排放权交易。中国碳排放权交易市场的建设由来已久，自 2010 年起提出建设碳排放交易市场，并设置碳排放基准值以来，陆续发布了《碳排放权交易管理暂行条例》试行版以及草案修改稿，推动了碳排放市场高速发展。2013~2014 年，地方碳排放权交易市场试点陆续落地；截至 2022 年底，我国已有深圳、上海、北京、广东、天津、湖北、重庆、福建等 8 个地方碳市场，各交易市场具体交易量和交易额数据如图 10 和图 11 所示。由图 10 和图 11 可知，2022 年福建碳排放权交易市场不管是全年交易量还是全年交易额，较 2021 年都有较大幅度的上涨，全年交易量为 766.14 万吨，达成交易额 18964.48 万元。但相比广东、深圳等市场而言，体量还是较小的，主要原因可能是：一方面福建碳交易市场的运行时间较短，其市场还处于初级发展阶段；另一方面，福建碳交易市场注重产品的创新，将林业碳汇作为发展的重点，这虽然是利用了福建林业发达的地方特色，但在一定程度上也会降低福建碳交易市场对于碳配额的需求，降低市场参与者进行碳交易的积极性。

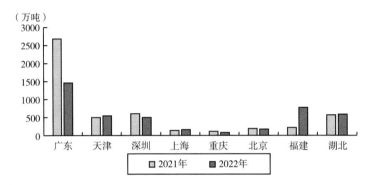

图 10　碳排放交易市场全年交易量对比

资料来源：wind 数据库。

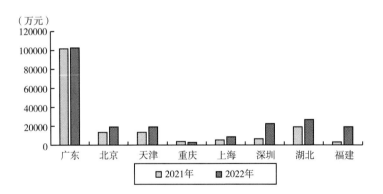

图 11　碳排放交易市场全年交易额对比

资料来源：wind 数据库。

（二）碳市场作用发挥不充分

福建碳排放交易市场作为碳排放的管理和减排工具，旨在通过市场机制来推动企业减少二氧化碳等温室气体的排放，促进低碳经济的发展。然而，由于其起步较晚，作用并未得到充分发挥。首先，福建碳排放交易市场的碳减排主要是依靠行政手段，碳排放配额（CEA）分配方式是免费的，市场定价主要也是基于政府的指导价和行业平均价，缺乏灵活性和市场竞争力，且碳排放配额发放整体宽松，这就导致了市场价格波动较小，无法真正反映企业的减排成本和环境效益。同时目前碳市场仅提供现货交易，期货、期权等金融衍生品交易仍未推出，故难以吸引更多的市场投资者。最后，福建碳排放交易市场的参与主体较为有限。目前，福建省的碳排放交易市场仅面向大型企业和能源行业，小微企业和非能源行业的参与度较低，导致市场的活跃度不高，也限制了碳市场的整体发展。

（三）环境信息披露不对称

1. 总体上"自愿性披露"，缺乏强制性

目前我国环境法系统所设立的强制性信息披露规范要求主要针对的是各类重点污染单位，而对于其他企业总体上仍执行"自愿性披露"。政府主要优先治理传统的生产型企业和高耗能型企业，以《中华人民共和国环境保护法》为统领，强迫重点排污单位公开包括污染物的名称、浓度、数量、渠道、防治措施等多重信息，之后又衍生出多部污染防治专门领域的法律，进而强化国家管理职能权限，引入社会公众的监督纠错机制，强调行为主体所必须承担的信息披露义务。同样的，我国金融法领域的环境信息披露制度也存在一定的局限性。环境信息披露的强制性义务主体仍只聚焦于上市公司，而对于非上市公司的环境信息披露没有作出强制约束。虽然政府出台了规范性文件要求年报设立专章来对企业所承担的环境和社会责任作出披露，但其限制主体主要是被列入名录的重点排污单位及其子公司，而且对于非处罚性的信息公开也仅持鼓励态度。

2. 披露标准尚不统一

当前，我国对绿色企业的环境信息披露标准尚未形成统一的规制模式。哪些主体应当披露，通过何种渠道方式进行披露，披露哪些内容，需要哪些数据，若不披露或披露失真会受到哪些惩戒……这些问题都尚未得到明晰的回应。一方面由于不同行业和领域的差异，面临的环境信息披露也存在差

异。例如能源行业和制造业在碳排放和废水处理等方面面临的环境挑战与金融行业和零售业等服务业存在明显的差异，因此对环境信息披露的要求也不相同。另一方面，在环境信息披露中，涉及大量的数据收集、处理和报告工作，然而，不同地区和企业在技术手段、数据采集方式和数据报告格式等方面存在差异，这导致环境信息披露标准的制定面临技术和数据难题，难以实现完全统一。环境信息披露标准的不统一带来两个问题。一个问题是不利于跨行业之间环境绩效的分析和比较，同时，由于缺乏统一的指标和报告要求，评估企业的环境绩效和风险变得复杂，投资者和利益相关者难以准确了解企业的真实状况。另一个问题是，没有统一的环境信息披露标准，可能导致企业需要遵守多个不同的标准，增加企业的负担和成本。企业需要投入更多的资源用于数据收集、整理和报告，不符合成本效益原则。

3. 披露指标难以量化

在环境信息披露的内容里，我国实践中一直存在口号性强、实践性弱的问题，主要关注点大多集中于实践概况、发展方针、治理结构、政策响应、环境风险、发展前景等宣传性内容，对于企业如何具体助力降碳减排、提高资源效益却甚少提之。缺乏定量评价指标使披露内容出现残缺，对于开展后续的绿色金融和零碳金融业务难以找到可靠支撑。同时，缺乏健全的监督评价机制，金融环境信息的披露难以形成统一的规范标准，导致在信息整理收集和披露的过程中出现困难，难以实现环境信息的有效披露，无法对运营过程中造成的负外部化风险进行量化。而且很多中小微企业往往对于环境和社会风险问题缺乏足够的认识，在面对信息统计收集的问题时无法利用专业知识进行应对，面对环境压力测试等专业性问题更是无从下手。

综上所述，在信息披露实践中存在的披露不充分问题，会加剧绿色企业和金融机构、投资者之间的信息不对称，既造成绿色金融业务识别成本高，也导致投资项目容易产生"洗绿""漂绿"等风险。

（四）配套激励政策不完善与监督机制不健全

绿色金融本质上是引导各经济主体开展绿色环保产业，促进社会经济可持续发展。生态环境、绿色低碳产业受益者众多，在经营理念、投资周期、盈利能力、风险控制等方面与传统产业存在较大差异性，是一项高风险低收

益的长期性系统工程，由此造成发展绿色金融的积极性和主动性不高。短期
内，绿色产业发展既受制于地方政府侧重于短平快盈利性的政绩考核，也会
增加企业短期内节能减排成本负担，更影响商业银行信贷资产质量和业务竞
争力。从外部看，政府部门仍未建立健全金融机构发展绿色金融的激励机
制，企业和个人"绿色消费"意愿还不够强烈。在目前我国金融机构的股
东、投资者、员工的绿色担当意识仍欠缺的背景下，缺乏有效的财税激励政
策，金融机构执行力疲软，发展绿色金融缺乏内生动力，绿色金融激励机制
缺失，也无法更有效鼓励和激励民营资本进入绿色产业。绿色企业主要的融
资渠道仍集中于绿色信贷方式，其次是绿色债券等的直接融资，对于区域绿
色发展基金、绿色保险等规模很小，并且没有具体的使用规则等，不能有效
促进绿色金融的高效发展。除此之外，由上述可知，目前绿色金融标准体系
不统一，外加披露指标难以量化，导致金融机构也难以识别出绿色项目和资
产，此时即使金融机构有意愿进行绿色投资，也难以精准识别绿色投资
标的。

正是由于绿色金融发展在很大程度上受制于风险大、期限长、收益低、
见效慢、项目不确定性等因素，才需要建立一套比较完整可行的监督约束机
制，以保证绿色金融的持续健康发展。但目前福建省的监督约束机制还未成
熟，对金融机构绿色金融开展情况，仅有人民银行的绿色信贷统计和绿色信
贷实施情况的监测评估，还没有形成财政、环保、发改等各方参与的监督评
估机制，不能对绿色金融的开展情况进行全方位的监督。而且绿色金融约束
机制并未真正建立，没有对绿色金融推进工作中的不履职、不作为、不担当
等行为进行约束和处罚，没有形成有力的绿色金融发展合力。

三、完善福建绿色金融体系的政策建议

"双碳"目标（即 2030 年前实现碳达峰、2060 年前实现碳中和）是中
国政府为应对全球气候变化而制定的重大战略目标，而绿色金融体系则是支
持可持续经济发展和实现双碳目标的重要手段。首先，绿色金融体系可以通
过提供融资和支持，促进低碳和零碳排放的经济发展。"双碳"目标需要大
量的投资和创新，以实现减少温室气体排放和加速清洁能源的发展。绿色金

融体系可以通过对环保、节能和清洁能源等领域的支持和投资，促进技术和产业的创新，推动经济向更加可持续的方向发展。其次，绿色金融体系可以提供政策支持和监管，确保资金流向符合"双碳"目标的可持续项目。绿色金融体系可以通过制定政策和规则，确保金融机构和投资者的行为符合环保和社会责任的要求。这有助于防止金融风险和环境风险的发生，同时也可以激励更多的投资者和企业家参与到可持续经济发展中来。最后，绿色金融体系可以促进国际合作和交流，以实现"双碳"目标。应对气候变化是一个全球性的挑战，需要国际合作和协调。绿色金融体系可以成为各国之间合作的重要平台和纽带，促进技术和经验的共享，推动全球实现可持续经济发展。

综上所述，"双碳"目标和绿色金融体系是相互促进、相互依存的关系。"双碳"目标为绿色金融提供了战略方向和发展动力，而绿色金融体系则是实现"双碳"目标的重要支撑和保障。通过加强绿色金融体系的建设和发展，可以更好地推动中国和全球实现"双碳"目标，促进经济可持续发展。

构建特色鲜明的福建绿色金融服务体系可以助力我国"双碳"目标的实现，还有助于加快福建经济向绿色化转型，支持生态文明建设，同时有利于促进环保、新能源、节能等领域的技术进步，加快培育新的经济增长点，提升经济增长潜力。以下是对"双碳"目标下完善福建省绿色金融体系提出的四点政策建议。

（一）加强完善绿色金融政策体系和激励机制

加快构建完善的绿色金融政策体系层面需要从以下几方面进行。首先，金融机构应当从战略高度出发，积极建立实现"双碳"目标的绿色金融政策体系，全方位参与国家产业结构、能源结构、投资结构和人民绿色低碳生活方式转变，加强绿色金融人才队伍建设，不断完善绿色低碳业务标准，持续健全支持体系，为实现"双碳"目标提供资金保障，积极推进和落实央行提出的"五大支柱"政策，完善相关基础设施、加强政策激励约束、丰富绿色金融产品，进一步发挥金融市场配置资源功能，引导资源向绿色经济方向集聚。其次，在完善绿色金融体系的基础上要进一步积极探索并构建多元化的绿色金融体系。针对不同阶段的企业开发能够充分满足其特定需求的金融产品和金融服务，推动全产业链向绿色低碳转型。当前我国正处于碳中和加速布局阶段，在此阶段，政府补贴和优惠、政策性银行的倾斜以及政策的引导均有助于加速高能耗企业的低碳转型以及低碳转型相关的高新技术企业做大做强。另外，私募股权投资对绿色创新型企业起到重要推动作用，应当积极鼓励地方引导基金、绿色产业基金等一级市场股权投资向绿色产业倾斜，助力我国绿色产业的蓬勃发展。

在绿色金融体系完善的基础上，应当建立综合激励机制，优化绿色融资结构。由上述分析可知，我国绿色产业的融资渠道更多的还是依靠绿色信贷等间接融资，而像绿色债券、绿色股权融资等的直接融资规模依然较小。因此，首先，应当坚定推进绿色项目直接融资，充分利用绿色发展作为发展方向的引领带动作用和"双碳"战略带来的长期发展契机，把绿色股权市场的发展打造成融资结构调整的示范区和领头羊。借助债券市场的规模和深度，发挥债券市场产品种类丰富、期限多样、流动性好的特点，有序衔接信贷和股权融资结构变化，提供稳定的债务类直接融资渠道。加强绿色项目的信息披露机制建设，配合资本市场改革，增强透明度和可信性，吸引社会资本敢于长期投资，获得适当收益。同时支持传统产业、既有融资项目采用多种方式参与绿色发展，进行绿色转型，循序渐进，逐步过渡，保证其合理资金需求，使其在实现"双碳"目标中起到压舱石和稳定器的作用。其次，设立绿色金融发展基金，以政府资金带动社会资本共同出资，对重点绿色产业项目进行融资支持，也可采用引导基金模式，对于绿色技术创新和初创企业进行早期风险投资。在科学评估绿色项目减碳等方面效果基础上，对于符合标准的绿色融资业务给予贴息、奖励、减税等正向激励。发挥开发性金融和政策性金融作用，在经济效益与生态效益不匹配或者收入在时间分布上不确定等情况下，设计适应实际的结构化绿色金融产品，合理分享收益，共同分担风险。商业性金融机构应当建立绿色发展理念，在内部考核机制上向绿色金融条线倾斜，将企业应当承担的社会责任内化为经济利润计量。

（二）推进绿色金融产品创新

1. 打造山海特色绿色金融"福建样板"

以试点为引领，探索绿色金融改革新路径。福建充分发挥三明、南平省级绿色金融改革创新试验区对福建省绿色金融发展的示范带动作用，支持厦门申创国家级绿色金融改革创新试验区，已累计推广四批次共 31 项绿色金融可复制创新成果，以点带面纵深推进改革创新，致力于打造具有山海特色的绿色金融"福建样板"，其中三明林票制度改革、南平顺昌"森林生态银行"运行机制获国家林草局推广，"绿色金融＋绿盈乡村"服务模式入选 2021 年中国银行业协会服务乡村振兴典型案例，南平绿色发展集成改革、龙岩林业碳汇指数保险、宁德农村生产要素流转融资模式等绿色创新被评为中国改革 2022 年度地方全面深化改革典型案例。

以制度为保障，加大政策资金支持力度。福建省制定了绿色金融体系建设实施方案、绿色银行评价方案和推动绿色金融发展若干措施等一系列政策措施。福建省统计局资料显示，省级财政每年给予试验区 800 万元绿色金融专项经费补助，厦门市设立绿色金融奖补资金，对绿色信贷增量奖励 0.02%；南平市级整合 1 亿元资金设立"绿色金融资金池"，与银行合作推出"科特贷"；三明市建立绿色金融风险资金池，与省级财政 1∶1 比例配套经费支持。

以评价为导向，激励绿色金融基础建设。福建省通过制定绿色金融改革创新试验区考核评价指标，健全试验区评价机制。针对辖区 26 家主要银行开展绿色银行考核评价，引导金融机构积极开展绿色金融业务，加大投入、升级服务，兴业银行及国开行福建分行、中国银行福建省分行在 2021 年福建省绿色银行评价中获优秀档。同时，积极推动金融机构挂牌设立绿色金融中心、绿色金融事业部等 185 家绿色专营机构，绿色金融体系逐步完善。

2. 加码绿色金融赋能绿色低碳发展

稳步加快绿色信贷投放。至 2022 年末，福建省绿色贷款余额 6097.14 亿元，同比增长 48.34%，全年新增绿色贷款近 2000 亿元，创历史新高。通过举办绿色经济重点项目融资对接会等活动，实现产融项目签约总金额逾 800 亿元，有力推动绿色经济领域一大批重大项目提速建设。重点支持产业绿色转型升级，加大节能环保、绿色建筑等领域的绿色贷款投放力度。至 2022 年末，节能环保产业贷款余额 1273.28 亿元，同比增长 55.19%；清洁生产产业贷款余额 186.23 亿元，同比增长 87.71%，绿色建设贷款余额 619.2 亿元，同比增长 115.5%。①

---

① 资料来源：福建省统计局。

　　持续拓宽绿色融资渠道。积极开展绿色企业上市辅导工作，通过召开"福建企业银行间市场发债座谈会"，大力支持市场主体发行绿色债券。截至2022年末，支持福建省内18家企业发行绿色债券融资209.88亿元，福建省14家次绿色上市企业实现股权再融资和债券融资（含银行间市场融资）1188.44亿元，2家新三板绿色挂牌企业实现融资2.66亿元。在南平设立总规模200亿元、首期50亿元的福建省绿色发展产业基金，通过股权投资、直接融资等方式，带动绿色产业高质量发展。在厦门设立增信基金绿色子基金，服务中小微企业绿色融资需求，截至2022年末，增信基金绿色子基金为149家企业提供信用融资增信211笔，金额5.81亿元。①

　　支持绿色保险加速发展。部署开展绿色保险监测试点工作，依托不同地区的生态禀赋，探索区域特色保险模式。在三明落地福建省首单"水质指数保险"并实现县域全覆盖，在南平创新推出"碳汇保""古树名木保护救治保险""种植业综合天气指数保险"等优秀产品。推广"环境污染责任险＋第三方环保体检"模式，实现纳入投保范围的环境高风险企业"应保尽保"，为福建省800多家企业提供环境污染风险保障超12亿元②。

3. 打造绿色金融升级"新引擎"

　　强化绿色金融"数字化"。福建省"金服云"平台搭建了绿色金融服务专区、林业金融服务和绿色经济重点项目融资对接等专区，实现绿色金融产品"线上对接、动态管理"，至2022年末，专区已发布产品69个，授信企业6923家，对接融资282.65亿元③。推动地方积极探索"绿色＋数字"发展模式，厦门开发"厦绿融"数字识绿平台，对绿色融资企业（项目）进行识别、认定和服务，至2022年末，入库绿色融资企业170家，绿色融资项目49个，可实现碳减排效益70248.36吨。龙岩搭建林业金融区块链融资服务平台，集成了林农信息、贷款产品，实现精准"双向选择"、便捷高效服务，至2022年末，已上线提供58款信贷产品，对接融资1996笔，金额达3.43亿元。南平全国首创扶贫碳汇项目"一元碳汇"，将村民碳汇林开发项目产生的碳汇增量，通过微信小程序扫码方式，以1元10千克的价格向社会公众销售，至2022年末，已有10300人次认购6437.7吨碳汇，认购额达

---

①② 资料来源：福建省地方金融监督管理局。
③ 资料来源：福建省林业局。

64 万元，惠及林农 769 户。①

推广碳交易"市场化"。依托海峡股权交易中心，构建福建省统一的碳交易市场，在 20 余个国有林场开展林业碳汇交易试点。至 2022 年末，累计成交碳排放权 3988.70 万吨，成交额 10.59 亿元，其中林业碳汇成交量 391.13 万吨，成交额 5890.43 万元，成交额、成交量居全国前列；福建省碳市场累计完成碳排放权质押 25 笔，累计融资超 4800 万元，碳资产管理规模达 1448 万吨，远期约定回购项目融资金额超 1900 万元。②

探索海洋碳汇交易"规范化"。在全国率先开发海洋碳汇方法学，依托厦门产权交易中心设立全国首个海洋碳汇交易平台，探索开展海水养殖增汇、滨海湿地和红树林增汇、海洋微生物增汇等海洋碳汇交易规则及"蓝碳"金融创新，落地海洋碳汇收益权质押融资、双贝类海洋碳汇交易等新交易品种，成功实现用数字人民币线上购买海洋碳汇。目前，平台已累计交易海洋碳汇超 12 万吨。

（三）加强绿色金融监管

福建省应建立并健全绿色金融监管制度，明确绿色金融监管的责任和要求，确保绿色金融政策的执行和效果。同时福建省还应注重提高监管水平：加强监管机构的能力建设，提高监管水平和效率，确保绿色金融市场的稳健运行。

第一，加强组织体系建设。加强绿色金融组织的建设，包括成立专门的绿色金融监管机构，加强对金融机构的监管和指导，促进金融机构的绿色转型。第二，完善全流程管理。建立完善的绿色金融流程管理体系，包括制定绿色金融操作流程、建立绿色金融风险管理体系、加强绿色金融信息披露和透明度等，确保金融机构在开展绿色金融业务时能够遵守相关规定和标准。第三，健全激励约束机制。建立健全的激励约束机制，通过奖励和惩罚等手段，引导金融机构积极参与绿色金融业务，并提高其风险控制能力。第四，加强风险前瞻管控。通过建立风险评估和预警机制，及时发现和处理可能出

---

① 资料来源：福建省排污权交易平台。
② 资料来源：海峡股权交易中心。

现的风险问题，确保绿色金融业务的安全和稳定。第五，支持重点领域绿色金融需求，包括支持能源生产消费变革、支持传统产业转型升级、支持生态环境质量改善、支持绿色农业发展、支持绿色消费发展等，以推动绿色金融业务的发展。第六，主动激发绿色产品服务创新潜力。企业层面应当将环保意识纳入组织的核心价值观中，并在员工中倡导绿色思维。鼓励员工提出环保创新的想法，并提供相应的奖励机制，以激励他们积极参与绿色产品和服务的研发过程。金融机构层面，应当进行市场调研，了解目前投资者对绿色产品和服务的需求和偏好，基于市场的反馈，开发出更加符合投资者期望的绿色产品，积极推动绿色产品和服务创新，例如推出绿色信贷产品、优化绿色保险服务等，以吸引更多的市场参与者。政府层面，政府可以通过给予税收减免、补贴和奖励等方式鼓励企业投资绿色技术创新，并制定相应的环境保护政策来规范市场行为。同时也给予金融机构提供贷款和风险投资等金融支持，帮助企业实施绿色产品和服务的创新项目。第七，拓宽绿色融资渠道。除了传统的绿色融资渠道，还可以积极引入社会资本和民间投资者参与绿色融资。社会资本和民间投资者在绿色项目融资中扮演着重要角色。政府可以通过设立绿色投资基金、引入社会投资平台等方式，促进社会资本参与绿色融资。为了实现这一目标需要加强绿色项目信息披露和评估体系建设。因为投资者需要更多的信息来评估绿色项目的可行性和风险，从而作出明智的投资决策。而建立标准化的绿色项目信息披露指南和评估方法，有助于提高绿色项目的透明度和可信度。这样一来，投资者能够更好地了解项目的环保效益和商业价值，进而增加对绿色融资的兴趣和信心。

总之，福建省在发展绿色金融监管制度的过程中，应注重建立健全组织体系、全流程管理、激励约束机制、风险前瞻管控以及支持重点领域等方面的工作，同时积极推动金融机构开展产品和服务创新，拓宽融资渠道，以推动绿色金融业务的健康发展。

（四）加强国内及国际合作与交流

福建省在绿色金融领域应该加强与我国其他地区以及金融机构之间的合作，以共同推动中国绿色金融的发展和"双碳"目标的实现。

1. 跨地区合作

福建省应与国内其他地区建立跨地区的绿色金融合作机制。例如，福建省与广东省共同发起"粤闽绿色金融合作备忘录"，双方在绿色信贷、绿色债券、绿色保险等领域展开深入合作，共同推动两地绿色金融的发展。跨地区的绿色金融合作机制有助于促进区域协调发展、整合资源、扩大市场规模、提高风险抵御能力和推动创新发展。这种合作机制对于实现全国范围内的绿色金融健康发展具有积极意义。

2. 跨行业合作

福建省应鼓励金融机构与环保企业、行业协会等开展跨行业合作，共同推动绿色金融的发展。例如，福建省与环保企业、行业协会共同发起"环保产业投融资协会"，旨在推动环保产业与金融产业的深度融合。开展跨行业合作对绿色金融发展有许多好处，这有助于促进产业升级和转型、提高能源利用效率、推动环保产业发展、增强企业社会责任以及促进可持续发展。绿色金融通过与其他行业的紧密合作，可以共同实现环境保护和可持续发展的目标。

3. 金融科技合作

福建省应重视在绿色金融领域应用金融科技，与国内外的科技公司、金融机构等展开合作。例如，福建省与蚂蚁集团签署战略合作协议，共同推动绿色金融科技创新和应用，提高绿色金融的效率和覆盖面。通过与金融科技公司的合作，可以创新产品和服务、提高效率和降低成本、拓展市场规模、增强数据安全和隐私保护以及促进知识交流和人才培养。这有助于推动绿色金融的快速发展，实现经济、社会和环境的可持续发展目标。

4. 人才培养合作

福建省应重视绿色金融人才培养，与国内外的大学、培训机构等展开合作。例如，福建省与北京大学共同开设绿色金融课程，为福建省培养专业的绿色金融人才提供了机会和平台。与国内外的大学、培训机构等展开合作对绿色金融发展具有重要意义。通过合作可以增强学术研究和创新能力、培养专业人才、促进知识共享和交流、拓展合作机会和资源，提高绿色金融领域的整体水平和竞争力，为实现可持续发展作出贡献。

5. 促进与台湾地区及金砖国家绿色金融合作"深度化"

应积极发挥福建省的区位优势，持续深化两岸绿色产业和绿色投融资领域的民间交流。利用各类多边平台及合作机制，推动金砖国家间跨境绿色金融合作，探索绿色金融标准趋同实践，降低跨境交易的绿色认证成本。2022年，厦门产权交易中心完成了首批 2000 吨金砖国家的核证碳减排交易，以碳交易为纽带构建福建省与金砖国家地区合作交流的新平台、新机制。

6. 积极参与国际绿色金融合作

福建省应积极与国际组织、境外机构等开展合作交流，通过引进国际先进的绿色金融理念和经验，推动绿色金融的国际化发展。例如，福建省与国际金融公司（IFC）签署合作协议，共同推动福建省的绿色金融项目和可持续发展项目。通过与国际金融公司的合作，可以引进国际标准、支持小企业发展、增加资金支持、促进能力建设和推动国际合作。这些合作有助于提高国内绿色金融的发展水平，促进经济和社会的可持续发展。

参考文献

［1］曹倩. 我国绿色金融体系创新路径探析［J］. 金融发展研究，2019（3）：46 - 52.

［2］陈丽. 绿色信贷政策对绿色企业融资约束影响研究［D］. 上海：上海外国语大学，2022.

［3］陈体珠.“双碳”目标下完善绿色金融体系的政策建议——基于福建省绿色金融改革发展实践［J］. 福建金融，2022（5）：21 - 25.

［4］陈星霖. 林业碳汇经济价值评估及影响因素研究［D］. 福州：福建农林大学，2018.

［5］陈雨露. 推动绿色金融标准体系建设［J］. 中国金融，2018（20）：9 - 10.

［6］崔莉，厉新建，程哲. 自然资源资本化实现机制研究——以南平市“生态银行”为例［J］. 管理世界，2019，35（9）：95 - 100.

［7］黄颖，温铁军，范水生，罗加铃. 规模经济、多重激励与生态产品价值实现——福建省南平市“森林生态银行”经验总结［J］. 林业经济问题，2020，40（5）：499 - 509.

［8］李可煜. 零碳金融环境信息披露法律制度探究［J］. 河北环境工程学院学报，2023，33（4）：29 - 37.

［9］马骏. 绿色金融体系建设与发展机遇［J］. 金融发展研究，2018（1）：10 - 14.

［10］裴英竹. 绿色金融发展的困境与出路——以珠江—西江经济带为例［J］. 沿海企业与科技，2020（1）：48 - 53.

［11］王凤荣，王康仕. 绿色金融的内涵演进、发展模式与推进路径——基于绿色转型视角［J］. 理论学刊，2018（3）：59 - 66.

［12］王培. 我国碳交易市场的有效性研究［D］. 衡阳：南华大学，2021.

［13］谢剑斌，何映红. 基于"资源 – 资产 – 资本"转换视角的南平生态银行模式与机制研究［J］. 亚热带资源与环境学报，2022，17（2）：80 – 86.

［14］袁建良. 开发性金融服务福建绿色发展的实践与思考［J］. 福建金融，2015（2）：14 – 16.

［15］张颖，周雪，覃庆锋，陈珂. 中国森林碳汇价值核算研究［J］. 北京林业大学学报，2013，35（6）：124 – 131.

［16］张煜晖. "双碳"目标下中国绿色金融发展的困境与对策分析［J］. 现代商贸工业，2023，44（10）：12 – 14.

板块二　**文旅与贸易**

专题四　福建省对标 DEPA 争创数字贸易新优势研究

《数字经济伙伴关系协定》（Digital Economy Partnership Agreement，DEPA）是全球首个完全以数字经济为重点、模块化设计的多边经贸协定。DEPA 作为首部数字经济贸易协定，主要关注各国数字贸易监管的协调性，旨在降低甚至消除各国之间的数字贸易壁垒。为达到这一目标，DEPA 共制定 16 模块以及诸多条款，其中最具特色的为数字贸易便利化、数据跨境流动与创新、新兴技术领域合作等条款，亦为该项协定的重点核心内容。

DEPA 是迄今为止针对全球数字化转型和数字贸易发展最为全面的数字经济规则体系，有望成为数字经济领域的 CPTPP 或 WTO。2022 年 8 月，DE-PA 成员国经过认真评估，决定同意成立中国加入工作组。这标志着我国加入 DEPA 进程步入实质阶段，是我国加快数字化发展、推进数字经济制度型开放、建设更高水平开放型经济新体制的最新成果。

从福建省现状条件看，福建省数字经济与数字贸易均已有较好的发展基础。在《区域全面经济伙伴关系协定》（RCEP）生效提供数字经济与数字贸易发展机遇的背景下，福建省应将发展数字经济与数字贸易作为贯彻落实国家战略的重要抓手，积极争取最大限度地获取 RCEP 生效的各项制度红利，同时加快对标 DEPA 这一高标准数字贸易规则。在此背景下，福建省肩负两大战略任务：其一是如何抓住 DEPA 高标准数字贸易规则的发展机遇，扩大数字经济领域开放，加快集聚全球数字资源要素，培育数字经济发展新动能，推动福建省数字贸易、服务贸易数字化以及跨境电商的进一步发展；其二是如何应对 DEPA 高标准数字贸易规则的挑战，找短板、补差距，推进福建省新一轮政策试验和体制机制创新，争取开展数字经济扩大开放试点，开展压力测试和先行先试，以更好地对标 DEPA 的数字贸易规则。本专题将探讨完成以上两大战略任务的具体思路和对策。

一、DEPA 的数字贸易规则解读

DEPA 由 16 个主题模块构成，主要包括商业和贸易便利化、数字产品的待遇及相关问题、数据问题、更广泛的信任问题、商业和消费者信任、数字身份认证、新兴趋势和技术、创新与数字经济、中小企业合作、数字包容性、透明度、争端解决等内容（见表 1）。DEPA 具有三个显著特征：一是所涉议题范围广；二是开放、包容；三是更具灵活性和前沿性。

表 1   DEPA 各模块及其主要内容

模块	具体条款	具体内容
1	初始条款和一般定义	协定适用范围、与其他协定的关系、一般定义
2	商业和贸易便利化	定义、无纸贸易、国内电子交易框架、物流、电子发票、快运货物、电子支付
3	数字产品待遇和相关问题	定义、关税、数字产品的非歧视待遇、使用密码的信息和通信技术产品
4	数据问题	定义、个人信息保护、通过电子方式跨境传输信息、计算机设施的位置
5	更广泛的信任问题	网络安全合作、网上安全和保障
6	商业和消费者信任	定义、非应邀商业电子信息、线上消费者保护、接入和使用互联网的原则
7	数字身份认证	数字身份的相互认证
8	新兴趋势和技术	金融科技合作、人工智能、政府采购、竞争政策合作
9	创新与数字经济	定义、目标、公有领域、数据创新、开放政府数据
10	中小企业合作	一般原则、增强中小企业在数字经济中贸易和投资机会的合作、信息共享、数字中小企业对话
11	数字包容性	数字包容性
12	联合委员会和联络点	联合委员会的设定、职能、决策、议事规则、协定的合作与实施、联络点
13	透明度	定义、法律法规的公布、行政程序、审查和上诉、通知和提供信息

模块	具体条款	具体内容
14	争端解决	定义、目标、范围、争端解决的方式（斡旋和调解、调停、仲裁）、场所的选择
15	例外	一般例外、安全例外、《怀唐伊条约》、审慎例外和货币与汇率政策例外、税收例外、国际收支保障措施
16	最后条款	交存方、生效、修订、加入、退出、信息披露、机密性、附件和脚注、电子签名

资料来源：中华人民共和国商务部公布的《数字经济伙伴关系协定》文本。

DEPA深度借鉴了《全面与进步跨太平洋伙伴关系协定》（Comprehensive and Progressive Agreement of Tran-pacific Partnership，CPTPP），细化并归类了CPTPP几乎所有条款（排除了源代码转让和互联网互连费用分担），DEPA"数字产品待遇和相关问题"模块和"数据问题"模块涵盖了CPTPP电子商务章节下的主要承诺，如数字产品非歧视待遇、允许数据跨边界自由流动、禁止本地托管数据要求。和CPTPP一样，DEPA将WTO暂停电子传输关税永久化，但在CPTPP基础上细化了消费者保护和数据隐私条款，提高了数字经济相关的法律和法规的透明度。

（一）电子商务章节

DEPA最为重要的议题之一是促进数字贸易便利化，主要包括模块2、模块7中涉及的数字身份认证、无纸化贸易、电子发票、金融科技与电子支付等内容，从无纸化贸易、跨境物流、电子发票和快运货物等方面推进数字贸易端到端的无缝对接，规范贸易流程，降低贸易成本，推动数字贸易发展。

1. 第2.2条：无纸贸易

该条共11款，从贸易管理文件的语言和形式、单一窗口系统互操作性、电子记录交换的制度构建等方面，为缔约国提出了较为详尽的无纸化贸易要求。

（1）贸易管理文件的语言和形式。

第1～3款规定：缔约方有义务向公众提供所有现行公开贸易管理文件

的电子版本；并同时对电子版文件的语言、形式和法律效力作出规定，即应以英文或 WTO 任何其他官方文字提供贸易管理文件的电子版本，并应努力提供机器可读格式的电子版本，同时缔约方应将贸易管理文件的电子版本认定为与纸质单证具有同等法律效力予以接受。

（2）单一窗口系统互操作性。

第 4～5 款强调了缔约各方应当努力建设单一窗口，海关当局通过连接各自国家的单一窗口①建立可互操作的跨境网络通道，以促进与贸易管理文件有关的数据交换，同时交换双方需向公众公开提供的文件清单。

（3）电子记录交换的制度构建。

第 6～11 款鼓励各缔约方在认识到国际公认的开放标准在数据交换系统的开发和治理方面作用的基础上，加速推进相互兼容、可互操作的数据交换系统和电子记录交换方面的体制建设。在数据交换系统制度构建的过程中，缔约各方应当加强合作，包括但不限于分享发展和管理领域的资料、经验和试验项目等，以便最终提高企业之间电子贸易管理文件和电子记录的接受度。

2. 第 2.5 条：电子发票

DEPA 是第一个涵盖电子发票的数字经贸协定，标志着电子发票进入主流贸易协定。DEPA 要求缔约方在电子发票系统内进行合作，从而促进 DE-PA 成员间可跨境使用电子发票。DEPA 鼓励各国对其国内电子发票系统采用类似的国际标准。企业可以期望缩短发票处理时间并可能更快地付款，同时通过数字化节省大量成本，从而提升商业交易的效率、准确性和可靠性。

3. 第 7.1 条：数字身份

DEPA 要求各国促进在个人和公司数字身份方面的合作，同时确保它们的安全性。数字身份方面的合作以互认数字身份为目标，以增强区域和全球的连通性为导向，这有助于促进各个体系之间的互操作性。DEPA 要求各国致力于有关数字身份的政策和法规、技术实施和安全标准方面的专业合作，从而为数字身份领域的跨境合作打下坚实基础。

---

① 单一窗口：指允许贸易交易主体以电子方式向单一入境点递交数据和文件（如卫生证书、进出口数据等），以满足所有进口、出口和转口监管要求的设施。——引自 DEPA 第 2.1 条。

（二）电信章节

广泛信任的数字环境和数据包容性是促进数字贸易发展极为重要的条件，主要体现在 DEPA 模块 5、模块 6，具体涉及网络安全合作、非应邀商业电子信息、线上消费者保护、接入和使用互联网的原则，以及妇女、农村人口、低收入社会经济群体和原住民参与数字贸易机会等内容。

1. 第 5.1 条：网络安全合作

DEPA 包括一项关于网络安全的条款，即促进安全的数字贸易以实现全球繁荣，并提高计算机安全事件的响应能力，识别和减轻电子网络的恶意入侵或传播恶意代码带来的影响，促进网络安全领域的劳动力发展。虽然 DE-PA 在网络安全问题上没有具体的规则，但 DEPA 缔约方将随着新领域的出现继续考虑这一问题，并要求各国政府相互合作。

2. 第 6.3 条：在线消费者保护

DEPA 通过规定未经请求的商业电子信息或"垃圾邮件"、在线消费者保护以及互联网接入和使用原则以增强商业和消费者信任，这些条款部分地借鉴了 CPTPP。DEPA 有关在线消费者保护的规定旨在让企业和消费者更容易地利用数字贸易带来的机会，确保消费者具有进行交易的信心和信息，并在出现问题时获得适当的补偿。

（三）与跨境贸易数字化相关章节

DEPA 的模块 3、模块 4、模块 9 倡导了跨境数据的自由流动，同时也促进了构建跨境数据流动的更加安全的环境，具体涉及个人信息保护、数据跨境自由流动、计算设施的位置、数据创新、开放政府数据等内容。模块 4 在 CPTPP 的基础上，要求任何缔约方不得将数据本地化（限制数据的收集、处理和/或存储）作为一方在另一方境内开展业务的前提/条件，以确保跨境数据的自由流动；模块 9 还要求缔约方应努力确保以开放数据方式向公众提供政府信息。

1. 第 3.3 条：数字产品非歧视待遇

DEPA 的数字产品模块基本承袭了 CPTPP 的所有内容，并进一步确认了

DEPA 缔约方在处理数字产品和相关问题方面的承诺水平，例如承诺电子传输和以电子传输的内容在协定缔约方将不会面临关税。随着数字经济继续扩展到尚未预料到的领域，对数字产品的非歧视原则可能对企业至关重要。DEPA 确认企业将不会面临数字产品的歧视问题，并承诺保障数字产品的国民待遇和最惠国待遇，从而增加了确定性，降低了风险。

2. 第 4.2 条：个人信息保护

DEPA 强调了关于个人信息保护的重要性，DEPA 还制定了加强保护个人信息的框架与原则，包括透明度、目的规范、使用限制、收集限制、个人参与、数据质量和问责制等。DEPA 要求缔约方在国内建立一个与这些原则相匹配的框架。DEPA 缔约方将建立机制，以促进各国保护个人信息法律之间的兼容性和互操作性，比如对企业采取数据可信任标记①和认证框架，从而向消费者表明该企业已经制定了良好的数据管理规范并且值得信赖。

3. 第 4.3 条：通过电子方式跨境传输信息

DEPA 认识到数据支持社会福利和推动企业创新的潜力，提倡各缔约方对于电子信息跨境传输可各自设立监管要求，但除非变相贸易限制且不超出合理范围的合法公共政策采取的措施以外，各方还应努力支持基于商业目的的电子信息（包括个人信息）跨境传输。DEPA 允许在新加坡、智利和新西兰开展业务的企业跨边界更无缝地传输信息，并确保它们符合必要的法规。DEPA 有利于营造一个良好的营商环境，使企业无论身在何处都可以为客户提供服务，尤其是通过新的业务模式（如软件即服务，software-as-a-service）以及数字产品和服务（如在线游戏和视频流）。

（四）产业数字化发展相关章节

通过人工智能、金融科技等新兴技术促进创新技术发展和中小企业合作是 DEPA 的一大亮点，具体涉及模块 8、模块 10，以及强调数字包容性的模块 11，其目标是促进产业数字化发展。

DEPA 包含 12 项创新条款，其中部分条款突破了数字贸易范畴，拓展到更广阔的数字经济合作领域，它们包括在人工智能、5G、物联网、大数据、

---

① 数据保护可信任标志是指可帮助企业验证其自身经营符合相关个人数据保护政策的标志。

云计算和区块链等金融科技领域的产业技术合作，需注意的是，金融科技合作和人工智能条款是一种软性合作安排，并非约束性条件。

1. 第 8.2 条：人工智能

DEPA 促进采用道德规范的"AI 治理框架"，该框架以各国同意为原则，要求人工智能应该透明、公正和可解释，并具有以人为本的价值观。这将有助于各国就 AI 治理和道德原则达成共识，并建立对跨境使用 AI 系统的信任。DEPA 还将确保缔约方的"AI 治理框架"在国际上保持一致，并促进各国在司法管辖区合理采用和使用 AI 技术。

2. 第 10.2 条：增强中小企业在数字经济中的贸易和投资机会的合作

DEPA 鼓励各方在海关程序、与数据流动和数据隐私相关的法规、数据沙盒、与数字贸易有关的技术法规标准或合格评估程序、数字贸易促进方案、政府采购机会、针对中小企业的融资方案、数字中小企业对话等领域加强合作，以增强中小企业在数字经济中的贸易和投资机会。

3. 第 11.1 条：数字包容性

DEPA 承认包容性在数字经济中的重要性，希望扩大和促进数字经济机会，并致力于确保所有人，包括妇女、原住民、穷人和残疾人都能参与数字经济并从中受益。DEPA 通过共享最佳实践和制订促进数字参与的联合计划，改善和消除其参与数字经济的障碍，加强文化和民间联系，并促进与数字包容性相关的合作。

二、福建省数字经济与数字贸易发展现状

福建省把数字经济作为经济创新发展的重要引擎，数字福建建设则是福建的基础性先导性工程。习近平同志提出"数字福建"的目标后，福建省在"数字福建"的战略指引下，加快了数字经济的发展。2022 年福建省数字经济规模达到 2.6 万亿元，居全国第七位，较上年增长 0.3 万亿元[①]，发展数

---

① 林蔚，陈斯琪. 数字福建建设在创新实践中迈出坚实步伐：我省首次发布数字福建发展报告 [EB/OL].（2023 - 08 - 05）[2023 - 10 - 11]. https：//www. fujian. gov. cn/xwdt/fjyw/202308/t20230805_ 6220980. htm.

字经济，福建基础坚实、条件良好、潜力巨大。

（一）数字技术现状分析

1. 互联网基础设施

近年来，福建不断加大在信息基础设施领域的投入，并实现了跨越式发展。目前，福建所有地级市都达到了光网城市标准，4G 网络全面覆盖城乡，特别是行政村 100% 都通了光纤，窄带物联网实现了全覆盖，5G 商用步伐也不断提速，互联网的普及率居全国第四位，电子政务服务网络已经实现省市县乡镇村 5G 覆盖。此外，福建还重点实施"上云用数赋智"行动、"互联网＋现代农业"行动、"5G＋工业互联网"创新行动、"互联网＋社会服务"行动。

福建省致力于重点建设完善网络、算力、安全、5G 网络等基础设施，构建全省统一的网络安全平台。2022 年建成 5G 行业虚拟专网 833 个，为各行业领域提供更加优质、灵活、安全的网络定制服务；建成 10G－PON 端口 42.5 万个，千兆光网具备覆盖超 1800 万户家庭能力。[①] 据《2022 年福建省互联网发展报告》，福建省城乡宽带用户规模持续扩大，家庭宽带普及率达到 126.1 部/百户，居全国第 2 位；福建省关键业务环节全面数字化的企业比例、企业经营管理数字化普及率和数字化研发设计工具普及率分别位居全国第 3、第 4 和第 6 位。

来自福建省通信管理局的数据显示，2022 年，福建新建 5G 基站 2.1 万个，累计建成 5G 基站 7.1 万个，每万人 5G 基站数达 17.1 个，基站规模和人均基站数分居全国第 12 位和第 8 位，较 2021 年末分别提升 2 位和 4 位。福建省不遗余力地加快推进 5G 网络、千兆光网"双千兆"建设，实现所有乡镇和 74% 以上行政村 5G 网络覆盖，城区基本实现"千兆到户"能力普及，新基建指数在全国位居前五。固网宽带用户普及率为 137%，居全国第二。移动宽带的普及率达到 100.5%，居全国第六位。

---

① 李珂，吴锦芬. 我省每万人 5G 基站数全国第八［EB/OL］.（2023－02－01）［2023－10－11］. https：//www.fujian.gov.cn/zwgk/ztzl/sxzygwzxsgzx/sdjj/szjj/202302/t20230201_6101497.htm.

2. 5G 技术

在 5G 应用方面，福建省推出了全球首例 5G 远程外科手术动物实验、全球首个 5G 信号全覆盖港口、国内首个无人机 5G 高清 VR 直播测试等 5G 应用场景。5G 逐渐融入各行各业，"5G + 北斗"在厦门高崎机场正式"上岗"，毫米波雷达借助 5G 网络，第一时间触发语音告警信息，从而保证了飞行安全；中国移动根据航空业特点，运用 5G 空侧专网和融合感知技术，在厦门高崎机场搭建了智慧机场车辆协同、高精度定位两套可视化管理平台；在宁德时代的 5G 智慧工厂内，中国移动构建了以"5G + 算力"为基础的工业互联网架构，依托高带宽、低时延、广连接的技术先进性，通过 5G 技术与极限制造碰撞融合，宁德时代探索出了 22 个具有高价值的业务场景。

3. 人工智能

福建省是"数字中国"的孕育地、发源地，2019 年被列为国家数字经济创新发展试验区，在人工智能发展方面具有"先天优势"和"后天潜能"。人工智能已经成为数字福建发展的强劲引擎。

福建省的人工智能产业主要以福州和厦门为区域中心，如福州软件园、厦门软件园等重点高新技术园区是 AI 核心产业发展的聚集地；福州的瑞芯微电子入围全球 AI 芯片企业前 20 名，厦门瑞为公司是国内人脸识别第一梯队企业。福建智能视觉 AI 开放平台、厦门鲲鹏超算中心、泉州先进计算中心等 AI 基础设施建设加速推进。2023 年 4 月设立的福建人工智能计算中心已与福建省 170 家企业及科研院校达成合作意向，并与厦门大学、福州大学、帝视科技、新大陆、南威等 35 家高校及企业签订算力服务协议，算力需求量达 101.2P。此外，还有网龙、美图、美柚、一品威克等国内知名企业（彭新波，2020）。

4. 物联网

2022 年，福建省物联网核心企业超过 1500 家，物联网核心产值达 1638.98 亿元；物联网相关产值预计在 2200 亿元，增长率近 8%。① 厦门火炬物联网专业孵化器不断创新孵化模式，截至 2023 年 4 月，物联网专业孵化器及众创空间累计引进、孵化企业 154 家，培育出 27 家国家高新技术企

---

① 李珂，吴锦芬.《2022 年福建省互联网发展报告》发布［EB/OL］.（2023 – 05 – 18）［2023 – 10 – 11］. https：//www.fujian.gov.cn/zwgk/ztzl/sxzygwzxsgzx/sdjj/szjj/202305/t20230518_6171751.htm.

业、1家国家专精特新"小巨人"企业、1家省级专精特新企业、5家市级专精特新企业。① 位于马尾的中国·福州物联网产业基地是福建省唯一、全国第四个国家级物联网产业基地，也是福建省唯一集国家级经济技术开发区等"八区叠加"的重要战略区域，其窄带物联网商用走在全国最前沿。如今已成为全国物联网产业具有竞争力的发展新高地。

5. 大数据

根据赛迪研究院信息化与软件产业研究所正式发布的《中国大数据区域发展水平评估报告（2022年)》，福建大数据发展水平居全国第7位，进入全国第一梯队。2022年福建省在全国率先成立的省管国有全资大数据企业——福建省大数据集团有限公司，成为福建省数字经济发展的市场化、专业化主体及主要投融资平台，支撑打造福建省一体化公共大数据体系。福建大数据交易所是福建省第一家大数据交易所，在正式揭牌成立当日，就有100多种数据产品挂牌，同时也进行了平台首批交易，这意味着福建省一体化的数据要素交易市场初步形成。7个项目入选工信部2022年大数据产业发展试点示范项目名单，其中大数据重点产品和服务试点示范领域项目4项，聚焦数字能源、数字交通等领域（李珂和吴锦芬，2023）。在大数据立法方面，福建省也走在前列，2021年12月15日，福建省十三届人大常委会第三十次会议审议通过了《福建省大数据发展条例》，条例深入贯彻落实习近平总书记关于网络强国的重要思想和数字经济发展、建设数字中国（杨一帆，2021）。

6. 云计算

福建省近年来加快云计算产业发展，持续打造企业大数据服务、文化旅游服务、现代服务业支撑等多个平台，为互联网＋、大数据、智能制造等提供云资源。以"数字福建"云计算数据中心为例，该中心系福建省重点项目，被列入"十三五"数字福建专项规划，并入选2020年度国家绿色数据中心名单、2021年国家新型数据中心典型案例名单。现已入驻国家东南健康医疗大数据中心、国家国土资源大数据应用中心等多个国家级重大项目，还

---

① 廖丽萍，郭文晨. 厦门火炬物联网专业孵化器携手龙头企业，开展"以大带小"的孵化实践，加速科技成果转化：让"蚂蚁"与"大象"共舞［EB/OL］. （2023－04－24）［2023－10－11］. https：//www.fujian.gov.cn/zwgk/ztzl/sxzygwzxsgzx/flsxkmh/202304/t20230424_6154338.htm.

建成了福州国家级互联网骨干直联点、福建省超级计算中心等基础设施和公共服务平台，为福建省工业互联网提供高效、稳定标识解析服务。

7. 区块链

福建省高度重视区块链产业发展，不断加强政策扶持力度。《福建省国民经济和社会发展第十四个五年规划和二〇三五年远景目标纲要》都要求加强区块链关键核心技术攻关和产业化。2020 年，福建启动"政府上链"工程，推动区块链技术在企业信用、食品安全供应链管理、生态环境、政务数据共享、商品防伪、行政审批等多个领域应用（李海晏，2021）。区块链技术已应用于福建省内产品溯源、电子票据、电子存证、安全审计等领域，并形成一批特色产品应用。工信部办公厅公布 2022 年区块链典型应用案例名单，厦门市的"海峡链区块链技术服务平台"榜上有名，入选"区块链 + 实体经济"方向。

（二）跨境数字贸易现状分析

2020 年 3 月经济合作与发展组织（OECD）、世界贸易组织（WTO）、国际货币基金组织（IMF）联合发布《数字贸易测度手册》，将数字贸易定义为"所有通过数字订购和/或数字交付的贸易"，简称"OECD – WTO – IMF 概念框架"。本专题也按照此类划分方式，从数字订购贸易、数字交付贸易以及为实现跨境数字贸易所提供的保障三个方面对福建省跨境数字贸易的现状进行分析。

1. 数字订购贸易

OECD 对数字订购贸易引用了对电子商务的定义，重点强调"通过专门用于接收和下达订单的方法在计算机网络上进行的买卖"。跨境电商作为数字订购贸易的模式，同时也是福建外贸的新增长点和福建数字贸易发展的亮点。福建不仅是全国三大网货制造基地之一，也是全国发展最快的跨境电商出口中心。

近年来，福建省跨境电商发展迅猛。据福建省海关统计数据，2022 年福建省经海关监管的跨境电商进出口总额达 1358.5 亿元，同比增长 22.1%，高于全国 12.3 个百分点；其中，出口 1286.4 亿元，同比增长 21.1%，高于全国 9.4 个百分点，对福建外贸出口贡献度达 10.6%；进口 72.1 亿元，同比增长 43.3%，高于全国 38.4 个百分点。跨境电商卖家数量列全国第 4 位，作为全国最早"走出去"布局海外仓的省份之一，省内企业已在 35 个国家和地区布局设立海外仓，遍布欧美主要国家及共建"一带一路"主要国家和地区，2022 年度新增海外仓 35 万平方米，总面积超 180 万平方米，居全国前列，年配送跨境电商货物零售价值超千亿元[①]。福建省设立跨境电商海关监管场所 22 个，面积近 15 万平方米，已建成各类跨境电商园区超过 140 个，园区功能日益完善，产业承载能力持续提升[②]。

近年来，福建省充分发挥 21 世纪海上丝绸之路核心区优势，不断深化与共建"一带一路"国家和地区的电子商务合作，发展"丝路电商"，推动"丝路"贸易合作。目前福建省多式联运的国际物流通路已逐步贯通，"丝路海运"联盟成员已超过 270 家[③]。同时，福建省积极利用海峡区位优势，拓展闽台海运、空运快件业务。厦门、平潭、福州分别设立厦门进出境快件监管中心、平潭两岸快件中心、福州国际快件监管中心，推进跨境电子商务海上快件试点；成立大陆首个对台海外仓（平潭两岸海外公共仓储有限公司），积极打造跨境电商黄金物流通道。

目前，福建已有 8 个跨境电商综合试验区，形成了有竞争力的跨境电商产业集聚区。这些综合试验区具有通关的便利化、税务的无票免税、4% 企业应税所得率等最具红利的政策优势。

2. 数字交付贸易

数字交付贸易强调"通过 ICT 网络以电子可下载格式远程交付的所有跨境交易"，指向的是传统服务贸易的数字化。在服务贸易规模和整体竞争力上，福建省与沿海其他省份还有差距。以软件和信息技术服务业为例，2021 年福建省软件业务收入排名全国第 10 位。厦门软件园作为首批国家数字服务出口基地之一，已成为福建发展数字贸易的重要载体和数字服务贸易出口的集聚区。这在一定程度上说明福建数字服务贸易竞争力在不断提高，展现出较强的发展潜力。

数字内容产业方面，数字媒体、数字游戏、数字阅读和数字音频等已成

---

① 2022 年福建跨境电商增速超 20% 出口规模超 1200 亿［EB/OL］.（2023 - 01 - 29）［2023 - 10 - 11］. https：//swt. fujian. gov. cn/xxgk/jgzn/jgcs/bgs/bgs_zwdt/202301/t20230129_6099465. htm.

②③ 郑璜. 去年福建跨境电商增速超 20%［EB/OL］.（2023 - 01 - 22）［2023 - 10 - 11］. https：//www. fujian. gov. cn/xwdt/fjyw/202301/t20230122_6098025. htm.

为福建省文创产业发展的主要驱动力。截至 2019 年，厦门已经培育了 101 家国家级的高科技企业，71 家市级的高科技企业，并在新媒体、影视科技、数字出版等领域，形成了一大批领先的企业。福州将建设数字服务产业园区，引入以网络游戏、网络文学、数字视频、数字电影、数字音乐、数字影视、数字出版等为主要内容的数字娱乐产业。泉州正在大力推进动画和实体经济的结合。

3. 无纸化贸易

自 2015 年 4 月建立以来，中国（福建）自由贸易试验区一直致力于促进贸易便利化，其中一项主要内容便是建设国际贸易"单一窗口"，全程实现无纸化通关。

中国（福建）自由贸易试验区福州片区和厦门片区在无纸化作业方面已取得诸多建树，主要体现在港口实现无纸化作业全覆盖、通关无纸化报关等方面。福建省电子口岸公共平台暨国际贸易单一窗口于 2015 年上半年正式启动建设，设立福州、厦门两个运营体，为继上海、天津之后的国内第三个国际贸易单一窗口试运行省份。福建国际贸易"单一窗口"试运行 8 年，目前在单一窗口建设与互通等方面取得诸多成就。2016 年，福建省国际贸易"单一窗口"上线一年就已实现海关报关随付单证无纸化。同年，福建省国际贸易"单一窗口"就已实现与新加坡"单一窗口"成功对接，双方成功进行了首票数据的交换和展示，标志着两个平台正式联通，福建省成为国内省级单一窗口第一个同新加坡单一窗口实现对接的省份。

（三）福建省数字经济领域开放及制度规则方面对标 DEPA 的差距及短板

本专题通过对比目前福建省数字经济领域开放及制度规则与 DEPA 规则之间的差距，梳理总结出福建省在数字经济发展领域对接 DEPA 规则上存在的不足。

1. 促进数字贸易便利化和自由化方面

DEPA 将促进数字贸易便利化和自由化作为重要内容，致力于消除壁垒和增进协调，该领域包括"商业和贸易便利化"和"数字产品待遇和相关问题"两个模块。

（1）商业和贸易便利化。

在商业和贸易便利化部分，DEPA 的目标是消除数字经济中的贸易壁垒，促进端到端的数字贸易无缝连接，主要内容包括无纸贸易、国内电子交易框架、物流、电子发票、快运货物、电子支付。

中国（福建）国际贸易单一窗口已建立，贸易管理文件虽大多有电子版本，但以中文为主且散见于各指导性文件，这意味着为了满足 DEPA 的要求，福建省不仅要全面梳理贸易管理文件并将其电子化，同时需符合 DEPA 的语言要求，保证其公开可获得；还要开发相关系统并进行培训，使省内企业熟悉无纸化贸易的流程。

DEPA 条款要求电子支付、电子发票系统应采取国际公认标准。目前，我国所使用的电子支付系统实施标准部分与国际标准不同，对线上交易的有效监管还需要进一步加强。电子发票系统也一直在构建，但目前仍存在"开票易、入账难"、应用范围有限、缺乏统一性等突出问题（文洋和王霞，2022）。

我国与 DEPA 进行对接的最大难点在于如何实现与其他成员系统的可互操作。国际上应用最广泛的国际电子发票交换协议标准是 PEPPOL 协议（"泛欧公共网上采购协议"），已经被欧盟、英国、澳大利亚、新西兰、新加坡等经济体承认和接受，目前国内只有深圳开始尝试与新加坡共同建设以 PEPPOL 协议为基础的国际电子发票交换项目。

福建省需进一步加强数字规则和标准的国际协调，促进数字系统之间的互操作性，包括提升贸易数据交换系统的规范性、加强电子支付系统的兼容性、扩大电子发票系统的应用，试点推行以 PEPPOL 协议为基础的国际电子发票交换项目。

（2）数字产品待遇和相关问题。

在数字产品待遇部分，DEPA 分别从海关关税、非歧视待遇及密码技术 ICT 产品方面做了具体规则安排，福建省目前在这三个方面与 DEPA 规则的要求均存在较大差距。

电子传输免关税将会导致我国的巨额税收损失，并使得国内数字相关产业的生存空间受到挤压。福建省目前针对 DEPA 永久性免征电子传输关税这一规则并未出台相关具体措施，应充分客观估算未来电子传输免关税所致的税收损失以及对消费者福利和电商企业出口竞争力的影响，分阶段、分领域对电子传输免关税作出永久性承诺。同时，我国现行的相关市场开放政策在接受 DEPA 数字产品非歧视待遇上面临一定压力。

2. 构建数字系统信任体系方面

DEPA 有 4 个模块涉及构建数字系统的信任体系，包括数据问题、更广泛的信任环境、商业和消费者信任及数字身份等方面。

（1）数据问题。

我国目前对于数据跨境活动主要采取限制性规范，与 DEPA 鼓励跨境数据自由流动的原则存在一定程度的差距。福建省目前没有针对数据跨境流动及治理出台具体的政策。在数据跨境流动方面，必须加快跨境数据流动相关法律法规的制定。关于公共数据治理，虽已提出公共数据开放应当遵循应开放尽开放、便民便企原则，但仍应将公共数据资源进一步分类。

关于数据本地化要求，关键信息基础设施生成的数据及特定行业数据这两类数据本地化要求比较能够适用 DEPA 的例外规定，但个人信息数据的本地化要求较难证明其"必要性"，因而与 DEPA 的要求存在一定的冲突。

（2）数字身份。

我国数字身份制度建设还处于摸索阶段。2019 年福州市政府与公安部第一研究所签订战略合作协议后，依托 CTID 平台开展福州市可信数字身份公共服务平台建设，为市民提供多样化数字身份服务，推动福州打造成为可信数字身份应用示范城市。但这仅限于人的身份的数字化，企业的数字身份认证推动缓慢，并且国内关于建立数字身份制度的安全标准与法律法规仍是空白，因此对福建省而言，对接 DEPA 中的数字身份规则既是挑战也是机遇。

3. 探索数字经济创新发展方面

这方面主要包括金融科技合作、人工智能合作、加强数据利用创新、开放政府数据。金融科技及人工智能合作方面，DEPA 带来的对接压力主要体现在如何与成员们建立起协调一致的框架，以及如何便利接受与使用人工智能和金融科学技术。加强数据利用创新方面，我国数据资源的创新配置能力还比较弱，各种数据资源的壁垒仍难打破，各部委主管行业数据存在条块分割、共享渠道不畅通的问题。头部互联网公司垄断数据资源，出于维护商业利益的考虑，共享数据资源的意愿很低，不利于数据要素的创新应用。福建省在该领域的建设正处于起步阶段，对接 DEPA 时存在一定难度。开放政府数据方面，福建省在全国缺乏政府数据开放的相关法律法规的背景下，积极制定了相关的规范性文件，走在了全国前列。但政府数据开放仍面临数据少、价值低、数据静态化、实用性不高、获取不便捷不及时等问题，数据立法偏重于对安全的考虑，这也导致困扰数据共享开放的问题依然存在。

4. 实现数字经济包容发展方面

在这一方面，DEPA 规则对福建省而言没有太大难度，并且已取得了积极成果。福建省目前已出台的相关措施，例如"商贸贷""外贸贷"在扩大小微企业出口信保覆盖面等方面，都增加了中小企业在数字经济中进行贸易和投资合作的机会，改善了中小企业获得资金和信贷支持的能力。数字基建建设稳步推进，所有地级市都达到了光网城市标准，4G 网络全面覆盖城乡，让数字经济真正惠及人民。

三、DEPA 背景下福建省跨境贸易数字化发展方向

为对标 DEPA 高标准数字贸易规则，福建省跨境贸易数字化发展方向应当侧重于无纸化贸易、跨境数据流动规则及治理、产业数字化及数字技术发展、政策及体制机制创新等领域。

（一）加快推进无纸化贸易

对标 DEPA 无纸化贸易相关条款，福建省在无纸化贸易方面发展的重点应为：进一步推进"单一窗口"建设，规范贸易管理文件电子化管理。

1. 进一步推进"单一窗口"建设

福建省在无纸化作业和"单一窗口"建设等方面发展基础较好。基于现有基础，首先应当继续完善"单一窗口"相关规章制度建设；其次充分拓展福建省首创的"单一窗口＋"模式，持续与多领域结合并复制以往成功经验；最后需加强与主要数字贸易伙伴的沟通合作，并就各方"单一窗口"连通性与可互操作性持续深入合作。

2. 规范贸易管理文件电子化管理

（1）完善电子贸易管理文件系统建设。

尽快建设信息互通、数据结构化的电子贸易管理文件系统并加以完善，

优先在自贸试验区进行相关试点工作，全面梳理现有贸易管理文件并将其电子化，后续上传至电子贸易管理文件系统，以确保其公开可获得。电子化文件亦需尽可能符合 DEPA 官方语言要求，同时应当尽可能确保可机读性。同时，运用数字技术，使电子贸易管理文件具有可互操作性。

（2）赋予电子贸易管理文件法律效力。

DEPA 规定各缔约方应将贸易管理文件的电子版本认定为与纸质单证具有同等法律效力予以接受。当前福建省仅根据《中华人民共和国合同法》相关规定承认电子合同的法律效力。因此，为推进无纸化贸易进程，应当充分结合数字贸易伙伴已有立法经验，在地方立法权限下尽早着手制定相关法律政策，以赋予电子贸易文件的法律效力。

（3）推广电子贸易管理文件的使用范围。

电子贸易文件可获得且具有相应法律效力之后，福建省应当继续推广电子贸易管理文件的使用范围。电子贸易管理文件系统建设的同时，应加强企业无纸化办公业务培训，使省内企业逐步熟悉无纸化贸易的相关流程，并逐步推进其工作流程与电子贸易管理文件系统相结合，从而实质上进一步将电子贸易管理文件系统融入企业具体的生产经营活动中。

（二）跨境数据流动治理

围绕跨境数据流动治理，福建省发展重点应为加强数据跨境流动治理顶层设计、构建数据跨境流动监管架构。

1. 加强数据跨境流动规则的顶层设计

在维护国家数据安全的前提下，福建省应当加强数据跨境流动规则的顶层设计。其发展侧重点应为：

（1）完善数据跨境流动规则。

福建省应当为我国制定完善的数据跨境流动规则积极进行先行先试，探索个人数据保护规则、公共数据开放规则、数据传输规则、数据存储规则等。推动我国与重要数字贸易伙伴通过双边、多边协议建立数据跨境流动认证等信任机制，破除数据跨境流动壁垒；在跨境数据流动国际规则制定方面，重点对接东盟国家，建立数据确权、数据交易、数据安全的标准和规则，推动建立区域统一的数据流动规则。

（2）开展跨境数据流动试点。

跨境数据流动治理所面临的问题纷繁复杂，开展试点工作可以积累经验教训、有效降低风险。国内已有部分省份开展相应的数据跨境流动试点工作。对此，福建省可以率先在自贸试验区内开展高水平的跨境数据流动治理试点工作，支持和鼓励在福州自贸区、厦门自贸区跨境数据流动先行先试，设计重点数据开放区域或行业进行数据开放压力测试，推动跨境数据安全有序流动试验持续开展，同时在先行先试过程中不断探索经验，以完善相关治理规则和方案。

2. 构建数据跨境流动监管架构

福建省应当加快构建多层次的分类数据跨境流动治理框架。在确保风险可控的前提下，坚持因地制宜，加强多部门监管协调，建立安全保障机制、建立数据保护能力认证机制、部署国际互联网数据专用通道、推进与特定地区信息互通或特定类型数据跨境传输等方面，探索针对不同性质的跨境流动数据采取不同的监管模式。经过初步安全评估，对涉及国家数据安全、个人数据权利保护等不同风险类型的数据出境采取便捷有效的差别化、场景化分层分类的数据流动治理机制，优化完善跨境数据流动治理规则和框架。

（三）数字产业及技术发展

产业数字化及数字技术发展重点为：推动产业数字化发展与加速提升金融科技发展水平。

1. 推动产业数字化发展

结合福建省的产业资源、基础设施情况和地区数字基础设施的发展程度，深化新一代信息技术与制造业融合发展，推动产业数字化发展，提高传统制造业的现代化水平。通过大中小企业融通、产业链上下游联动以及区域协同一体化等方案，为中小企业发展提供支撑，保持数字经济的发展活力。

2. 加速提升福建省金融科技发展水平

制定相关产业及科技政策，引导福建省内相关企业加大对金融科技的投入，从而进一步提升金融科技发展水平。同时通过制定优惠政策推动中小企业金融科技发展，鼓励有条件企业开展金融科技国际合作。

（四）政策及体制机制创新

福建省在数据开放、流动、合作、创新等方面的政策及体制机制创新仍不足，可从以下几个方向进一步发展。

1. 持续拓展"单一窗口＋"模式

福建省首创的"单一窗口＋"模式具备较多创新之处。当下福建省应当基于已有的国际贸易"单一窗口＋"模式继续开拓，针对降低数字贸易壁垒开展相关工作，进一步创新推出更多"单一窗口＋"模式。依托"单一窗口＋"模式，打造数据跨境流通创新模式，以及电子贸易管理文件系统互通窗口，持续发挥"单一窗口＋"模式优势。

2. 推动福建自贸试验区在数字贸易领域的体制机制创新

福建自贸试验区作为国务院《关于在有条件的自由贸易试验区和自由贸易港试点对接国际高标准推进制度型开放的若干措施》中的五个自由贸易试验区之一，应在规则、规制、管理、标准等对接国际高标准经贸规则，积极推动制度创新，深入推进高水平制度开放，在数字贸易发展进程中先行先试，探索可复制推广的路径，为全国对接 DEPA 国际高标准经贸规则积累经验、提供参考方案。

四、福建省对接 DEPA 数字贸易规则相关对策措施

对标 DEPA，为实现福建省在上述领域的快速推进，结合福建省数字经济发展基础和优势，本专题聚焦统筹协调、人才培育、国际技术合作、数字贸易规则等方面提出政策建议。

（一）加强统筹协调

为对标 DEPA 高标准数字贸易规则，福建省在推进国际贸易"单一窗口"建设、完善数据跨境流动治理制度建设、促进本省数字产业发展及产业数字化转型等方面，均需相关政策及体制机制改革等相关配套措

施。然而，以上任何一方面的改革与发展，均会对多方产生影响，需统筹协调以有序推进。同时，还应依托福建自贸试验区在上述相关领域的先行先试工作和相应的压力测试，统筹协调福州、厦门、平潭三个片区的定位和任务分工。

（二）加快人才培育

为对接 DEPA，争创数字贸易新优势，福建省亟须培育数字贸易领域和数字技术领域的优秀人才。

1. 培育数字贸易领域人才

（1）国内层面。

首先，鼓励省内高校尽快建立完善数字经济、数字贸易领域的学科及教学体系，尽快开设数字经济与数字技术相关课程，并强化实践教学，培育一批数字领域专门人才，打造多层次、复合型数字化人才队伍。其次，激励省内高校深化校企合作，建立面向实践的数字贸易人才培养模式。最后，鼓励省内数字企业与高校、科研院所等机构加强合作，借由企业的数字贸易平台帮助高校人才进行数字基础研究与实际应用。

（2）国际层面。

鼓励各大高校、科研机构以及相关企业积极加强与数字贸易伙伴的合作与交流，拓展留学生、交换生合作等国际交流项目，以及企业人才相互交流等活动，开展数字贸易人才的国际化培养。同时积极推动海外数字贸易人才相关标准的制定，开展分层分类的人才认定与补贴并积极落实具体补贴政策，吸引更多海外高层次数字人才来闽发展。

2. 培养数字技术领域人才

（1）数字技术人才培养。

针对企业数字化人才需求，鼓励相关企业制定数字技能职业培训标准，加快数字技能职业培训机构和平台建设，健全数字技能职业培训体系，培养兼具数字分析能力和综合能力的数字技术人才。同时健全数字技术技能职业等级认定标准，并规范相应认证体系。

（2）数字化转型技术人才培养。

构建包括职业教育、高等教育和企业培训为一体的终身学习系统，拓展和丰富企业数字化转型相关培训内容，包括数字化企业管理、电子商务营销、数字物流、物联网技术、人工智能等，从而培养可支撑企业业务全面数字化转型的数字技术人才。

（三）推进核心技术攻关与国际技术合作

DEPA "金融科技合作" 条款旨在促进缔约方之间的金融科技产业合作，以解决金融科技企业的市场进入壁垒问题，该条款主要包括金融科技等新兴领域的产业技术合作，为对接该条款应当采取以下两个方面的措施。

1. 加大金融科技核心技术攻关

针对福建省金融科技发展中亟待解决的关键核心技术 "卡脖子" 问题，应加大政府投入，加快推动以大数据、5G、云计算、区块链等技术为代表的金融科技核心技术研发攻关，化解福建省金融科技发展中的技术瓶颈，助推金融科技高质量发展。

（1）大数据。

制定相关政策以加快发展自主大数据系统软件技术体系，同时应面向世界科技前沿，针对大规模多源异构数据一体化管理、交互式异构数据分析框架、数据可视化与智能数据工程等多方面开展技术研发和工程化，鼓励福建省内企业自主研发大数据核心技术与产品，突破关键技术瓶颈，建设国际一流、开放协同的产学研用大数据技术创新团队。与此同时，面向全球化、开放化、开源化的大数据技术发展态势，积极鼓励福建省内大数据技术企业 "走出去"，通过广泛参与国际开源项目以及海外企业并购等方式，加速大数据方面的技术发展。

（2）5G 技术。

积极推动福建省内企业参与国际电信联盟（ITU）等国际组织的相关活动，加强国际交流沟通。同时，鼓励支持多元化市场主体平等进入，培育壮大 5G 相关新业态与新模式，促进 5G 产业生态形成。充分发挥政府引导作用，统筹产学研力量协同开展 5G 技术研发。

（3）云计算。

加快培育骨干龙头企业，充分发挥骨干企业的带动作用和技术溢出效应，推动福建省内计算产业生态体系建设。同时加快完善云计算标准体系，推动有关机构加快制定云计算行业关键技术、服务和应用标准，并积极推动与国际主流评测体系的结果互认。吸引更多企业来闽，促进省内企业、科研单位、高等院校深入合作研究云计算关键技术，建立更多的云计算产业园区，推动云计算技术迅猛发展。

（4）区块链。

着重培育具有国际竞争力的区块链企业，加速培育孵化区块链初创企业，鼓励福建省内区块链独角兽企业发展；通过打造一批技术先进、带动效应强的区块链产品，不断打造完备区块链产业链；结合监管沙盒理念打造区块链发展先导区，支持基础条件好的园区建设区块链产业园，并通过优惠政策吸引外地企业来闽建设相应区块链产业园区。

2. 加强与 DEPA 缔约方的金融科技合作

为对接 DEPA 金融科技条款，福建省应当积极开展各方的金融科技合作。以促进开放为基本原则，持续深化各方的金融科技合作。在对接 DEPA 金融科技规则时，亦需认真汲取 DEPA 缔约方金融科技创新发展的有益经验，尤其需注重创新与监管并举的发展思路，并且积极参照学习 DEPA 缔约方金融科技监管沙盒等成功实践经验。在推动金融科技创新发展以及国际技术合作时，需注重完善金融科技监管体系和相关法律法规，防范金融科技潜在市场风险，实现金融科技创新与市场风险监管之间的平衡。

（四）对接数字贸易规则

为对接 DEPA，福建省应当优先对接相应的数据跨境流动规则，具体可采取以下措施。

1. 对接 DEPA 数据监管机制

借鉴相关国际经验，专设数据监管沙盒创新发展和安全审查部门，具体负责监管沙盒的规划设计、市场监管、风险审查等工作，以明确监管沙盒的监管主体及其监管职责。根据实际情况制定监管沙盒长期规则，例如加强监管沙盒顶层制度设计，建立健全监管沙盒法律法规，明确监管沙盒准入制度、退出机制、评估反馈机制、消费者权益保护机制、风险防范与补偿机制，培育监管沙盒协同发展生态圈等。

2. 对接数据跨境流动条例

福建省进行相应的数据跨境流动试点时，应当兼顾开放与安全原则，将需跨境数据进行相应分类，并对其实施不同的出境监管标准。对于涉及国家安全、国民经济命脉、重要民生、公民个人隐私等重要数据，应当对其实行严格的负面清单管理，禁止相应数据流出。对于金融征信、战略产业发展等相关数据，福建省应当参照国际数据流动标准和机制，采取审慎监管制度。对于非敏感的商业数据和公共数据，可采取企业自评估和开放共享机制，实施宽松适度的管理措施。在数据分类分级的基础上，建立跨境数据流动的安全检查和评估体系，及时有效地识别和防范跨境数据流动的潜在风险，及时进行反应并进行相应监管。

参考文献

［1］陈岚，陈燕赟．数字贸易与福建外贸动能的拓展研究［J］．物流工程与管理，2022，44（8）：112 - 114.

［2］董昀，章苙今．金融科技相关文献述评［M］//杨涛等．中国金融科技运行报告（2022）．北京：社会科学文献出版社，2022：397 - 424.

［3］甘露．对接 RCEP、CPTPP、DEPA 规则推进海南自由贸易港服务贸易制度型开放［J］．南海学刊，2023，9（3）：32 - 43.

［4］洪俊杰，史方圆．中国培育数字贸易竞争优势：有利条件、制约因素及对策建议［J］．国际贸易，2023（4）：11 - 18.

［5］靳思远，沈伟．DEPA 中的数字贸易便利化：规则考察及中国应对［J］．海关与经贸研究，2022，43（4）：1 - 14.

［6］靳思远．全球数据治理的 DEPA 路径和中国的选择［J］．财经法学，2022（6）：96 - 110.

［7］李海晏．福建省区块链标准体系构建研究［J］．质量技术监督研究，2021（5）：2 - 7.

［8］李佳倩，叶前林，刘雨辰，等．DEPA 关键数字贸易规则对中国的挑战与应对——基于 RCEP、CPTPP 的差异比较［J］．国际贸易，2022（12）：63 - 71.

［9］李珂，吴锦芬．《2022 年福建省互联网发展报告》发布［N］．福建日报，2023 - 05 - 18（3）.

［10］李猛．我国对接 DEPA 国际高标准数字经济规则之进路研究——以参与和引领全球数字经济治理为视角［J］．国际关系研究，2023，63（3）：20 - 42，155 - 156.

［11］李墨丝，应玲蓉，徐美娜.DEPA 模式数字经济新议题及启示［J］.国际经济合作，2023（1）：27－36，93.

［12］梁国勇.全球数字贸易规则制定的新趋势与中国的战略选择［J/OL］.［2023－07－20］.国际经济评论：1－17.

［13］隆云滔，王磊，刘海波.跨境数据流动治理规则研究［J］.数据与计算发展前沿，2023，5（1）：74－84.

［14］彭新波.福建省人工智能产业发展及其文化竞争力研究［J］.厦门特区党校学报，2020（6）：60－64.

［15］孙维潇.RCEP 机遇下福建自贸区数字贸易发展机遇与推进模式研究［J］.南方论刊，2022（7）：26－28.

［16］王金波.《数字经济伙伴关系协定》的内涵、特征与中国参与国际数字治理的政策建议［J］.全球化，2022（3）：52－61，134－135.

［17］王晓旭，李钢.上海对接《数字经济伙伴关系协定》的对策研究［J］.科学发展，2023（6）：42－47.

［18］王瑛，李舒婷，张劭鹏.《数字经济伙伴关系协定（DEPA）》的特点、影响及应对策略［J］.广西财经学院学报，2022，35（2）：33－42.

［19］魏贝，周振松，秦雨.中欧美数据跨境流动研究［EB/OL］.（2020－11－03）［2023－10－27］.https：//www.ciomanage.com/front/article/6160.

［20］文洋，王霞.DEPA 规则比较及中国加入路径分析［J］.国际商务研究，2022，43（6）：80－93.

［21］文洋，王霞.中国申请加入 DEPA 的焦点问题与政策研究［J］.开放导报，2022（4）：101－111.

［22］徐瑞蓉，王芬，周顺骥.福建数字经济核心产业创新发展对策研究［J］.经济资料译丛，2023（1）：67－75.

［23］杨一帆.立法推进数字福建建设——《福建省大数据发展条例》解读［J］.人民政坛，2021（12）：30－31.

［24］伊馨.福建自贸区贸易便利化的制度创新［J］.开放导报，2017（2）：110－112.

［25］殷敏，应玲蓉.DEPA 数字贸易互操作性规则及中国对策［J］.亚太经济，2022（3）：27－34.

［26］赵若锦，李俊.中国加入《数字经济伙伴关系协定》：差异、挑战及对策［J］.经济体制改革，2022（6）：60－66.

［27］赵旸顿，彭德雷.全球数字经贸规则的最新发展与比较——基于对《数字经济伙伴关系协定》的考察［J］.亚太经济，2020（4）：58－69，149.

［28］周念利，陈寰琦．数字贸易规则"欧式模板"的典型特征及发展趋向［J］．国际经贸探索，2018，34（3）：96 - 106.

［29］周振松，魏贝．我国自贸区数据跨境流动的方案比较研究［EB/OL］．（2020 - 12 - 17）［2023 - 10 - 27］．https：//innov100. com/front/article/6241.

专题五　福建文旅深度融合研究

一、文化和旅游产业深度融合

在 2009 年国家有关部门发布的《关于促进文化与旅游结合发展的指导意见》中，明确表述了文化和旅游的关系："文化是旅游的灵魂，旅游是文化的重要载体"。文化与旅游在内涵上相辅相成、关联相融，在作用上互通有无、彼此借力，对福建省而言，深度融合发展文化与旅游产业更是势在必行。福建省文化和旅游深度融合发展局面的形成有其内在的机理，是迎合多方需求的重要举措，但同时也存在需要克服的难点。

（一）文化和旅游产业的关系及产业融合机理

消费端不断升级的文化和精神需求使得文化旅游内核更新迭代愈发迫在眉睫，文旅产业融合发展也成为福建省保护传统文化和发展旅游产业的主要方向之一。根据世界旅游组织的定义，"文化旅游是本质上出于文化的动机而产生的人的出游活动"。具体而言，文旅融合发展其根基在"文"，活力在"旅"，动力在"融合"，旨在创造性地推动文化和旅游产业潜能的释放，促进文化和旅游的同频共振。

2018 年 3 月，文化部和国家旅游局职责整合，组建了文化和旅游部，我国的文化和旅游融合发展进入了行政上的融合阶段，究其原因在于良好的文化产业和旅游产业互动能够有效促进当地传统文化的传承和旅游市场的繁荣。可持续的文化保护措施和健康高质的旅游市场越来越呈现你中有我、我中有你的交融局面。从文旅的主体和客体出发，"文旅融合"主要有四个特征：首先，强调旅游主体的文化体验性，它不同于传统的吃喝玩乐式旅游方式，"文旅融合"更注重旅游者获得全新的文化体验，提升其文化素养和精神境界；其次，旅游客体具有文化综合性，旅游场所和项目并非单一的文化载体，而是集展示功能、教育功能、文化功能于一身的综合场景；再其次，旅游介体需有文化创意性，即旅游部门和旅游企业需要深入挖掘旅游资源的文化底蕴和内涵，从而提供具有文化创意性的产品；最后，旅游活动具有文化持续性，文化旅游的发展不仅要关注经济效益，更要突出文化效益、环境效益和教育效益之间的协调。文旅融合的四个特征充分展示了融合过程中文化和旅游产业之间的互动模式，即两者并非只是表面化的产业组合，而是有机的、深度的连接和融合。

学者于光远先生曾提出"旅游是经济性很强的文化事业，又是文化性很强的经济事业"。对福建省而言，如何在流行文化、快餐文化大行其道的当下进行闽南传统文化的传承和保护一直是个难题，而将闽南传统文化融入旅游产业中，将为闽南文化提供传播载体和平台，让原本较难打开受众面的传统文化变得更加可知可感，拉近传统文化与人民群众之间的距离。同时文化具备"旅游吸引物"的属性，随着消费者旅游需求的升级，文化越来越成为旅游者出游的重要动机和旅游体验的重要组成部分。带有自身鲜明特色的福建省本土文化无疑是吸引异地游客的珍贵旅游资源，而以闽南文化进一步带动福建特色的旅游市场则具有极大的潜在发展空间。

（二）福建省文旅深度融合的需求

党的二十大报告将"丰富人民精神世界"作为中国式现代化的本质要求之一。提供人民群众喜闻乐见的文化产品从而满足人们的精神追求，是我国从追求"发展的量"到追求"发展的质"过程中的必选项，也是我国实现中国式现代化的必经之路。福建省文旅产业深度融合具有广阔的发展潜力，是新时代背景下优化文化产品供给、提高发展质量的可行之道。积极探索具有福建特色的文旅融合发展模式，不仅能够加速福建省旅游市场的复苏，助力后疫情时代福建经济市场的恢复，还能盘活和创新福建本土文化，坚定文化自信和弘扬文化传统。

随着我国经济发展进入新阶段，旅游产业日益成为实现经济高质量发展的重要引擎，其在促进GDP增长、吸纳就业、激发市场活力等方面都发挥着重要的作用。而在消费者的精神要求日益提高的背景下，要进一步实现旅游产业的繁荣发展，文化内涵的加持是必不可少的。对消费者来说，走马观花的旅游方式吸引力越来越不足，取而代之的是能够给予消费者深度体验异地文化、从文化的层面赋予消费者不同社会角色的沉浸式旅行。消费者更加注重在旅游的同时体验不同的社会语境，以新的社会身份脱离原有的环境秩序，而这些新需求只有旅游产业与文化的结合才能有效满足。对此，我们也发现在福建省旅游市场中，单调的营销模式和一成不变的消费方式在消磨着消费者对于福建旅游市场的期待和向往，如出一辙的旅游街区、毫无特色的旅游产品需要具有鲜明特色的闽南本土文化进行助力，才会不至于让消费者陷入旅游疲劳中。

福建省深度融合发展文旅产业也是增强传统文化保护力量，提高本土文化传承可行性的有效方式。在福建省工业化与城市建设的大潮中，虽然强调保护和传承传统文化，但是文物毁损、传统村落消失、非遗传承遭遇瓶颈等问题依然严重地横亘在加速化的城市进程中。传统文化传承受阻的重要原因是市场缺少激励，从而缺乏保护动力，多数情况下只剩下政府层面单薄的力量，而面对福建省庞大复杂的文化体系，只有政府一方的力量是难以为继的。将文化融入旅游市场中是保护闽南传统文化的有效尝试，当前旅游市场正面临疫情后的报复性消费，同质化严重的旅游市场急需亮点来吸引和留住游客，具有鲜明特色的闽南文化则能精准满足旅游市场主体的需求，调动市场方参与文化传承和保护的积极性。有了市场方力量的加入，福建优秀文化的保护难度将显著降低，也更加具有可持续性。然而传统文化不仅需要保护，也需要被赋予时代性的创新。旅游市场对于传统文化的运用在增添传统文化活力的同时也将传统文化推向了年轻一代，这有利于年轻一代以独特的时代印记与传统文化进行互动，从而实现传统文化的创新发展，让传统文化能真正地活起来。

单薄的文化和旅游本身已不再能充分吸引消费者，人民群众渴望的是更加具有厚度、更加具有深度的精神体验。因此对福建省而言，文化的传承和旅游产业的发展不能再走单打独斗的老路，而是要探索出能够化解文化旅游化和旅游文化化过程中文旅矛盾的深度融合发展道路。

（三）文旅深度融合的难点

文旅深度融合是把文化带入旅游产业中，为旅游市场赋能，从而增加对于消费者的吸引力和改善消费者的旅游体验。这一过程涉及以下问题：在市场中呈现什么样的文化、如何呈现文化？是要完全跟着市场的需求走，还是担负起用优质文化引导消费者的责任？对文化进行市场化改造时能不能为了市场营销而接受文化失真，还是必须坚持文化的原真性？这其中的灵活度又该如何抉择？等等。这些问题都是福建省进行文旅深度融合时要面临的。

文化和旅游产业的社会属性不同，发展需求也存在着差异，福建省在进行文旅产业深度融合发展时也会伴随着一定的矛盾和冲突。旅游产业对于商业化和市场化的要求远高于文化资源对市场经济承载力的上限，过度的商业化本土文化可能会消解文化的价值内涵，不恰当的开发手段甚至会使文化失真。旅游产业的商业化需求对文化保持带来的潜在威胁也同样抑制着旅游市场的开发，这就要求福建省在推动文旅产业融合发展的同时，平衡好本土文化中旅游价值的挖掘和旅游市场中文化价值的赋能。

紧跟消费者不断变化的需求，时刻关注新的发展方向已经逐渐成为市场营销的固有模式，这一发展节奏越来越把消费者的地位放在市场的完全主导者身上，作为服务业的旅游产业更是首当其冲。然而文化作为千百年来沉淀和累积的智慧结晶，是具有一定的厚重性和庄严性的，这与当下以多变和快餐为特点的消费市场产生了冲突和矛盾。在文旅深度融合过程中许多地区不得不将文化进行一定的降级和消解，以更好地附和旅游市场的推广和文化的传播。但是若完全以消费需求为主导对文化进行改造，消费者想要什么就朝着什么方向走，易使文化泛娱乐化，优秀文化对社会大众的教化作用会受到限制，文旅融合的初衷和本心也会被扭曲。因此，文化在旅游产业中该如何定位，该如何健康地、有意义地赋能旅游市场且不使消费者感到乏味，是福建省在深度融合文旅产业时需要认真思考的问题。

福建省文旅融合发展中的难点不仅体现在前文所述的文化定位过程中，还体现在旅游产业呈现文化的方式上。对于商业开发，成本和效益的衡量是绕不过去的话题，在旅游市场中，由于缺少引导和培训，经营者多选择呈现"方便"的文化，从而可以减少前期的深加工成本和构思难度，以更快捷地回笼资金。加之经营者对于本土文化存在理解不深刻、把握不到位的问题，容易在运营过程中走向盲从，缺少个性化和特色，导致文化在旅游市场上最终呈现为同质化的产品、复制化的消费方式，文化成为吸引游客的浮于表面的噱头。这样一种对于文化浅层和单调的呈现，并不能真正实现文化对旅游发展的赋能，旅游者在游览时无法有效领略到当地文化的魅力，甚至会对原本优质的传统文化产生误解和刻板印象，从而出现文化在传播过程中失真的问题。由此，对福建省政府而言如何深化旅游市场主体对于文化赋能发展的理解，更新重塑其运营思维和战略眼光也是推动文旅产业深度融合的难点之一。

若是不能找好文化在旅游产业中的定位、旅游产业对于文化的呈现形式，就难以把握好文化和旅游产业之间的有机联系。文旅融合仍会停留在狭隘的"文旅资源"层面，文旅融合最终只能是拉郎配、撮合式的"形式性发展"，不能真正落脚到消费者"获得享受和愉悦"的真实需求上。然而，要做到这一点也绝非一朝一夕之事，向市场主体讲好福建文化故事、培养好市场发展模式、出台好有效的保障措施等都需要久久为功。

二、福建省文旅深度融合优势与潜力

作为福建省重点发展产业，旅游业在推动福建省实现高质量发展过程中发挥着不可替代的作用。与此同时，底蕴丰富的历史文化遗产和日趋成熟的文化业态为福建省文旅深度融合发展提供了巨大潜力，文旅产业融合发展在福建省展现出了广阔的前景。福建省政府高度重视文旅产业的融合发展，把文旅产业纳入了"六四五"产业新体系中，将其作为新兴主导产业进行大力培育，并出台了多项配套措施予以支持。文旅产业深度融合作为新的发展机遇，是经济实现高质量发展的新增长极。具有天然发展优势的福建省更应当积极把握文旅融合发展的窗口期，努力将其培育为经济发展新动能。

（一）福建省具备丰富的文化历史底蕴

福建省是我国东南方的一颗璀璨明珠，底蕴深厚的历史文化背景和琳琅满目的历史文化遗产使得这一古老地域韵味十足。据福建省文化和旅游厅统计，福建省共有 5 个世界遗产，位列全国第二，共有可移动文物 46.9 万件（套），全国重点文物保护单位 169 处，国有博物馆 103 家，国家级非遗代表性项目 145 项，第 44 届世界遗产大会也选择由福州承办。可以说，历史悠久、人杰地灵的福建省有着多姿多彩、出类拔萃的历史文化资源，是名副其实的历史文化之都。

福建省民族与宗教事务厅公布的数据显示，作为少数民族散居省份，福建省聚齐了 56 个民族在这里安居乐业。除此之外，福建省自古以来一直作为我国对外交流的重要窗口，许多外来文化也在这里交流互融。多样的民族文化和多元的外来文化一齐在福建的土壤扎根生长，共同造就了福建省浓厚的文化氛围、丰富的历史底蕴。

其中，武夷山是福建省众多灿烂文旅胜地中的一颗耀眼明珠，拥有特色鲜明、独树一帜的自然风光，历史悠久、原生纯态的文化遗产，这里不仅是闽越文化和朱子理学的摇篮，更是有着一千多年历史的武夷茶文化发源地，为中国茶文化史的研究作出了重要贡献。再者，于 2008 年入选世界文化遗产的福建客家土楼建筑群也是建筑界闻名遐迩的典范，是东南地区闽越宗族小聚居的历史见证，尤以其风格独特、结构精妙、规模宏大、底蕴丰厚等特点独立于世界民居建筑文化之林。还有，兼顾东方闽南文化与西方古典复兴风格的鼓浪屿，见证了中华沿海文化中的奋进史与挫折史，同时也是全球化早期进程中多元文化融合更新、碰撞互鉴的典范。除此之外，作为宋元时期世界海洋商贸文化中心的泉州、以独特的服装文化而著称的惠安女服饰、充分融入福州地域民风民俗的闽剧、悠远的畲族银器制作工艺、意境深邃的软木画制作技艺等众多福建独有的绚丽多姿的文化遗产，都见证着福建省的文脉和历史。

从海洋文化到红色文化，从闽都文化到客家文化，从朱子文化到妈祖文化，从闽南文化到船政文化，福建文化以多元性和丰富性为显著特点，斑斓多彩，兼容并包，源远流长，对中国文化、世界文化贡献良多，在中华文明历史的演进轨迹上扮演着举足轻重的角色。

（二）福建省旅游产业发展势头强盛

福建省因拥有数不胜数的宝贵旅游资源，一直以来都是国内外著名的旅游胜地。福建省文化和旅游厅公布的数据显示，2023 年一季度，福建省接待旅游总人数超过 1 亿人次，同比增长了 25.8%，恢复到了 2019 年同期的 107.2%；实现旅游总收入超 1000 亿元，同比增长了 42.9%，恢复到 2019 年同期的 88.5%。可以看出福建省旅游市场的活力在疫情放开之后便表现出了强劲的恢复势头，福建省旅游产业具有巨大的发展空间。为促进旅游市场进一步向好发展，福建省政府也积极快速地对日渐恢复的旅游市场作出响应，开通了省外入闽观光旅游列车，辐射范围涉及长三角、珠三角、东北等地的游客。配套旅游政策还包括打造"海丝"休闲之旅、文化体验之旅、世界茶乡之旅等"清新福建"环闽旅游系列主题线路，"专列＋专线"的定制旅游模式为正火热的福建旅游市场加薪助燃。

福建省政府始终把满足人们对美好生活的需要作为发展旅游市场的出发点和落脚点，以全维度推动中国式现代化的实现来优化旅游发展措施，不断为福建省旅游市场注入强盛的发展动力。2021 年发布的《福建省人民政府关于促进旅游业高质量发展的意见》（以下简称《意见》），从推进全域生态旅游的大局出发，从丰富旅游产品供给、壮大旅游市场主体、激发旅游消费潜力、推进数字赋能旅游发展等多个角度，为福建省旅游市场的发展提供了指引。2022 年，福建省人民政府出台《福建省推进文旅经济高质量发展行动计划（2022—2025 年)》，在 2021 年出台的《意见》的基础上将文旅产业发展的措施更加细化和可实施，覆盖面也更加广泛和综合。2023 年，福建省人民政府与时俱进，结合新时代背景出台《新形势下促进文旅经济高质量发展激励措施》，更进一步为文旅产业的发展提供保障和助力。从 2021 年到 2023 年，福建省发展旅游产业的省级层面纲领性文件接续出台，反映了福建省发展旅游产业的坚定决心和强劲力度，在这些保障措施下福建省旅游市场将会以更强盛的势头繁荣发展。

福建省旅游市场的发展是市场有需求、供给有回应的良好互动典范，新冠疫情防控放开后优秀的旅游市场答卷便是对福建省高质量旅游环境的肯定。有丰富的旅游资源作为基础，加以巨大的市场需求潜力，辅之以科学有力的政策推动，福建省旅游市场的发展正经历如火如荼的复兴繁荣。

（三）福建省文旅融合存在巨大潜力

新冠疫情之后人们更加注重对于幸福和健康的追求，因此，在很长一段时间内文化和旅游相关的消费将被置于市场的焦点。福建省人民政府公布的数据显示，福建省大陆海岸线位居全国第二，森林覆盖率连续 44 年保持全国第一，独特的生态优势为其打造具有全国影响力的旅游目的地提供了支撑，也为打响"清新福建"旅游品牌提供了助益。"十里不同风，百里不同俗，一乡有一俗"的福建文化体系以多元和包容为特点，拥有 5000 多年历史的福建文化也因此生生不息发展至今，在闽的 56 个民族便是福建民俗文化兼容并蓄的亲历者。优质的旅游资源加上卓越的文化底蕴是福建省深度融合发展文旅产业的底气和潜力所在。与此同时，福建省政府在尊重市场规律、把握市场动态的基础上不断寻找着文旅融合之道。

福建省政府深知自身具有文旅融合发展的天然潜力，不断强调以文化赋能，坚持用文化丰富旅游内涵、用旅游带动"福"文化体系的传播。从定下文旅产业深度融合发展战略目标以来，福建省政府不断出台纲领性的指导意见和具体可落实的行动计划，开展了一场场文旅经济发展大会，同业界、同学者、同消费者共同探讨文旅高质量发展之道。市场也看好福建省的文旅产业发展前景。"2023 福建文旅经济发展大会"收官之后，福建省人民政府新闻办公室公布的数据显示，截至 2023 年 4 月份，福建省各地共报送 94 个文化和旅游招商引资签约项目，合计总投资金额达 1101 亿元，不难想象项目落地后福建文旅经济发展的后劲将显著增强。作为数字中国建设的先行者，福建省也积极将数据化作为引领文旅经济增长的新引擎。以打造"清新福建数智文旅"品牌为核心，福建省政府认真筹备《关于推动数字文旅高质量发展的实施方案》的出台，让数字化成为文旅经济发展新的生产力。

得天独厚的潜力优势为福建省高质量的文旅深度融合发展奠定了坚实的基础，福建省各政府部门也积极有为，主动把握住文旅产业发展宝贵的窗口期。最终，市场的积极回应进一步证明，发展文旅经济是福建省实现从文旅资源大省到文旅经济强省转变的必选项，是实现高质量发展的潜力巨大、前景广阔的最优解。

三、新时代下文旅融合模式探索

2018 年 4 月 8 日，新组建的我国文化和旅游部正式挂牌，同年 10 月，福建省文化和旅游厅也挂牌成立，中国文旅融合时代正式拉开序幕。近些年，在国家相关政策的推动下，文旅融合总体发展态势良好，同时文旅融合也迅速成为学术界的热门话题。在新时代的背景下，许多地区都积极探索适合当地发展的文旅融合模式。尤其是在新冠疫情防控政策调整之后，人们的出游需求急速增长，旅游的关联带动性强，文旅产业也成为提振消费的重要抓手。

（一）旅游与饮食文化相结合

2018 年初，山东省新旧动能转换重大工程规划启动，淄博积极贯彻落实省委、省政府决策部署，开启了从"工业老城"向"文旅新城"进军的转型之路。山东淄博烧烤的现象级"出圈"让巨大的流量涌向这座有着几千年历史的古都，让谋求产业转型升级的淄博，看到了更多经济成长的可能。在这背后不仅是其独特的特色风味，更是淄博烧烤文化与其他旅游资源的结合。

文旅资源的结合，可以大大加强游客对于旅游地区的认知与记忆，提升地区的城市形象与美誉度，从而也能吸引更多游客领略地区的文化。不仅是餐饮服务业，其所延伸的周边产业，如食品加工业、物流产业、旅游业等，都蕴藏着巨大的经济价值。比如地区可以凭借特色饮食文化创建的文化品牌，推出特色文旅主题产品，举办饮食旅游活动，让游客在品尝特色美食的同时，深度体验地区的各大景点，享受各具特色的文旅资源。同时，在景区中开设地区特色美食区域，通过"售卖＋DIY"等形式策划主题活动，既可以增加游客的参与感，增强景区的吸引力，也能达到持续性的地区文化宣传作用。

福建省半封闭的自然地理环境、丰富的山林海洋物产资源、独特的八闽历史文化积淀造就了博大精深、源远流长的饮食文化资源。闽菜作为中国八大菜系之一，以烹制山珍海味而著称，具有淡雅和鲜嫩的风味特色，又可分为口味清纯的福州菜、清爽香辣的厦门菜和咸鲜重油的长汀闽西客家菜等具体菜种。其中沙茶面、蚵仔煎、土笋冻、佛跳墙、芥菜饭等更是广为人知的闽南传统饮食。此外，茶文化也是福建省饮食文化中极具特色、不可分割的一部分，全省盛行饮茶，有着"宁可百日无肉，不可一日无茶"的传统。福建种茶、饮茶有着千余年历史，宋代开始，武夷山茶即已蜚声域内，清代以来随着茶叶传输入欧洲，福建茶叶更名扬海外，许多福建地区的居民现在都有早晚饮茶的习惯，福建已经形成了富有地方特色的茶文化。

因此，福建省可以将旅游业与闽南特色饮食文化相结合，借鉴其他省份的成功经验，打造独特的地方饮食文化和旅游双重品牌。具体的，福建省可以在高质量的旅游服务业中融入闽南饮食文化的内容，例如制作详细的福建省各地特色旅游美食地图攻略，或是利用发达的网络自媒体宣传本地特色的饮食文化，利用饮食文化品牌效应吸引旅游消费者，形成两个产业相互带动、相互映射的良性文旅融合状态。

（二）旅游与非物质文化遗产相结合

以非物质文化遗产保护、传承、展示与体验为主要内容的非遗旅游，是文旅融合的一种重要表现形式，也是促进优秀传统文化创新性发展的重要举措之一。非遗具有极为重要的历史文化价值，推动非遗与旅游深度融合发展，可以让旅游更具有厚重感和文化影响力，有助于丰富旅游的文化内涵。将传统的非遗文化融入旅游业，在人们的旅游过程中展示，可以让更多人在潜移默化中了解非遗文化，促进非遗文化的传承，有效实现非遗的文化价值与保护价值。

贵州具有极为丰富的非物质文化遗产资源，截至 2019 年，贵州省人民政府已公布五批省级非物质文化遗产代表性项目名录。近年来，贵州各地依托非遗旅游，如万达集团协同丹寨县政府打造了完全围绕非遗主题来布置和开设的"丹寨万达·非遗小镇"，将丹寨特有的蜡染、刺绣、银饰、古法造纸、鸟笼制作等非遗手工艺转化为旅游商品推向市场，将旅游与非遗进行了深度结合。

福建省文化底蕴深厚，非遗文化众多，在传统民谣、美术、民宿、工艺等方方面面都有极为丰富的非遗文化资源。截至 2021 年 12 月，根据国家级名录和省级非遗名录，福建省非遗有世界级 7 项，国家级 130 项，省级 530 项，以及 143 名国家级非遗传承人、735 名省级非遗传承人。比如泉州南音，是中国历史悠久的古汉族音乐，其唱法保留了唐代以前传统古老的民族唱法，有"中国音乐史上的活化石"之称。妈祖祭典习俗历史悠久、影响深远，以崇奉和颂扬妈祖的立德、行善、大爱精神为核心，以庙会、习俗、传说等为表现形式，是中国首个信俗类世界遗产，也是中华优秀文化的重要组成部分。漳州木版年画的艺术技法与工艺过程独具一格，沉淀了浓厚的历史文化，构图大方、造型夸张，特别是用黑纸印制的年画为其他地区罕见。

因此，为实现非遗保护与旅游产业更好地融合，福建省可以立足本地历史和文化，挖掘具有深厚文化内涵、独特表现形式、鲜明地域和民族特色的非遗文化，通过提升非遗的场景体验、拓展文化旅游项目、丰富乡村旅游产业形态、打造特色旅游品牌等方式，开发极具当地非遗特色又符合大众审美的文创产品，让游客更加深入直观地了解领略福建非遗文化的魅力，带动游客参与到非遗文化的保护和传承中来，从而提升福建省非遗的影响力和知名度，提高福建省作为非遗强省的文化自信。

（三）旅游与红色资源相结合

在乡村振兴、文旅融合大背景下，红色旅游资源在政治、经济、文化教育等多个方面体现出极为重要的价值。红色旅游不仅对当地的经济发展起到了一定的促进作用，也增加了当地的就业机会。地区发展红色旅游也在一定程度上提高了游客对于文化遗产保护的意识，让游客对革命历史有了更加深刻的认识，培养了民族责任感，激发了民族责任心。

江西是著名的红色旅游景观资源大省，如著名的"八一起义英雄城"南昌、"中国红色革命摇篮"井冈山、中国工农红军万里长征的始发地瑞金等。据江西省文化和旅游厅公布，截至 2020 年，江西省红色旅游年接待规模达到 2.4 亿人次，红色旅游综合收入达到 2500 亿元，红色旅游主题农家乐突破 300 家。江西省致力于打造红色旅游资源联动共享，萍乡联合 9 县共推红色文旅，发行"初心源"湘赣文旅一卡通 6 万余张；联动秋收起义"一线九馆"红色资源，发起成立党性教育培训联盟、红色研学教育联盟，擦亮红旅名片、做强红色经济。

福建省具有很多红色旅游资源，著名的红色旅游景区古田旅游区闻名遐迩，区内人文景观与旖旎的自然风光交相辉映，融合了田园风貌、生态风

光、客家民俗等旅游资源种群，特点鲜明，类型多样，2004 年被列为全国
"重点红色旅游区"与"红色旅游经典景区"。福建省革命历史纪念馆内陈
列了许多内涵丰富、意义重大的展品。抗美援朝纪念勋章沉淀着历史的重
量，铭刻了志愿军将士不畏强敌、敢于斗争的卓越功勋；《解放福建》再现
了 1949 年激烈的战争场面，气势磅礴、宏伟壮观，纪念馆带给人们丰富的
视觉感知与场景互动体验，增强了游客与展品展现出的情感的链接。此外，
还有中央苏区反"围剿"纪念馆、胡里山炮台、红四军司令部和政治部旧址
等也都是极为著名的红色旅游景点，蕴含着丰富的红色文化内涵。

　　福建省可依托全省红色旅游核心资源和经典景区，不断完善体制机制，
实现红色旅游产业化。挖掘精品资源，找准自身定位，避免旅游资源同质
化。同时，可以将红色旅游与非红旅游联动起来，比如对省内的多种旅游路
线进行整合编排，运用红色＋乡村的新型模式发展乡村振兴，使红色旅游成
为福建省旅游强省建设的重要支撑，形成红色旅游与全省大旅游体系健康发
展、互为促进、相得益彰的态势。

（四）旅游与"文旅局长代言"相结合

　　近两年，随着网络社交媒体的兴起，一批"网红"文旅局长走到镜头前
为地方旅游代言，以创意的视频内容或形式，推广当地的文化旅游和特色产
品，不断突破传统模式宣传家乡，引发广泛关注。"出镜热"始于新疆伊犁
州，2020 年，时任新疆昭苏县副县长的贺娇龙一身红衣、策马雪原的视频在
互联网上圈粉无数。贺娇龙通过抖音直播平台展现了鲜明的地方特色和丰富
的文化内涵，成功塑造了当地的旅游品牌。其团队围绕贺娇龙红衣御马开展
营销传播，不断扩大贺娇龙在抖音平台的影响力。①

　　在这样的热潮下，福州市区社科联联合区委宣传部、区文体旅局等部
门也紧跟宣传风潮，拍摄了福州市第一支《福州鼓楼文旅局长申请出战》
的短视频，文旅局全体领导班子一齐上阵，为鼓楼特色文旅资源代言。借
助网络传播效力，这部短视频展现了当地的历史文化和优美风景，让福州

---

　　①　王哲，王佳冰，杨梦雨．领导干部直播带货：价值、逻辑与进路——基于贺娇龙的个案考察
［J/OL］．经营与管理：1－8.（2023－05－06）［2023－07－26］.

镇海楼、三坊七巷、冶山春秋园、乌山隧洞等地标火出圈，切实提升了鼓楼旅游知名度，带动了特色产品的销售，对文旅市场的复苏起到了较大的促进作用。

"网红局长"的创意之举带来了流量、形成了声势，为展示特色文旅资源迈出了成功的一步。这也得益于新时代新媒介技术的广泛运用、国家及平台的支持、短视频自媒体及直播带货的盛行。因此，福建省可以利用网络新媒体和大众关注，抓住时事热点，主动宣传福建省独特的文化魅力和旅游性价比。例如，与专业短视频团队合作，立足于本地特色，制定合适的场景选择、角色设定、服饰搭配和情景展现；通过官方微信公众号、官方微博等渠道积极宣传福建省景点旅游信息、门票购买渠道与公共交通路径。相关部门也应当积极转变传统的宣传方式和政府角色，从而更贴近群众生活，为加强地区品牌建设、增强扶贫传播力度、推广当地文旅资源、推动本地经济发展助力。

四、福建省文旅融合水平测度

为了进一步了解福建省各地市文旅融合现实进展，发现福建省文旅融合提升空间，并对新时代下福建省文旅深度融合提出可行性建议，本专题以现实数据为基础测算了福建省各地市文旅融合水平。具体地，本专题通过构建文化资源禀赋和旅游发展水平两个评价指标体系，建立BP神经网络模型对福建省文化资源禀赋与旅游发展水平进行定量评价，并在此基础上进一步测算两者的耦合协调度，作为福建省各地市文旅融合水平指标。

（一）指标选取与资料来源

1. 测算方法

伴随着产业融合的大流行趋势，为了更深入地研究文化产业和旅游产业的融合测度方法，学者们展开了较为细致化的研究模式，并且已经对其进行了统计学分析（张琰飞等，2013；翁钢民等，2016；周彬等，2019）。综合现有文献，大多选择使用耦合函数法对文旅产业的融合度进行测算（方忠等，2018）。而对于文化和旅游评价指数的计算，由于文化和旅游两大系统内部各子系统之间的线性关系难以确定，孙剑锋等（2019）认为 BP 神经网络模型能更好地避免综合指数计算模型存在的缺乏指数测算客观性和误差较大的缺陷。因此，本专题将秉承系统评价方法的主线，建立 BP 神经网络模型对文化资源禀赋与旅游发展水平进行定量评价，并在此基础上对福建省文化和旅游耦合协调度进行计算。

2. 指标选取

本专题在借鉴现有代表性研究成果，遵循指标选取科学性、系统性、数据可获取性的基础上，构建了以文化资源数量、文化资源质量为大类项目，涵盖文化资源数量、优质文化资源、旅游发展规模、旅游发展效率、旅游发展支撑 5 项具体指标的文化资源禀赋评价指标体系。

"文化资源数量"是衡量区域文化资源丰富程度的具体标准，下设两项二级指标——"文化资源数总量""文化资源密度"。其中，文化资源数总量由各类资源单体数累加得到，具体包括各级文物保护单位、各级非物质文化遗产、各级博物馆、各级美术馆和各级群众艺术馆、文化馆；文化资源密度＝文化资源总量÷区域行政面积。

"优质文化资源"指标主要是考察高质量的文化资源对区域旅游发展的作用，从国家级、省级、市县级三个维度进行指标细化，主要涵盖：国家级、省级、市县级文物保护单位；国家级、省级、市县级非物质文化遗产。

"旅游发展规模"是评价区域旅游发展水平的主要侧重点，由产业规模、游客数量决定，因此"旅游发展规模"由人均旅游收入（旅游总收入比上常住人口数）、旅游总收入占 GDP 比重、游客总数量（国内游客数量加上入境游客数量）等指标衡量。

提高旅游发展效率是推动提升区域旅游发展质量的主要途径。考虑到不同地市经济体量和面积的差异，因此采用旅游从业人员人均收入（旅游总收入比上年从业人员数）、旅游投入产出比（上一年旅游投资比上年旅游总收入）、游客人均消费水平（旅游总收入比上年游客数量）等指标来表征区域"旅游发展效率"。

旅游产业发展需要稳健的基础设施建设和大量人力物力投入来支撑，"旅游发展支撑"下设三个二级指标——"旅游接待能力""交通通达指数""地区高校数"。旅游接待能力是保障区域旅游发展的纽带，其能力采用旅行社数、星级酒店数、限额以上住宿和餐饮业法人企业、A 级景区数量来量化。交通通达指数则由年客运总量比上年常住人口数值来表征。

具体评价指标体系构成如表 1 所示。

表 1　　　　　　　文化资源禀赋与旅游发展水平评价指标体系说明

项目	一级指标	二级指标	指标解释
文化资源禀赋	文化资源数量	文化资源数总量	各级文物保护单位、各级非物质文化遗产、各级博物馆、各级美术馆和各级群众艺术馆、文化馆
		文化资源密度	文化资源数总量÷区域行政面积
	优质文化资源	国家级文化资源	文物保护单位、非物质文化遗产
		省级文化资源	文物保护单位、非物质文化遗产
		市县级文化资源	文物保护单位、非物质文化遗产
旅游发展水平	旅游发展规模	人均旅游收入	旅游总收入÷常住人口
		旅游收入占 GDP 比重	旅游总收入÷GDP
		游客总数量	国内客数量、入境游客数量
	旅游发展效率	从业人员人均收入	旅游总收入÷从业人员数
		旅游投入产出比	上一年旅游投资÷旅游总收入
		旅客人均消费水平	旅游总收入÷游客数量
	旅游发展支撑	旅游接待能力	旅行社数、星级酒店数、限额以上住宿和餐饮业法人企业、A 级景区
		交通通达指数	年客运总量÷常住人口
		地区高校数	当地设立的高等学校数量

各单项指标权重的确定采用主客观结合的方法，以层次分析法为主，参考孙剑锋（2019）研究，指标结果的权重设置如表 2 所示。

表 2　　　　　　　文化资源禀赋与旅游发展水平评价权重设置

项目	一级指标	二级指标	编号	权重
文化资源禀赋	文化资源数量	文化资源数量总量	C_{11}	0.1909
		文化资源密度	C_{12}	0.2772
	优质文化资源	国家级文化资源	C_{21}	0.2374
		省级文化资源	C_{22}	0.1802
		市县级文化资源	C_{23}	0.1644

续表

项目	一级指标	二级指标	编号	权重
旅游发展水平	旅游发展规模	人均旅游收入	T_{11}	0.1302
		旅游收入占 GDP 比重	T_{12}	0.1055
		游客总人数	T_{13}	0.1431
	旅游发展效率	从业人员人均收入	T_{21}	0.0226
		旅游投入产出比	T_{22}	0.0768
		旅客人均消费	T_{23}	0.1312
	旅游发展支撑	旅游接待能力	T_{31}	0.1287
		交通通达指数	T_{32}	0.1291
		地区高校数	T_{33}	0.1327

3. 资料来源

根据上述指标体系，以福建省作为研究对象，选取省内 9 个地市 2021 年数据作为研究样本。文化资源数量、旅游发展效率、旅游发展规模、旅游发展支撑等指标以福建省各地市 2021 年统计年鉴为主要资料来源。文物保护单位名录（截至 2021 年）和非物质文化遗产名录（截至 2021 年）由向各地市文旅局申请信息公开获得；从业人员数以福建全省旅游行业从业人员数为基础，按照各地市第三产业从业人员数占全省第三产业从业人员数的比例计算获得。

（二）BP 神经网络评价模型构建及重要参数设置

由于文化和旅游两大系统内部各子系统之间的线性关系难以确定，为避免评价指数计算的主观性，减小计算误差，选取 BP 神经网络模型代替综合指数计算模型来进行评价指数获取。

1. 样本期望值确定

采用极差标准化对原始数据进行预处理，见式（1），将标准化后的数据和权重进行加权求和得到两个系统的初始评价值，它们就是 BP 神经网络模型的期望值，见式（2）和式（3）。

$$A_{tj} = \frac{X_{tj} - \min X_{tj}}{\max X_{tj} - \min X_{tj}} \qquad (1)$$

$$T_{cr} = \sum_{j=1}^{n} W_{ij} U_{ij} \tag{2}$$

$$T_{td} = \sum_{j=1}^{n} W_{ij} U_{ij} \tag{3}$$

式（1）~式（3）中，T_{cr} 代表文化资源禀赋评价值，T_{td} 代表旅游发展水平评价值，n 代表指标数量，U_{ij} 代表单项指标得分，W_{ij} 代表单项指标权重。

2. BP 神经网络模型层数确定

输入层：采用 3 层 BP 神经网络，根据两个系统的评价指标体系，将单项指标的标准化数据作为网络模型的输入节点，故文化资源禀赋系统输入层节点数量为 5，旅游发展水平系统输入层节点数为 9。

隐含层：隐含层神经元决定着整个模型的输出结果，因此，选取适当数量的隐含层节点既可以从样本中获取有效信息，也可以尽量减少运算次数来避免误差。本专题选用式（4）确定隐含层节点个数：

$$l = \sqrt{n + m} + a \tag{4}$$

式（4）中：l 为隐含层节点数值；n 为输入层节点数值；m 为输出层节点数值；a 的取值范围为 $[1，10]$（a 取整数），即 $n = (11，18)$，$m = 1$。

输出层：输出层节点数为 1，即为所得评价值。

3. BP 神经网络模型参数设置

选取期望值最大的和最小的地市作为检验样本，其余城市作为训练样本，如果所得网络模型适用于检验样本，则说明模型的普适性达到了预期。

BP 神经网络模型输入层和输出层的节点数分别取（5、9）和 1，依据式（4）计算隐含层节点数大致取值范围为 $[3，17]$，通过仿真训练后选择最小误差值对应的个数 15 为隐含层节点数。

运用 MATLAB 软件中神经网络工具箱分别设定输入层、隐含层、输出层神经元个数为（11、18）、15、1，采用训练函数 trainlm，训练要求精度为 le − 4，epochs 为 10000，goal 为 0.0001，lr 为 0.05，mc 为 0.9。将 15 个城市期望值数据输入神经网络中进行模拟训练，模拟 5 次得到最佳值，即文化与旅游评价值。

（三）耦合协调评判及旅游优先度模型构建

本研究采用物理学中的容量耦合系数模型来量化文化资源禀赋与旅游经济发展的耦合度，其多系统耦合模型如下：

$$C_n = \left[\frac{u_1 \times u_2 \times \cdots \times u_n}{\prod (u_i + u_j)} \right]^{1/n} \tag{5}$$

依据式（5）可构建文化与旅游二元系统的耦合度模型：

$$C_2 = \left[\frac{u_1 \times u_2}{(u_1 + u_2) \times (u_1 + u_2)} \right]^{1/2} \tag{6}$$

式（6）中，C_2 代表耦合度指数，u_1 和 u_2 代表文化资源禀赋系统和旅游发展水平系统的评价指数。已有研究表明，当两个系统的评价指数都处于较低水平时，耦合度水平却呈现较高水平，这与现实情况相左，因此在上述研究基础上引入协调度模型来客观反映文化与旅游的耦合关系，即：

$$D = (C \times T)^{1/2}, \quad T = \alpha u_1 + \beta u_2 \tag{7}$$

式（7）中，D 为协调度指数，T 为文化系统与旅游系统评价指数之和，α、β 为反映文化与旅游关系的待定系数。因为文化资源只是影响旅游发展的一个关键因素，故将 α、β 分别赋值为 0.4、0.6，因此 $T = 0.4u_1 + 0.6u_2$。

为方便比较福建省各地市间文旅耦合协调发展程度的差异，依据 D 值大小对文化和旅游两个系统的耦合协调度指数进行表 3 所示的等级分类。

表3 　　　　　　　　　耦合协调度等级划分标准

协调度 D	协调等级	协调度 D	协调等级
0.00~0.09	极度失调	0.50~0.59	勉强协调
0.10~0.19	严重失调	0.60~0.69	初级协调
0.20~0.29	中度失调	0.70~0.79	中级协调
0.30~0.39	轻度失调	0.80~0.89	良好协调
0.40~0.49	濒临失调	0.90~1.00	优质协调

由于文化资源禀赋状况在短时间内变化幅度较小，旅游发展水平变动情况较为明显，而耦合度模型和耦合协调模型是反映文化与旅游内在联系强度

的模型，并不能反映出两者之间的差距。因此，本专题借鉴胡小海等（2017）的研究成果，引入旅游相对优先度模型，见式（8），对区域旅游经济相对于文化资源禀赋超前还是滞后发展进行度量。

$$P = y/x \qquad (8)$$

式（8）中，P 为旅游相对优先度，x 为文化资源禀赋评价值，y 为旅游发展水平评价值。本研究认为：当 $P > 2$ 时，区域旅游发展相对文化资源禀赋为超前状态；当 $1 \leqslant P \leqslant 2$ 时，区域旅游经济发展与文化资源禀赋同步；当 $P < 1$ 时，区域旅游经济发展相对滞后。

（四）结果分析

1. 文化资源禀赋与旅游发展水平分布不均衡

福建各地市文化资源禀赋与旅游发展水平评价值及耦合协调度测算结果显示（见表4），各地市文化资源禀赋水平和旅游发展水平极不均衡，城市间发展水平差距显著。

表4　福建各地市文化资源禀赋与旅游发展水平评价值及耦合协调度

城市	文化资源禀赋评价值（u_1）	旅游资源禀赋评价值（u_2）	耦合度 C
福州市	0.5108	0.5846	0.9663
厦门市	0.2272	0.7221	0.1990
莆田市	0.5100	0.0024	0.2848
三明市	0.2479	0.2154	0.6673
泉州市	0.8259	0.3473	0.9378
漳州市	0.6455	0.3191	0.9748
南平市	0.2842	0.4724	0.6879
龙岩市	0.3039	0.3039	0.8585
宁德市	0.3939	0.4378	0.9205

从表4中可以看出，在文化资源禀赋分布上，泉州市和漳州市的文化资源禀赋评价值最高，高于0.6，而厦门市和三明市的文化资源禀赋评价值则较低，低于0.25；旅游资源禀赋方面，厦门市以0.7221遥遥领先，第二名福州市仅为0.5846，而莆田市以0.0024远远落后。

泉州市和漳州市的文化资源禀赋评价值远高于其他城市，这是因为这两座城市拥有福建省最多的文物保护单位和非物质文化遗产。福建省各地级市国民经济和社会发展统计公报数据显示，截至2021年，漳州市共有26处国家级、151处省级和1036处市县级文物保护单位，文物保护单位总数位居福建省第一，位于全国设区市前列；泉州市共有44处国家级、104处省级和797处市县级文物保护单位，文物保护单位总数居福建省第二。相比之下，厦门市仅有7处国家级、54处省级和189处市县级文物保护单位；三明市则仅有12处国家级、124处省级和515处市县级文物保护单位。在非遗申报数量上，漳州市成功申报11项国家级、52项省级和195项市县级非物质文化遗产；泉州市成功申报36项国家级、128项省级和262项市县级非物质文化遗产；而三明市则仅成功申报7项国家级、43项省级和150项市县级非物质文化遗产。

然而，厦门市的旅游资源禀赋却占据福建省各县市的前列，究其原因在于厦门是一个典型的旅游城市，景点丰富且分布集中于厦门岛岛内，交通相对便利，有沙坡尾、厦门大学、十里长堤等许多网红打卡点，通过互联网的传播，对游客有着较强的吸引力。从具体数据来看，厦门市2021年旅游收入1301亿元，占GDP比重高达18.50%，以常住人口来计算，厦门市的人均旅游收入为2.46万元，这些指标都处于福建省前列。而莆田市2021年总共接待游客2191.17万人次，在福建省垫底，说明莆田市的城市旅游吸引力较低，影响了旅游资源禀赋的评分。①

2. 福建省整体文旅融合发展水平有待提高

对福建省各地市文化资源和旅游融合发展耦合协调度的测算结果（见表5）进行分析发现，福建省整体文化—旅游协调度有待提高。

表5　　　　　　　　福建省各地市文化资源与旅游发展耦合类型

城市	协调度 D	协调类型	优先度 P	旅游发展类型
福州市	0.6384	初级协调	1.1446	同步发展
厦门市	0.5000	勉强协调	3.1779	旅游优先
莆田市	0.2414	中度失调	0.0047	旅游滞后

① 资料来源：厦门市2021年国民经济和社会发展统计公报。

城市	协调度 D	协调类型	优先度 P	旅游发展类型
三明市	0.1720	严重失调	0.8688	旅游滞后
泉州市	0.7348	中级协调	0.4205	旅游滞后
漳州市	0.5679	勉强协调	0.4944	旅游滞后
南平市	0.3766	轻度失调	1.6622	同步发展
龙岩市	0.2780	中度失调	1.0001	同步发展
宁德市	0.4643	濒临失调	1.1913	同步发展
全省平均	0.4415	濒临失调	0.8702	旅游滞后

具体的，2021年福建省平均的文化资源与旅游协调发展水平 D 值为 0.4415，处于"濒临失调"状态。通过比较各地级市资源与旅游协调发展水平 D 值可以发现，共有5个地级市的协调度指标属于失调状态，从具体城市来看，泉州市文化资源与旅游协调度最高，处于"中级协调"，三明市协调度最低，处于"严重失调"。同时，我们可以发现东部沿海地区的协调程度高于西部丘陵地区，闽南地区高于闽北地区，这与滨海旅游和闽南的独特民俗文化有着密不可分的关系。综上所述，我们发现福建省整体上旅游发展水平较为滞后，不同区域划分之间的差距较大，省内的文化资源发掘程度不足，导致文化资源优势并没有很好地转化为旅游资源优势，文化资源禀赋和旅游资源禀赋两个系统之间的耦合协调度水平较低。这也说明福建省未来旅游发展的投资空间巨大，省政府可以尝试将当地文化资源有效转化为旅游资源，推动各个地级市的文化资源和旅游资源的协调发展。

3. 福建省旅游业相对于文化资源禀赋发展滞后

表5进一步显示，福建省旅游经济相对于文化资源禀赋发展较为滞后。具体来看，福建省整体旅游相对优先度 P 值为0.8702，分级为"旅游滞后"，说明福建省整体旅游发展水平不太理想，特别是相对于省内文化资源禀赋而言，旅游发展并不是非常匹配。具体到省内9个地级市而言，只有厦门市评级为"旅游优先"，福州市、南平市、龙岩市、宁德市评级为"同步发展"，莆田市、三明市、漳州市、泉州市评级为"旅游滞后"。其中，厦门市自身丰富的旅游资源和广泛的旅游宣传，是厦门市旅游优先发展的主要原因之一。同时，我们发现福建省内的区域旅游发展水平的集聚性较低，如厦漳泉同属于闽南地区，有着相同的民俗文化和气候特征，但厦门市的旅游

相对优先度远远高于泉州市和漳州市。综上我们可以得出，福建省整体对旅游资源的开发程度不高，同时旅游发展未形成区域间的集聚效应，可能导致旅游资源的浪费。

五、加快福建省文旅深度融合发展的对策建议

为满足人民群众不断增长的精神文化需求，实现以文旅产业深度循环推动福建省经济高质量发展，各级政府应更加积极地规划、思考、推进文旅融合进程。综合上述福建省文旅融合发展现状及目前福建省内存在的文化资源开发程度不高、文化旅游知名品牌较少等问题，结合国内其他地区的探索经验，本专题尝试提出如下相关的解决思路和对策建议。

（一）加强政府在"文旅融合"方面的规划与引导作用

一份科学的规划对推进文旅深度融合工作落实到位起到举足轻重的作用。首先，福建省政府应树立明确的目标，积极响应党中央号召，加快相关扶持政策的具体落实，统筹制定文旅深度融合发展意见、行动步骤和相应评估体系。其次，政府部门在制定相关政策时，需要强化政策的导向作用，提高对文化产业和旅游产业的重视程度，加强社会各界对文化旅游产业发展及运营情况的认知。特别是提高公共部门工作人员的思想认识，这是文旅深度融合工作的前提条件。再其次，福建省政府也应当积极统筹协调各部门联动，设计好内设部门职能和跨部门文化旅游政策协调机构，加强成员单位间的沟通协调，提高工作效率。与此同时，相关部门也应当强化正向激励机制，建立完善文旅经济产业统计体系，健全绩效评价考核办法，落实好福建省文旅经济产业发展大会竞办制度，以调动各地积极性。此外，还可以通过大力引进高新技术产业，助力旅游业的多方位提质，例如推动数字、VR、AR等技术的应用，运用漫画、绘画等形式，依托高新技术，运用3D全息投影在各大景区还原场景，增加与游客的互动等。最后，福建省政府也应充分发挥在招商引资中的推动作用，积极引进成熟的资本投入，引进专业运营团队和大型文旅企业，推进文化旅游产业的跨行业、跨地区合作与开发。

（二）立足现有资源，因地制宜发展文旅产业

福建省各地市的旅游文化资源禀赋分布并不均衡，对此各地市政府应当以本地现有资源为依据，以独特的方式将特色文化融入旅游产业，因地制宜制定文旅深度融合的可行方案。

具体的，对于厦门市这种旅游显著优先发展的地区，可以在保持自然观光旅游优势地位的同时，加快区域知名文化品牌建设，以特色文化小镇、美丽乡村为载体，加快建设、提升改造一批质量上乘、各具特色的文化旅游项目，推动旅游业态超越传统单一的观光模式，弥补自然观光游的季节性缺陷，丰富旅游产品体系。例如相对旅游产业，厦门文创产品的发展相对缓慢，一些文创产品存在特色不明显、缺乏创新和文化内涵等问题。为推动当地文旅产业的融合发展，相关部门应当指导文创类企业深入了解厦门文化特色，以知名景点的自然风光结合闽南风俗、人文历史、历史建筑等独特的文化资源为设计要素，充分利用厦门丰富的素材与资源，提升厦门市的旅游文化形象。

对于三明市、泉州市这种旅游显著滞后发展的地区，应当更加深度挖掘文化资源，着力加强区域文化资源的统筹开发，将文化要素与旅游体验、旅游商品、旅游宣传、品牌建设充分结合起来，借助多渠道新媒体大力宣传，以文促旅，将丰富的地域文化资源串珠成链，形成完善的区域文化旅游格局。福建省人杰地灵，千百年来在各个领域出现了许多像朱熹、郑成功、李光地等杰出的人物，因此可以借助历史名人打造文化旅游 IP，建造或完善纪念馆、主题小镇，设计与其相关的明信片、文具、邮票、书签等文创产品，在宣扬珍贵历史文化资源的同时，促进当地旅游业的发展。

对于福州市、龙岩市这种旅游与文化几乎同步发展的地区，则可以开展多途径、多层次、多领域的旅游宣传推介活动，延长旅游产业链条，持续丰富旅游供给。不断完善旅游基础设施建设，提升服务质量和管理水平，为旅游产业经营者和游客创造更加良好的外部环境。

（三）培养优秀文旅人才，优化人才供给结构

为推动文旅深度融合，做好人才队伍建设工作至关重要。福建省应当健

全和完善文化旅游人才培养引进办法，坚持培养、引进、激励综合发展机制，为文旅一体化深度发展提供强大的人才储备。

首先在人才培养方面，可以根据实际情况在各大高校开设相应文化旅游的相关专业，培养精通文旅、策划营销的复合型人才，实现人才的持续稳定输出，促进文化旅游的可持续发展。

其次可以积极推动产学研合作，支持并鼓励大型的文化企业、文化产业园等龙头企业与高等院校、科研机构共建文旅人才孵化基地，培养当地优秀的文旅人才。出台相关政策，在国有文化和旅游企业试点推广职业经理人制度，完善相应激励机制。

最后还可以定期培训文化旅游产业从业人员，提高其专业能力，建立健全相应的人才激励机制，设立文化创意和优秀文旅人才专项基金，定期开展评选活动，以此激励新型文旅人才创业创新。

（四）加强文旅资源的宣传推广，做好文旅资源整合营销

在宣传推广文旅产业的过程中，福建省各种媒介、各个要素以及各部门之间应做到相互配合，做到整体系统化，达到集聚效应，从而扩大覆盖面。

一是注重宣传手段的多样化。除了利用传统和主流的电视、报纸、广播主流媒介等进行传播，还应注重抖音、小红书等新媒体的营销力度，通过深化与携程网、飞猪等网络平台的合作，提升福建文化资源和旅游资源的曝光率。潜在的旅游消费者可以在互联网的大环境下受到潜移默化的影响，消费者可能逐渐产生或强化来福建旅游的意向，从而推进福建文化旅游品牌的持续发展。

二是打造福建省专属品牌形象。借鉴例如"好客山东""爽爽的贵阳"等深入人心的口号，根植于福建省本地文化内涵打造宣传口号。以口号为主旨，将其在不同形式的城市形象中体现出来，除了交通设施、景区服务等要方便快捷体现优质服务外，城市整体形象包装应呼应口号主题。与此同时，设计地区形象吉祥物，在福建省各大景区、交通枢纽、酒店等摆放吉祥物玩偶或者形象贴纸；统一旅游商品包装，融合吉祥物形象等，让游客有生动形象具体的感知，让福建省品牌形象扎根于游客心中。

三是调整宣传渠道的经费分配，通过构建文化旅游大数据平台，分析游

客的消费需求，将游客进行分类，为其提供个性化服务；通过适当增加影响力较大的旅游网站、新媒体客户端、短视频等新媒体宣传渠道以及文旅行政部门新媒体运作的资金投入，作出更加匹配当前游客获取旅游信息的渠道选择，提高宣传促销经费使用的效率。

参考文献

［1］方忠，张华荣．文化产业与旅游产业耦合发展的实证研究——以福建省为例［J］．福建师范大学学报（哲学社会科学版），2018，208（1）：39－45，169．

［2］冯学钢，梁茹．文旅融合市场主体建设：概念体系与逻辑分析框架［J］．华东师范大学学报（哲学社会科学版），2022，54（2）：130－141，177．

［3］耿松涛，刘玥．系统论视角下的文旅融合动态演进逻辑与发展路径探索［J］．学习与探索，2023（3）：105－112．

［4］胡小海，黄震方．江苏区域文化资源与旅游经济耦合特征及其作用机制［J］．江苏社会科学，2017（1）：254－259．

［5］厉新建，宋昌耀，殷婷婷．高质量文旅融合发展的学术再思考：难点和路径［J］．旅游学刊，2022，37（2）：5－6．

［6］庞学铨．国际文旅融合示范案例研究［M］．成都：四川人民出版社，2021．

［7］孙剑锋，李世泰，纪晓萌，等．山东省文化资源与旅游产业协调发展评价与优化［J］．经济地理，2019，39（8）：207－215．

［8］翁钢民，李凌雁．中国旅游与文化产业融合发展的耦合协调度及空间相关分析［J］．经济地理，2016，36（1）：178－185．

［9］徐翠蓉，赵玉宗，高洁．国内外文旅融合研究进展与启示：一个文献综述［J］．旅游学刊，2020，35（8）：94－104．

［10］张朝枝．文化与旅游何以融合：基于身份认同的视角［J］．南京社会科学，2018（12）：162－166．

［11］张琰飞，朱海英．西南地区文化产业与旅游产业耦合协调度实证研究［J］．地域研究与开发，2013，32（2）：16－21．

［12］周彬，张梦瑶，钟林生，等．内蒙古旅游经济与文化产业耦合协调度测评［J］．干旱区资源与环境，2019，33（4）：203－208．

板块三 创新与发展

专题六　固定资产加速折旧政策对福建企业创新的影响

一、引言与文献综述

（一）引言

党的二十大报告提出要"加快实施创新驱动发展战略""强化企业科技创新主体地位"[①]。党的十八大以来，党中央坚持把科技创新摆在国家发展全局的核心地位。创新驱动发展战略既是立足于全国经济社会发展而提出的全局性战略决策，也为福建省经济高质量发展提供了根本遵循。2014 年 9 月召开的国务院常务会议指出，要完善现行固定资产加速折旧政策，通过减轻税负，加快企业设备更新、科技研发创新[②]。2016 年、2021 年福建省人民政府办公厅先后印发《福建省"十三五"科技发展和创新驱动专项规划》《福建省"十四五"科技创新发展专项规划》，明确要全面落实包括固定资产加速折旧在内的鼓励创新的减税降费政策，激励引导企业加大研发投入。企业研发活动的不确定性和正外部性，使得政府财税政策支持显得十分重要。与财政对企业的科技支出相比，固定资产加速折旧等税收优惠政策给予了企业更多的自主选择权，更有利于突出企业科技创新的主体地位，发挥市场引导企业技术创新的作用。

---

① 高举中国特色社会主义伟大旗帜为全面建设社会主义现代化国家而团结奋斗——在中国共产党第二十次全国代表大会上的报告［M］. 北京：人民出版社，2022：35.

② 李克强主持召开国务院常务会议部署完善固定资产加速折旧政策等［EB/OL］.（2014 - 09 - 24）［2023 - 10 - 11］https：//china. huanqiu. com/article/9CaKrnJFBsZ.

固定资产加速折旧政策指的是，在税务层面上改变固定资产计提折旧的方式，使得固定资产的经济折旧速度得以加快。实质上看，固定资产加速折旧属于递延纳税优惠，相当于给企业一笔"无息贷款"：企业购入固定资产的前期，在计算应纳税所得额时会有更多扣除，降低了当期企业税收负担，并形成递延所得税负债，在以后期间进行纳税调增。党的十八大以来，涉及固定资产加速折旧政策较大的调整共有四次，分别是 2014 年、2015 年、2018 年和 2019 年的调整，见图 1。

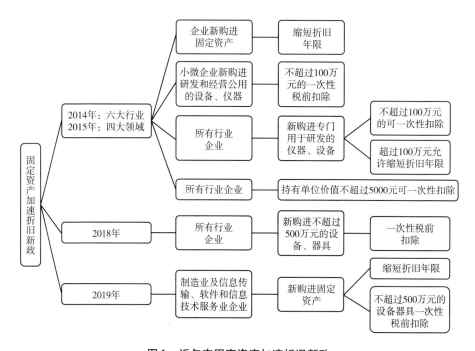

图 1　近年来固定资产加速折旧新政

（二）文献综述

已有相关研究文献主要分为两类。一类文献是对固定资产加速折旧政策经济效应的评估。这类文献主要包括四个方面。一是对新增固定资产投资的影响。作为政策最直接的影响目标之一，企业新增固定资产投资是研究的重点内容之一，研究普遍认为该政策显著促进了企业新增固定资产投资（刘行等，2019；刘啟仁等，2019；D. H.，2017），但也有极少数研究对该结论持有不同意见（曹越等，2017）。二是对企业或地区劳动力需求的影响。研究表明，该政策通过促进企业增加投资、扩大生产等途径提升了企业雇佣数量，还通过促进企业进入和加强上下游产业联系等方式显著提升了地区劳动力需求（谢申祥、王晖，2021；王贝贝等，2022）。三是对企业人力资本结构的影响。基于资本－技能互补假说的研究发现，固定资产加速折旧政策显著促进了企业对高技能劳动力的相对需求，企业通过提高研发技术人员比例，改善了人力资本结构（刘啟仁、赵灿，2020；李建强、赵西亮，2021）。四是对企业创新的影响。从研发投入角度看，研究发现该政策可以通过降低税负的方式，提高企业参与研发的积极性，进而增加对创新活动的资金和人力投入（刘诗源等，2020；石绍宾等，2017）。从专利产出角度看，采用固定资产加速折旧政策的试点行业企业增加了申请发明专利的数量（王宗军等，2019）。但有些学者得出了相反的结论，认为这一政策对制造业企业技术进步和资源配置效率没有产生显著促进作用（刘伟江等，2018）。

另一类文献则聚焦企业创新的影响因素。企业创新活动有投入资金量大、产出不确定性高、研发周期长和信息不对称程度高等特点。相应的，影响企业创新的因素包括内部因素和外部环境。首先，内部因素。企业自身因素，如其融资约束、规模、高管职业经历等，都会对创新活动产生影响。研究表明，民营企业创新意愿比国有企业更强烈，但是融资约束程度却更高，阻碍了企业研发活动（陈爽英等，2010），且企业规模越大，创新意愿越强（周黎安、罗凯，2005）。何瑛等（2019）发现，企业高管职业经历的丰富度能够促进企业创新发展。其次，外部环境。企业所在地区的金融发展水平、市场竞争程度、经济不确定性以及政府财税政策都会对企业创新产生较大影响。解维敏和方红星（2011）发现，地区金融发展水平能显著促进企业尤其是小规模企业和民营企业的研发活动；聂辉华等（2008）发现，企业的创新活动与市场竞争程度间呈倒 U 型关系；顾夏铭等（2018）研究表明，经济不确定性的增强会激励企业的研发活动，以期重塑企业的竞争地位。此外，一些研究表明（石绍宾等 2017；刘斌斌等，2021），财政补贴政策和企业所得税优惠政策虽然作用途径有差异，但都能提升企业创新的意愿，促进企业创新发展。伍红和郑家兴等（2019）也发现，税收优惠政策减少了企业研发的外溢性和不确定性，并降低企业研发成本，从而促进企业研发创新。

综上可见，现有研究成果虽然丰富，但如从特定角度来看还存在一些不足。第一，片段化。现有研究都只评估了政策创新效应的某个单侧面如企业投资、劳动力就业、研发投入、创新产出等，缺乏对政策创新效应从研发投入到创新产出较为系统的评估。第二，局部性。国内现有研究都只评估了 2014 年及 2015 年的固定资产加速折旧的政策效果，而没有评估 2019 年的政策效果。因此政策评估缺乏连贯性，政策建议也具有滞后性。第三，空泛性。现有研究都是基于全国性样本来评估政策的创新效应。但这只能部分反映其在全国范围内的平均政策效应，由于区域差异而难以反映具体地区的政策实施效果，因此其政策建议具有空泛性而缺乏具体的针对性。因此，本专题拟以福建省企业为研究样本，运用多期双重差分模型研究 2014 年以来历年固定资产加速折旧政策对企业创新活动（包括研发投入和创新产出）的影响，以弥补现有研究的不足。同时在研究过程中结合课题组对福建省若干企业的调研访谈①，更有针对性地提出政策建议。

二、福建省加速折旧政策应用现状分析

（一）福建企业对固定资产加速折旧政策的应用状况

近年来，固定资产加速折旧政策作为所得税优惠政策的重要内容之一，其适用范围正在不断扩张和完善，部分举措甚至拓展到了全行业。该政策的初衷在于促进企业设备更新换代和追加实业投资，体现了政府运用税收杠杆促进企业创新发展、转型升级的意图。现阶段有必要对该政策在福建省的实际运用效果进行评估，分析该政策的不足之处，以求将来更好地运用该政策激发企业创新活力。

通常来说，上市公司会在公司年报中披露其在该年享受的税收优惠政策。考虑到加速折旧政策的实质是递延纳税优惠，企业享受该政策会形成递延所得税负债。本专题凭借观察上市公司年报附注中的递延所得税负债，整

---

① 课题组在福建省各级税务部门支持下，现场调研和深度访谈了坤彩科技、华映科技、中铝瑞闽、宝太生物、艾德生物、汉威机械、南威软件等企业。

理其明细科目，以此反映福建省企业享受加速折旧政策的实际情况。

图2和表1主要展示了2014年以来，福建省享受并披露固定资产加速折旧政策的公司的增减变化情况，不难看出，享受该政策的公司数量和占比都呈现逐年递增趋势，其中存在一些关键的节点值得注意。享受加速折旧公司户数增长率从2015年以来呈递减趋势，且2015~2017年享受该政策的公司数量变化不大，但2018年享受该政策的公司大幅增加，并且增长率自2019年以来逐年攀升，这可能与2018年将该政策中的固定资产一次性扣除政策范围推广到全行业并提高一次性扣除额度，以及将加速折旧适用行业由六大行业、四大领域拓展到全部制造业，优惠力度显著提高有关。

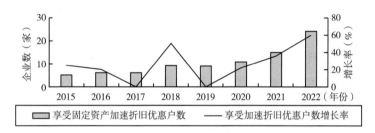

图2 2015~2022年福建省享受并披露加速折旧政策的上市公司

资料来源：国泰安数据库。

表1 　　　　　2014~2022年福建省享受并披露加速折旧优惠的上市公司

年份	总户数（家）	享受固定资产加速折旧优惠户数（家）	享受加速折旧优惠户数占比（%）
2014	93	4	4.3
2015	99	5	5.0
2016	106	6	5.7
2017	131	6	4.6
2018	133	9	6.8
2019	139	9	6.5
2020	150	11	7.3
2021	161	15	9.3
2022	169	24	14.2

资料来源：福建省统计局；国泰安数据库。

（二）福建企业应用固定资产加速折旧政策的特征分析

1. 政策受惠面不断扩大，但企业参与度有待提升

从新政实施的节点来看，新政实施前期，即 2014～2017 年，固定资产加速政策虽然受惠面有所扩大但仍强调精准性。对企业所在行业、领域以及新购进研发设备可一次性扣除的金额、设备用途等都有严格的限制。2018 年以来，新政有所完善，部分适用限制得到了极大突破，更突出税收优惠的全面性：全行业企业都可以一次性扣除低于 500 万元的新购新设备器具，并且可扣除的固定资产没有用途的限制，一定程度上激发了企业使用该政策的积极性，使福建省运用该政策的企业数量迈上了新台阶。

虽然使用该政策的企业数量逐年递增，增长率不断提升，但总的来说，企业参与度并不理想：由表 1 可以看出，截至 2022 年底，福建省使用该政策的上市公司有 24 家，占上市公司总数不到 15%。

2. 亏损企业享受该政策意愿低

通过图 3 可以看出，在福建省 2022 年享受该政策的企业中，超过 90% 属于盈利企业，仅有 8.3% 的企业属于亏损企业，这充分表明加速折旧政策对亏损企业的吸引力很小，这一点符合政策预期。对于长期亏损企业来说，因为常年不用纳税，本来就没有所得税负担一说，加速折旧所形成的递延纳税优惠并不具有吸引力。另外，亏损企业如果使用加速折旧政策，会在购进固定资产当期多计提折旧，这必然会增加企业当期亏损额。对企业来说，不

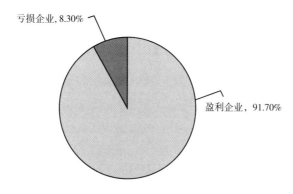

图 3 2022 年福建省享受并披露加速折旧上市公司的盈亏情况

仅无法享受递延纳税的优惠，还可能使当期财务数据更加难看，引起投资者不安。况且，由于企业亏损弥补年限有限制，运用该政策还会增加未来期间弥补亏损的压力。

3. 民营企业是该政策的主要受益者

根据图 4，从企业的股权性质来看，2022 年，福建省披露享受加速折旧政策的企业总共 24 家，其中民营企业有 16 家，占比达到了 2/3，是国有企业的 5 倍多（见图 4）。该结果符合预期，总体来说，国有企业具有规模大、内源性资金多、银行信用评级高等特点，相较于民营企业，其面临的融资约束更为宽松。因此，加速折旧政策对国企来说相对缺乏吸引力。反观民营企业，由于缺乏政府信用背书，且面临激烈的市场竞争，资金约束更为紧张，更愿意采用加速折旧政策以享受递延纳税优惠。

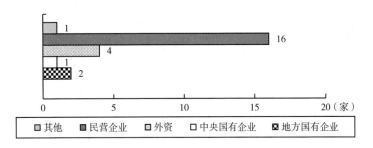

图 4 2022 年福建省享受并披露加速折旧上市公司股权性质

三、变量说明、模型设定与统计描述

（一）样本资料来源

为了考察固定资产加速折旧政策对福建省企业创新的影响，综合考虑数据的可得性，本专题选取了万得数据库中福建省所有 A 股上市企业 2007～2022 年的数据作为实证样本进行回归分析。同时，为了尽量降低不良信息对结果的影响，本专题数据剔除了被标记为 ST 和 ST* 的企业样本，并同时剔除了金融保险类企业样本以及所有观察变量中缺失严重的企业样本。经过筛选，一共得到 1060 个符合标准的年份－企业观测值。

（二）变量选取

1. 被解释变量

本专题的被解释变量为企业创新，具体以创新投入和创新产出来衡量。创新投入（R&D）体现了企业对创新的重视程度，而创新产出则体现企业的创新成果。其中，本专题以研发支出与营业收入之比衡量创新投入，以专利申请数和专利授权数衡量创新产出。将二者作为被解释变量符合本专题的研究主题，即企业创新所受到的影响。

2. 解释变量

作为本专题的重点研究对象，固定资产加速折旧政策是本专题实证研究的解释变量。以 2014 年、2015 年、2019 年为时间节点，根据当年该企业是否享受政策优惠构造虚拟变量，以此解释政策与企业创新之间的关系。

3. 控制变量

本专题将控制变量分为企业层面控制变量、时间固定效应、城市固定效应和行业门类固定效应。其中，企业层面的控制变量包括资产负债率、总资产净利润率、营业收入增长率、两职合一（董事长和总经理是否同为一人）、托宾 Q 值、是否为国有企业、公司规模、成立年限。根据前文的描述，这些变量理论上都可能会影响企业创新。低资产负债率和高资产利润率会放松企业融资约束，从而使其创新意愿更高。同时，高营业收入增长率和高托宾 Q 值表明企业成长潜力更大，从而其更愿意加大创新投入。最后，两职合一以及企业股权性质可能会造成企业融资困难程度的差异，从而影响企业创新的资金来源。

（三）模型设定

本专题采用多期双重差分方法来检验固定资产加速折旧政策对企业创新活动的影响。将加速折旧政策视为一项准自然实验，根据表 2 以 2014 年、2015 年、2019 年等作为时间节点，把分别加入适用范围的制造业和计算机等产业的企业作为处理组，其他企业作为对照组。

表2　　　　　　　　　　　加速折旧政策的适用范围及时点

颁布时间	试点行业	适用时点
2014年10月	生物药品制造业（C276），专用设备制造业（C35），铁路、船舶、航空航天和其他运输设备制造业（C37），计算机、通信和其他电子设备制造业（C39），仪器仪表制造业（C40），信息传输、软件和信息技术服务业（I63、I64、I65）	2014年1月1日后新购进的固定资产
2015年9月	轻工（C13、C14、C19、C20、C21、C22、C23、C241~C245、C268、C27、C292），纺织（C17、C18、C28），机械（C33、C34、C38），汽车（C36）	2015年1月1日后新购进的固定资产
2019年4月	制造业（C）	2019年1月1日后新购进的固定资产

在传统的双重差分法下，政策冲击是在同一个时点发生的，具有政策时间点统一的特性，而固定资产加速折旧优惠政策却不同。该政策先后经历了三次扩大实施范围的改革，传统的双重差分法并不完全适应本政策，因此采用多期双重差分法进行分析。设定的模型如式（1）：

$$Inovation_{i,c,t} = \beta_0 + \beta_1 did_{i,c,t} + \beta_2 treat_i + \sum \alpha_m control_{i,t}$$
$$+ \sum Industry + \sum city + \sum year + \varepsilon_{i,c,t} \qquad (1)$$

其中，下标 i 表示企业，c 表示城市，t 表示年度，$Inovation$ 为位于城市 c 的企业 i 当年的创新活动，主要从创新投入和创新产出两方面进行衡量。创新投入方面，以企业当年研发支出占营业收入比例来衡量；创新产出方面，从专利申请量和专利获得量（加1取自然对数进行处理）来衡量。did 代表政策冲击变量，为固定资产加速折旧分组虚拟变量（企业是否属于表1的行业）和时间虚拟变量（年份位于企业所属行业加入加速折旧的时间后取1，否则取0）的交乘项；$control$ 表示企业层面控制变量的集合，包括资产负债率 Lev、总资产净利润率 ROA、营业收入增长率 $Growth$、两职和一 $Dual$、托宾Q值 $TobinQ$、股权性质 SOE、公司规模 $Size$、成立年限 $FirmAge$。此外，模型还控制时间固定效应 $\sum year$、城市固定效应 $\sum city$ 和行业门类固定效应 $\sum Industry$。

（四）描述性统计分析

本专题对选取的所有 A 股上市高新技术企业的样本数据进行描述性统计结果如表 3 所示，从表中可以看出样本数据的研发支出均值为 0.05，即企业的研发支出占营业收入平均水平的 5%，但是不同企业间的差距较大，研发投入的最小值说明企业当年没有进行研发投入，最大值达到了营业收入的 21%。创新产出方面，专利申请的均值为 45.59，表明样本企业中每年的发明专利申请数量约为 46 个，但是不同企业的产出也有较大差距，专利申请的最小值说明企业在当年没有发明专利的申请，而其最大值达到了 457 个；专利获得的均值为 38.1，表明样本企业中每年的发明专利申请数量约为 38 个，不同企业间有较大差距，专利获得的最小值说明企业在当年没有获得发明专利，而其最大值达到了 474 个。这些统计结果说明了不同企业间的创新能力有着较大的差距。此外，did 虚拟变量的均值为 0.56，说明实验组的样本数量略大于控制组的样本数量，实验组占样本总量的 56%，控制组占样本总量的 44%，实验组与对照组的样本数量大体上是相当的，数量也较为合适，数据的选取结果也比较好。

表 3 描述性统计结果

变量	观测数	均值	标准差	最小值	中位数	最大值
创新投入	1060	0.05	0.05	0	0.03	0.21
专利申请	1060	45.59	77.69	0	16	457
专利申请对数	1060	2.77	1.59	0	2.83	6.13
专利获得	1060	38.10	72.19	0	12	474
专利获得对数	1060	2.54	1.58	0	2.56	6.16
$treat$	1060	0.85	0.35	0	1	1
$time$	1060	0.56	0.5	0	1	1
did	1060	0.56	0.5	0	1	1
Lev	1060	0.39	0.2	0.05	0.38	0.87
ROA	1060	0.05	0.08	-0.27	0.05	0.27

续表

变量	观测数	均值	标准差	最小值	中位数	最大值
Dual	1060	0.35	0.48	0	0	1
SOE	1060	0.22	0.42	0	0	1
Growth	1060	0.18	0.29	-0.39	0.15	1.39
TobinQ	1060	2.16	1.38	0.87	1.71	8.73
Size	1060	21.85	1.14	19.95	21.68	25.34
FirmAge	1060	2.84	0.37	1.61	2.89	3.5

四、基准回归结果分析

表 4 所显示的对创新投入的回归结果都显著为正，列（1）只对被解释变量创新投入和解释变量 *did* 进行回归，其结果在 1% 的水平上显著为正。相较于列（1）而言，列（2）的回归分析加入了 9 个控制变量，列（3）在列（2）的基础上又控制了时间、城市和行业门类固定效应，以上结果中 *did* 依旧在 10% 的水平上显著为正，表明了无论加不加入控制变量和固定效应，*did* 对于创新投入均呈现出显著的正向影响关系，表明了固定资产加速折旧政策对企业的创新投入有着显著的促进作用，可以提升企业的研发投入强度，激励企业的研发活动。

表 4　　　　　　　　　　　　　对创新投入的回归结果

项目	创新投入		
	（1）	（2）	（3）
did	0.016 *** (0.002)	0.007 *** (0.002)	0.005 * (0.003)
treat		0.047 *** (0.008)	0.066 *** (0.018)
Lev		-0.015 ** (0.007)	-0.011 * (0.007)

项目	创新投入		
	（1）	（2）	（3）
ROA		-0.032 *** (0.013)	-0.027 ** (0.013)
Dual		0.003 (0.002)	0.003 (0.002)
SOE		0.011 ** (0.004)	0.014 *** (0.004)
Growth		-0.013 *** (0.002)	-0.013 *** (0.002)
TobinQ		0.001 (0.001)	0.001 * (0.001)
Size		0.005 *** (0.002)	0.004 ** (0.002)
FirmAge		0.006 (0.004)	-0.016 ** (0.007)
N	1060	1060	1060
R^2	0.0784	0.1745	0.1994

注：括号内为标准误，$*$、$**$ 和 $***$ 分别表示在 10%、5% 和 1% 的水平下显著。

表 5 显示的固定资产加速折旧政策对福建省高新技术企业的专利申请数量的回归结果只有在列（1）和列（2）中显著为正，*did* 在 10% 的水平上均显著为正。列（3）和列（4）是在列（2）的基础上又控制了时间、城市和行业门类固定效应后以及考虑到加速折旧政策对创新产出可能存在滞后效应，因此将被解释变量滞后一期后，*did* 均不再显著。故从整体来看可以认为，固定资产加速折旧政策对专利申请没有显著影响。从实际调研结果来看，本专题推测除了加速折旧政策外，专利申请数量可能还受到当地产权保护环境和企业为避免其他企业模仿的影响，比如有些企业为保护自己的阶段性研究成果故而可能不会去申请专利，这或许是从经验证据上没有发现固定资产加速折旧政策对专利申请有显著正向影响的重要原因。

表5　　　　　　　　　对创新产出——专利申请数量的回归结果

项目	专利申请对数			滞后一期
	（1）	（2）	（3）	（4）
did	1.062 ***	0.174 *	− 0.038	− 0.073
	（0.077）	（0.098）	（0.118）	（0.126）
treat		1.630 ***	1.958 ***	1.929 ***
		（0.286）	（0.632）	（0.673）
Lev		− 0.615 **	− 0.402	0.004
		（0.293）	（0.293）	（0.323）
ROA		− 1.015 *	− 1.043 *	1.584 **
		（0.576）	（0.565）	（0.633）
Dual		0.113	0.079	− 0.042
		（0.1）	（0.098）	（0.107）
SOE		0.217	0.354 *	0.389 *
		（0.179）	（0.183）	（0.222）
Growth		− 0.116	0.037	0.062
		（0.111）	（0.111）	（0.12）
TobinQ		0.041	0.035	− 0.028
		（0.029）	（0.031）	（0.034）
Size		0.649 ***	0.510 ***	0.407 ***
		（0.065）	（0.071）	（0.08）
FirmAge		0.842 ***	− 0.122	− 0.148
		（0.184）	（0.257）	（0.287）
N	1060	1060	1060	909
R^2	0.1739	0.3828	0.4554	0.4375

注：括号内为标准误，* 、** 和 *** 分别表示在10%、5%和1%的水平下显著。

从表6可知，替换被解释变量为专利获得数量之后，固定资产加速折旧政策对创新产出的整体影响依旧不显著，和表5先前得到的结论一致，说明结论是比较稳健的。

表6　　　　　　　　对创新产出——专利获得数量的回归结果

项目	专利获得对数			滞后一期
	（1）	（2）	（3）	（4）
did	1.120 ***	0.071	− 0.148	− 0.148
	（0.079）	（0.097）	（0.113）	（0.118）
treat		1.721 ***	1.845 ***	1.912 ***
		（0.288）	（0.611）	（0.675）
Lev		− 0.171	0.200	− 0.164
		（0.29）	（0.282）	（0.306）
ROA		− 1.197 **	− 0.377	− 1.057 *
		（0.57）	（0.542）	（0.597）
Dual		− 0.052	− 0.044	− 0.146
		（0.099）	（0.094）	（0.102）
SOE		0.299 *	0.352 **	0.236
		（0.178）	（0.176）	（0.214）
Growth		0.046	− 0.027	0.188 *
		（0.11）	（0.107）	（0.113）
TobinQ		0.046	− 0.001	− 0.023
		（0.029）	（0.03）	（0.032）
Size		0.577 ***	0.361 ***	0.360 ***
		（0.065）	（0.068）	（0.077）
FirmAge		1.384 ***	− 0.104	− 0.199
		（0.183）	（0.248）	（0.283）
N	1060	1060	1060	909
R^2	0.1618	0.3209	0.3756	0.3257

注：括号内为标准误，＊、＊＊和＊＊＊分别表示在10%、5%和1%的水平下显著。

至此可以得出结论：固定资产加速折旧政策显著提升了福建省企业的创新投入，激励了福建省上市企业进行研发活动，但是对福建企业的创新产出没有显著影响，说明尽管福建省上市企业受到政策激励增加了创新活动，但该新增研发投入并未能转化为创新产出，意味着创新效率不升反降，考虑加速折旧政策的滞后影响效应时，上述结论依旧成立。

固定资产加速折旧政策对福建企业创新投入有显著影响，然而对福建企业创新产出没有显著影响，可能是因为固定资产加速折旧政策提升企业的研发产出主要是通过增加企业的资金流和加快固定资产的更新来实现的，这导致了该政策对企业产出的影响要先经过投入。从显著性上来看，政策对企业的创新投入的影响更显著，说明了该政策提升高新技术企业创新能力的渠道，主要是通过提升其研发投入水平来实现的。

五、进一步分析

（一）平行趋势检验

满足平行趋势检验是使用双重差分模型的基本条件，图5、图6和图7分别为创新投入、专利申请和专利获得的平行趋势检验图。可以明显看出，在政策实施之前，不论是创新投入还是创新产出，平行趋势大致成立，实验组和对照组大致有相同的趋势，具有可比性。在政策实施之后，创新投入的核心回归系数自当年即显著为正，创新产出无论是专利申请还是专利获得的核心回归系数在政策实施后，均既有正数又有负数，可以看出该政策对创新投入的促进作用明显，但是对创新产出尚没有显著影响。

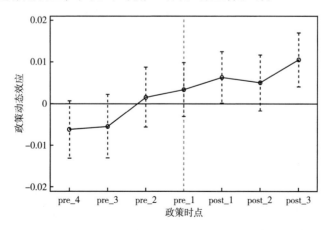

图5　创新投入平行趋势检验结果

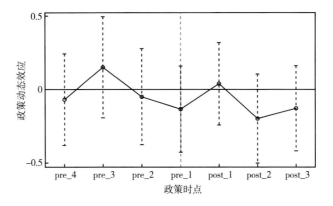

图 6 专利申请平行趋势检验结果

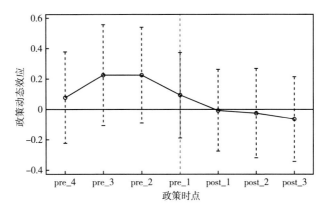

图 7 专利获得平行趋势检验结果

（二）作用机制检验

依据影响企业创新的已有文献（陈爽英等，2010），结合课题组对福建企业的实际调研访谈，本专题提出了固定资产加速折旧政策通过缓解企业融资约束促进企业研发创新的影响机制，表 7 报告了影响机制的检验结果。本专题借鉴哈德洛克和皮尔斯（Hadlock & Pierce，2010）的观点，用 SA 指数代表企业面临的融资约束强度，指数越大意味着企业面临的融资约束程度越高。实证结果表明，*did* 对 SA 指数统计系数显著为负，说明固定资产加速折旧政策显著缓解了企业的融资约束。SA 指数对企业研发投入统计系数显著为负数，说明企业面临的融资约束越大，其创新投入越少。该结果验证了理论分析中的中介效应。

表7　　　　　　　　　　　　　　影响机制检验

项目	SA 指数	创新投入
did	− 0. 029 *** (0. 007)	
SA 指数		− 0. 036 *** (0. 011)
treat	− 0. 013 (0. 057)	
Lev	− 0. 085 *** (0. 018)	− 0. 014 ** (0. 007)
ROA	− 0. 051 (0. 034)	− 0. 029 ** (0. 013)
Dual	− 0. 002 (0. 006)	0. 004 (0. 002)
SOE	− 0. 003 (0. 012)	0. 012 *** (0. 004)
Growth	0. 007 (0. 007)	− 0. 013 *** (0. 002)
TobinQ	− 0. 001 (0. 002)	0. 001 * (0. 001)
Size	− 0. 030 *** (0. 005)	0. 002 (0. 002)
FirmAge	− 0. 338 *** (0. 02)	− 0. 031 *** (0. 008)
N	1054	1054
R^2	0. 9064	0. 1996

注：括号内为标准误，＊、＊＊和＊＊＊分别表示在10%、5%和1%的水平下显著。

（三）异质性分析

表 8 分别汇报了不同股权性质、不同融资约束条件下的回归结果。研究发现，固定资产加速折旧政策对国有企业和融资约束比较小的企业统计系数显著为正，对非国有企业和融资约束大的企业不具有显著影响。分析此结果出现的原因，从股权性质角度来看，相较于非国有企业，国有企业享受国家政策支持更多、实力更为雄厚、高层次创新人才更为集中，面临的创新风险更低，创新实力更强，在享受加速折旧政策后更愿意加大研发投入。从企业融资约束条件来看，究其原因，研发创新活动具有周期长、高风险等特点，企业在决策是否进行研发或加大研发力度时会统筹考虑公司的融资约束状况，融资约束较小的公司更有能力且更愿意加大投入力度，而融资约束大的公司则会将企业存续放在第一位，创新条件受限，研发投入受限。

表 8 异质性分析

项目	国有企业	非国有企业	融资约束大	融资约束小
	（1）	（2）	（3）	（4）
did	0.018 **	0.001	0.002	0.006 *
	（0.007）	（0.004）	（0.003）	（0.004）
treat	0.007	0.076 ***	0.039 *	0.095 ***
	（0.012）	（0.028）	（0.021）	（0.033）
Lev	-0.077 ***	-0.008	0.014	-0.035 ***
	（0.023）	（0.008）	（0.008）	（0.01）
ROA	0.028	-0.025	-0.015	-0.070 ***
	（0.043）	（0.016）	（0.016）	（0.018）
Dual	-0.011	0.004	-0.001	0.005 *
	（0.009）	（0.003）	（0.003）	（0.003）
SOE	0.158 **	0	-0.003	0.027 ***
	（0.076）	（0.000）	（0.006）	（0.006）
Growth	-0.004	-0.015 ***	-0.014 ***	-0.011 ***
	（0.009）	（0.003）	（0.003）	（0.003）

续表

项目	国有企业	非国有企业	融资约束大	融资约束小
	（1）	（2）	（3）	（4）
TobinQ	-0.004 **	0.002 **	0.003 ***	0
	（0.002）	（0.001）	（0.001）	（0.001）
Size	-0.002	0.006 ***	-0.002	0.004
	（0.003）	（0.002）	（0.002）	（0.003）
FirmAge	-0.005	-0.013 *	0.015	-0.071 ***
	（0.015）	（0.008）	（0.01）	（0.021）
N	237	817	523	531
R^2	0.0716	0.176	0.2003	0.29

注：括号内为标准误，＊、＊＊和＊＊＊分别表示在10%、5%和1%的水平下显著。

六、结论和政策建议

本专题利用多期双重差分模型完成了实证分析，研究发现固定资产加速折旧政策确实能够促进福建省企业的创新投入，但对专利申请和专利获得没有显著影响。机制分析发现，固定资产加速折旧政策能通过缓解企业融资约束促进企业研发投入。另外本专题的异质性分析也表明，该政策的效果受到企业股权性质和融资约束条件的影响，国有企业较非国有企业受到的促进效果更明显，融资约束越宽松的企业受到的政策促进效果越明显。

基于上述实证结论，结合课题组调研发现，本专题提出如下政策建议：

第一，加大固定资产加速折旧政策力度。既然加速折旧政策对企业研发活动有正向影响，则可以对现有政策进行完善，现有加速折旧政策分为缩短年限和一次性扣除两种，虽然该政策优惠范围近年来在不断扩大，新购入设备、器具等一次性扣除限额也由最初的100万元提升到了500万元，但考虑到企业参与度仍然较低，为更好发挥政策对研发的促进效果，可以考虑对国家重点扶持行业和产业进一步提高新购进固定资产一次性扣除金额。

第二，加强对非国有企业的政策辅导。研究发现，非国有企业比国有企业更愿意使用该政策，但对创新投入的影响不大。调研也发现，部分民营企业存在银行授予的贷款额度少、融资渠道单一等问题，更愿意使用固定资产加速折旧政策缓解企业内部融资约束，而国有企业融资渠道较多，不仅可以依靠自有资金进行研发，还能从银行获得较高信贷额度，部分公司还能借助母公司的科技发展基金，使用固定资产加速折旧政策意愿弱。建议税务部门在制定税收优惠政策时，多向融资渠道单一的民营企业倾斜。另外，还可以加大对非国有企业的政策宣传，鼓励该类企业加强财务人员培训，提升财会人员素质，积极运用加速折旧政策缓解内部融资压力，实现设备更新，防范涉税风险。

第三，改善政策实施的大环境。研究发现，加速折旧政策能显著促进企业研发，但对专利申请却缺乏影响。究其原因，一方面，投入到产出需要一定时间，政策具有滞后效应；另一方面，部分企业对我国知识产权保护缺乏信心，即使有大量创新成果产出，也不愿意全部拿去申请专利。另外，不同融资约束条件下的企业创新实力和意愿也不同。这些外部因素都会影响加速折旧政策的执行效果。因此，建议税务部门加强与国家市场监督管理总局、中国人民银行等金融机构的沟通协调，加大对知识产权侵权行为的打击力度，妥善解决好企业特别是非国有企业融资难、融资贵等问题，与税收优惠政策一道形成共促企业创新发展的合力。

第四，拓展加速折旧适用范围。建议可以考虑对人力资本密集型企业加大个人所得税优惠。从调研结果来看，目前的加速折旧政策适用范围限定为固定资产且以机器设备为主，而轻资产占比大且研发密集的软件类企业由于固定资产少，使用该政策意愿低。税务部门可以考虑将加速折旧政策扩展至无形资产，例如对限额范围内的无形资产也能采取一次性摊销等方式，给予该类企业递延纳税优惠。另外，调研还发现该类企业由于所处行业特殊性，人力资本较密集，更希望财税部门减免个人所得税，以降低人力成本、留住创新人才。税务部门对于轻资产、人力资本比较密集且研发创新意愿强的行业，可以将政策着力点放在个人所得税减免上，以更好地促进该类企业创新发展。

第五，对不同生命周期的企业，采取差异优惠政策。调研发现，固定资产加速折旧政策对企业研发投入的激励效果主要体现在成熟期企业，对发展期和衰退期企业研发投入的激励效果较差。一些即将上市的公司出于美化财务报表等目的，也不愿意使用该政策，而部分已经上市且比较成熟的企业，则由于盈利较多，享受递延纳税优惠更划算，更愿意使用加速折旧政策。处于衰退期的企业，利润等财务指标常年为负数，若采用加速折旧，反而加大企业亏损，加重企业负担。建议税务部门在完善加速折旧政策时，更多地侧重成熟期的企业，例如可以提高已上市且盈利情况稳定的公司固定资产扣除额度，使得企业对于购入的大额固定资产也能一次性扣除。对于处于扩张期和衰退期的企业来说，则可以考虑在增值税留抵退税方面给予更大优惠。

参考文献

［1］曹越，陈文瑞. 固定资产加速折旧的政策效应：来自财税［2014］75 号的经验证据［J］. 中央财经大学学报，2017（11）：58 – 74.

［2］陈爽英，井润田，龙小宁，邵云飞. 民营企业家社会关系资本对研发投资决策影响的实证研究［J］. 管理世界，2010（1）：88 – 97.

［3］顾夏铭，陈勇民，潘士远. 经济政策不确定性与创新——基于我国上市公司的实证分析［J］. 经济研究，2018，53（2）：109 – 123.

［4］何瑛，于文蕾，戴逸驰，王砚羽. 高管职业经历与企业创新［J］. 管理世界，2019，35（11）：174 – 192.

［5］解维敏，方红星. 金融发展、融资约束与企业研发投入［J］. 金融研究，2011（5）：171 – 183.

［6］李建强，赵西亮. 固定资产加速折旧政策与企业资本劳动比［J］. 财贸经济，2021，42（4）：67 – 82.

［7］刘斌斌，左勇华. 金融错配影响技术创新的政府补贴效应分析——基于企业控股权性质差异视角［J］. 科研管理，2022，43（1）：61 – 69.

［8］刘啟仁，赵灿，黄建忠. 税收优惠、供给侧改革与企业投资［J］. 管理世界，2019，35（1）：78 – 96，114.

［9］刘啟仁，赵灿. 税收政策激励与企业人力资本升级［J］. 经济研究，2020，55（4）：70 – 85.

［10］刘诗源，林志帆，冷志鹏. 税收激励提高企业创新水平了吗？——基于企业生命周期理论的检验［J］. 经济研究，2020，55（6）：105 – 121.

［11］刘伟江，吕镯. 固定资产加速折旧新政对制造业企业全要素生产率的影响——基于双重差分模型的实证研究［J］. 中南大学学报（社会科学版），2018，24（3）：78 – 87.

［12］刘行，叶康涛，陆正飞. 加速折旧政策与企业投资——基于"准自然实验"的经验证据［J］. 经济学（季刊），2019，18（1）：213 – 234.

［13］聂辉华，谭松涛，王宇锋. 创新、企业规模和市场竞争：基于中国企业层面的

面板数据分析 [J]. 世界经济, 2008 (7): 57 - 66.

[14] 石绍宾, 周根根, 秦丽华. 税收优惠对我国企业研发投入和产出的激励效应 [J]. 税务研究, 2017 (3): 43 - 47.

[15] 王贝贝, 陈勇兵, 李震. 减税的稳就业效应: 基于区域劳动力市场的视角 [J]. 世界经济, 2022, 45 (7): 98 - 125.

[16] 王宗军, 周文斌, 后青松. 固定资产加速折旧所得税政策对企业研发创新的效应 [J]. 税务研究, 2019 (11): 41 - 46.

[17] 伍红, 郑家兴, 王乔. 固定资产加速折旧、厂商特征与企业创新投入——基于高端制造业 A 股上市公司的实证研究 [J]. 税务研究, 2019 (11): 34 - 40.

[18] 谢申祥, 王晖. 固定资产加速折旧政策的就业效应 [J]. 经济学动态, 2021 (10): 100 - 115.

[19] 周黎安, 罗凯. 企业规模与创新: 来自中国省级水平的经验证据 [J]. 经济学 (季刊), 2005 (2): 623 - 638.

[20] Autor D H, Kerr W R, & Kugler A D. Do Employment Protections Reduce Productivity? Evidence from U. S. States [D]. Working Papers, 2007.

[21] Hadlock C J, Pierce J R. New Evidence on Measuring Financial Constraints: Moving Beyond the KZ Index [J]. The Review of Financial Studies, 2010 (5): 1909 - 1940.

专题七　福建省高新技术产业发展的对策研究[*]

高新技术企业竞争力水平的高低既是影响一个国家或地区经济实力的关键因素，也是决定其未来经济发展的重要源泉。党的二十大以来，福建省抓住新发展阶段的机遇，贯彻新发展理念，构建新发展格局，高新技术企业在数量上呈现较好的发展态势，在工业、制造业、数字经济、锂电新能源、不锈钢新材料、铜材料、新能源汽车等领域形成新兴产业集群。福建省域内各地高新技术企业发展态势良好。截至 2023 年 7 月，福建省内国家级的高新技术开发区有七个，即福州高新技术产业开发区、厦门火炬高技术产业开发区、泉州高新技术产业开发区、莆田高新技术产业开发区、漳州高新技术产业开发区、三明高新技术产业开发区、龙岩高新技术产业开发区。

一、福建省高新技术产业发展现状

（一）福建省高新技术产业的营商环境分析

营商环境是指市场主体在准入、生产经营、退出等过程中涉及的政务环境、市场环境、法治环境、人文环境等有关外部因素和条件的总和，它是影响福建高新技术企业发展的重要因素。营商环境包括影响企业活动的社会要素、经济要素、政治要素和法律要素等方面，是一项涉及经济社会改革和对

　＊ 本专题为福建省习近平新时代中国特色社会主义思想研究中心年度项目（项目编号：FJ2022XZZ006），并得到中央高校基本科研业务费专项资金资助（项目编号：20720221071）。

外开放众多领域的系统工程。一个地区营商环境直接影响着招商引资的数量和质量，同时也直接影响着区域内的经营企业效益，最终对地区的经济发展状况、财税收入、社会就业情况等产生重要影响。良好的营商环境是一个地区经济软实力的重要体现，是一个地区提高综合竞争力的重要方面。

1. 福建省营商环境现状

根据 2020 中国城市营商环境的评价结果，营商环境指数排名前十的城市分别为：上海市、北京市、深圳市、广州市、杭州市、武汉市、南京市、天津市、成都市、苏州市。福建省的厦门市和福州市，分别位列第 11 名和第 23 名，营商环境处于前列。

在影响营商环境的众多因素中，市场环境、法治环境对经济发展助力最大，创新环境次之。在后疫情时代，如果福建省各市能够针对企业关注度高的市场环境、监管执法和法治保障环境出台有针对性的政策，就会更有助于企业走出困境，提升其政策获得感。市场环境中，金融服务与经济发展的相关性最高，人才供给次之，这体现出金融环境、人才环境在要素环境中的重要地位，以及对后疫情时代经济恢复的关键作用。营造良好的金融环境，加大招揽人才力度，对于福建省优化营商环境会有一定帮助。

近年来，各省份的企业对税收社保环境的关注度仍然很高。尽管出台了减税降费政策，但后疫情时代企业对于减税降费的政策仍最为期待，如果福建省能够进一步加大企业的直接救助力度和政策的落实力度，那么这会是激发市场活力的重要突破口。不同城市之间创新环境的差距很大。创新环境已成为决定城市营商环境竞争力的关键因素。福建省高新技术产业的未来发展，应该将目光更多地着眼于创造良好的创新环境。

2. 福建省优化营商环境举措

（1）21 条优化营商环境的措施。

近年来，福建省一直在努力尝试采取新举措推动优化营商环境政策的落实。2019 年，福建省出台相关实施意见，从 7 个方面提出 21 条优化营商环境的具体措施。实施意见提出，要坚决破除各种不合理门槛和限制，为各类所有制企业营造公平、透明、法治的发展环境；大力推动外商投资和贸易便利化，提高对外开放水平，落实《中华人民共和国外商投资法》，进一步促进外商投资；坚持激励与保护并举，最大限度释放创新创业创造动能；构建高新技术企业成长加速机制，全面落实高新技术企业优惠政策，推动更多科技型企业上市；加大力度保护产权，加快建设"知创福建"，建设"一带一路"知识产权援助中心；持续提升审批服务质量，提高办事效率；进一步减轻企业税费负担，降低企业生产经营成本。

（2）《2020 年福建省深化"放管服"改革优化营商环境工作要点》。

2020 年，据福建省发改委消息，经福建省政府研究同意，《2020 年福建省深化"放管服"改革优化营商环境工作要点》印发实施。该要点把优化营商环境作为推进治理体系和治理能力现代化的重要举措，提出 8 项主要目标、3 大重点任务。8 项主要目标为：开办企业、获得电力、获得用水用气、登记财产、纳税、跨境贸易、政务服务、数据汇聚。3 大重点任务在于推行"不见面审批"，推动更多事项实现网上办、掌上办、自助办、远程办、邮寄办，推动企业和群众办事线上"一网通办"、线下"最多跑一趟"。实现企业注销"一网"服务，完善福建省网上办事大厅企业注销专区功能，探索将简易注销适用范围扩大到未实质性开展经营活动、无债权债务的非上市股份有限公司、各类企业分支机构、农民专业合作社及其分支机构，推进企业简易注销登记改革试点。推行"互联网＋不动产登记"，优化提升不动产交易、登记、税收征缴"一窗受理、分类审核、并联审批、集成服务"模式，建设福建全省不动产登记申请平台，优化不动产登记金融服务，将不动产登记服务窗口延伸至商业银行网点。推进纳税便利化，用好福建省自助办税管理平台，实现 90％常办业务"自助办"。大力推进"非接触式"办税，拓展"微电子税务局"手机平台。

（二）福建省高新技术产业发展面临的问题

1. 技术创新的竞争力弱

技术创新是高新技术企业的灵魂所在，是综合竞争力的核心，也是区别高新技术企业和传统企业的重要方面。而福建省在技术创新上竞争力偏低，是目前制约福建省高新技术企业和产业发展的主要因素。造成福建省高新技术产业技术创新竞争力偏低的原因有许多。比如，虽然科研经费支出占 GDP 比重的相对投入较高，但科技人员人均科研经费支出的绝对数不高；再如，有效科技成果的转化率不高，用于新产品的研发投入不足，表现在专利申请数以及新产品研发经费支出处于较低的水平，这对福建高新技术产业的长期发展势必造成不利影响。

2. 高新技术企业数量偏少、规模小

高新技术产业以追求经济发展为目标，在市场经济中迅速成长，为社会创造更多高科技、高技术产品。福建省在经济发展上的竞争水平尚可，但和发达省份相比具有一定差距。福建省目前面临着高新技术企业数量少、规模小的问题。

3. 产业集群竞争力水平不高

产业集群竞争力是高新技术产业竞争力的重要部分，它有利于高新技术产业提高经济效益水平和规模效应，以获取更大的地区市场竞争力。福建省高新技术产业集群存在的问题有：带头的龙头企业少，没有形成很好的产业群落。当前，福建省高新技术各行业产业集群比较明显的有：电子及通信设备制造业、电子计算机及办公设备制造业和高新技术改造传统产业等领域。其他领域不明显，且福建全省总体集群不明显，主要在福州和厦门。福建省国家高新技术产业开发区较少，截至 2022 年，只有福州高新技术产业开发区、厦门火炬高技术产业开发区等七个高新技术开发区，且其园内产值相对较低，这是造成福建高新技术产业集群竞争力偏低的主要因素。

4. 高新技术企业存在着融资难融资贵的问题

企业融资困难也是制约福建高新技术企业发展的因素之一。由于技术更新的快速性和科技成果转化的复杂性，许多高新技术企业不可避免地处于很高的风险之中。这些企业的创立、生存和发展都必须以一定量的资金投入为前提。绝大部分高新技术企业的发展都缺乏资金保障，而这直接影响了企业的可持续发展。技术成果研发是中小高新技术企业生存和发展的动力源泉，在研发阶段，时间跨度较大，而外界环境变化迅速，现金流匮乏的高新企业管理者很有可能为了解决债务危机，中止甚至放弃暂时未见效益的技术研究项目。

此外，福建省高新企业在实践中还存在一些问题。表现为：一是高新企业成长、研发所需资金主要源于政府，政府补助覆盖的范围仍不全面；二是省市级层面与高新企业相关的配套法规仍不完善，亟须出台更全面的政策法规来保障高新企业、孵化器企业的成长环境，助力省内高新区持续成长；三是对高新企业的认定审核程序和创新补助流程仍应进一步完善，以区分策略式创新和探索式创新两种不同的创新类型，鼓励以发明创新为代表的探索式创新。因此，从实践的角度来说，进一步深入研究福建高新技术企业成长的动力机制，扶持推动一批高新技术企业势在必行。

二、我国台湾高新技术企业发展分析

（一）我国台湾高新技术企业概况

我国台湾地区高新技术企业的发展开始于 20 世纪 80 年代，在 40 多年的发展过程中，其采取了"先导、民营为主"的发展模式，通过地方当局扶持，合理设置科学工业园区，吸纳海外人才，建立有效的风险投资机制，高新技术产业作为其经济发展的亮点之一，逐渐成为知识经济时代的新经济增长点。目前，台湾高新技术企业已形成较为庞大的产业规模，成为拉动台湾增长的中坚力量。本专题中主要介绍台湾地区四大世界级高新技术产业。

1. 半导体

台湾已经形成完善成熟的半导体产业集群。台湾的集群效应为半导体行业带来发展优势，集群重点关注垂直整合与各行业协作。其在芯片生产和集成电路设计领域具有雄厚实力，市场竞争力超强，是全球最大的代工地区，并且拥有全球最先进的半导体生产流程技术，具备品牌优势。2017 年以晶圆作为代表的中国台湾半导体产业链总产值达 810 亿美元，仅次于美国、韩国，位列全球第三。其中以晶圆代工领域的市场占有率最高，全球排名第一，占比 70% 以上，产值达 397 亿美元。台湾地区面积虽小，却培育出深度广度兼具的集群，在全球屈指可数。另外，台湾半导体行业的研发支出一直领先于所有其他主要行业，年平均研发支出约占总销售额的 15%。

2. 电子制造业

我国台湾地区早在 20 世纪 60 年代就跻身"亚洲四小龙"之列，电子信息产业发展涌现出华硕、台积电、宏碁、HTC 等一众知名企业。从产业基础看，台湾电子信息产业传统优势比较明显：电子信息产业起步于 20 世纪 60 年代，以庞大的电子零部件集成产业链为支撑，通过代工模式，在 90 年代实现快速发展。台湾地区的信息产业在 PC 产业高速发展基础上，在世界上占据一席之地，主机板、芯片组、笔记本 PC、扫描仪、晶圆代工等产业在全球市场上均拥有超过一半的市场份额。地区人均收入也数倍跃升。2018

年，台湾地区电子资讯产业实现生产总值 17.7 万亿新台币（约 0.58 万亿美元），并且资讯硬件产业产值达到 1127 亿美元，约占地区生产总值的 20%。2020 年疫情期间，台湾地区的工业增长主要依靠电子制造业。

3. 精密机械

我国台湾已成为世界最大的科技产品制造业聚落。台湾的精密机械主要包括数控机床、磨床、加工中心、攻牙机、制鞋机等各种工业加工机械以及其配件、零部件制造。由于我国台湾地区精密机械产业聚落健全且人员素质高，能够提供快速支援等优势，促使其成为国际分工体系与产业全球化布局之重要伙伴，在国际市场上有举足轻重的地位。产品交货快速与产品的价格优势等，使得台湾工具机产品具备不可取代性，工具机产业实力可作为工业等级与能力强弱指标之一，亦为景气领先指标。

4. 显示技术

这里主要指 TFT – LCD 面板。我国台湾地区具备全球最完整的 TFT – LCD 面板技术，包含 oled、LTPS、IGZO、ALCD、IPS、MVA、量子点广色域、曲面屏、4K 面板、8K 面板、柔性显示器等技术一应俱全。全球前五大面板制造商，我国台湾地区占据两席——群创光电和友达光电。两者市场占有率合计达 35% 左右，仅次于韩国 LGD 和三星合计的 45%。同时台湾元太科技还是全球最大的墨水屏制造商。此外，我国台湾地区的两家公司在显示面板市场上也占有一定的份额。

（二）我国台湾发展高新技术企业的措施

1. 大力发展数字经济

数字经济是当前重要的经济增长点。布局好数字经济发展战略是各经济体经济发展的重要举措。我国台湾地区在 2016 年提出"'数字当局'与创新经济发展规划（2017—2025）"，被称为"DIGI＋"，以振兴和发展台湾数字经济。同年，出台"智慧机械产业推动方案规划"，促使产业"智慧机械"化。2018 年提出 4 年期"台湾 AI 行动计划（2018—2021）"、建设"亚洲硅谷"计划、"台湾 5G 行动计划（2019—2022）整体推动架构"，在于打造智能医疗、智能制造、智能交通等 5G 应用国际标杆场域，打造全球信赖的 5G 产业供应链，驱动数字转型。

2. 实施高新技术企业税收激励政策

（1）制定法规保障高新技术税收政策的实施。

20世纪80年代中期，台湾传统劳动密集型产业逐渐丧失竞争优势，发展知识、技术密集型产业逐渐成为世界潮流。为此，台湾当局以加速产业升级、提高产品附加值等方式应对这种变化。1991年1月1日颁布施行《促进产业升级条例》，采用产业相关的税收优惠政策，形成多种激励高新技术产业发展的税收方式。一系列政策鼓励研究与创新，促进台湾高新技术产业的进一步转型发展，形成以营利事业所得税为主，多种税种辅助，直接与间接税收优惠政策结合，以"投资抵减、加计扣除、加速折旧"等间接税收优惠政策为主的高新技术产业税收政策体系。

（2）重视风险投资税收优惠政策。

高新技术产业天然具有高风险、高回报的特征。中国台湾20世纪80年代自美国引进风险投资事业，20世纪末进入成熟发展期，其风险投资事业发展速度之快与其采取的减免税、税收抵减、退税等税收优惠措施关系密切。众多科技型企业建立之初多具有规模小、收益少、风险大的特点，因此其税收政策的重点放在了投资抵减、费用扣除、提取准备金等方式，用以降低中小企业的经营风险。在该政策的扶植下，20世纪七八十年代创立的半导体、显示技术等高新技术企业，如今都成为台湾制造业的中流砥柱，在世界上占据足够的市场份额。

（3）注重税收政策对科技人力资本的激励。

台湾非常重视人才，给予高级人才特殊税收优惠。台湾居民以自己的创作或发明，依法取得专利权，提供或售予台湾公司使用，经有关事业主管机关核准，提供该公司使用所得的权利金，或售予该公司使用所得的收入，50%免予计入综合所得课税。公司以其未分配盈余转投资于重要科技事业、重要投资事业及创业投资事业的，其股东因而取得的新发行记名股票，免予计入该股东当年度综合所得额。在政策激励下，台湾高新技术企业每年都有足够的科研投入，并且每年专利申请数量巨大。

（三）闽台高新技术企业合作

改革开放以来，福建省依靠地缘优势与优惠政策，吸引了大量台资。20

世纪 80 年代初期,福建省第一家台资企业诏正水产养殖有限公司在漳州市诏安县注册成立,这也是祖国大陆的第一批台资企业。随着科技社会的发展,在闽台企投资持续增长,福建省对台资的利用率居大陆各省份前列。截至 2023 年 1 月,福建台资企业超过 1.1 万家,在集成电路、机械装备、生物医药等先进制造业上具有明显的比较优势①。在闽台企投资领域分布广泛,对福建省三大主导产业——电子信息、石油化工和机械制造产业的形成壮大发挥了重要作用。同时可以看出,福建省承接了大量的台湾地区劳动密集型产业,但高新技术产业却承接甚少。对福建省吸引台湾投资进行的现状分析,是提出相应政策建议的前提抓手。

1. 特殊的对台优惠政策

2018 年 6 月,福建省发布"惠台 66 条措施",其中有 27 条涉及扩大闽台经贸合作的措施,包括对台在闽设立的研发平台新增的研发仪器设备实际投资额进行 30% 的补助,独立法人资格的研发机构最高补助 2000 万元等。这些举措为台湾高新技术企业在福建省的投资打开了便利之门,为新时代福建省更好承接高质量台资的转移奠定了基础。

2021 年 3 月,国台办出台"农林 22 条措施"。为支持台资企业更好地参与大陆农林业高质量发展,促进乡村振兴,这些措施在营商环境、融资渠道,经贸合作,技术专利申报,建设农业创业园区等方方面面为吸引农业台资营造了宽松的政策环境。

此外,福建省对台进行税收优惠政策。典型的例子是福建省平潭税收优惠政策,在进口税、增值、消费税,企业所得税各方面进行减免优惠。目前,平潭市综合试验区已经进入了发展完善阶段(2021—2030 年),形成了与台湾经济全面对接,社会生活高度融合的规划局面。在税收优惠政策的虹吸效应下,福建省吸引台资的规模和数量长期居于大陆第一位。

2. 福建对台的"五缘优势"

在与台湾的经济交流中,福建省充分发挥对台的"五缘优势",即"地缘、血缘、文缘、商缘、法缘",着力先行先试,对台交流合作走在时代前列。

---

① 董建国. 闽台产业合作持续走向深入 [EB/OL]. (2023 – 01 – 24) [2023 – 11 – 30]. https://baijiahao. baidu. com/s?id = 1755909290408711045&wfr = spider&for = pc.

首先，是经贸合作的拓展。福建在省内多次举办闽台合作研讨会，与台开展石化、汽车、精密机械、LED、电子五大产业的对接商谈。同时，台资重点项目建设也蓬勃发展，全球最大的 LED 生产基地"开发晶"项目，烨联钢铁、顶新食品、古雷石化的炼化一体化，PX/PTA 二期等项目步伐不断加快。此外，福建省积极开展海峡电子商务产业基地共建，拓展产业对接合作载体，台闽两岸经济来往成效显著。

其次，农业交流加强，且合作质量不断提升。福建省长期以来都是全国最大的海峡两岸农业合作试验区，拥有 6 个国家级的台湾农民创业园区，数量居全国之冠。在原有 4 个台湾农民创业园建设的同时，福清、惠安两个新增创业的招商引资也在积极开展；漳浦台湾农民创业园区、漳平台湾农业创业园区、仙游台湾农业创业园区和清流台湾农业创业园区也在加紧合作交流，在花卉、反季蔬菜、休闲观光旅游、创意农业、特色养殖区等各方面加紧合作，不仅在提升农业产量上实现实质性突破，更追求高技术的投资，将台闽合作与乡村振兴计划紧密结合起来。

3. 在闽台资的融资需求

两岸经贸合作不断加强的同时，金融合作需求不断加强，因此提出新的政策以及建立新的优势的需求。目前在闽台资发展存在的问题有：台资的融资来源和融资渠道比较单一，且企业自有资金占比较重，内源性资金仍旧是企业首要的资金来源。近年来，大陆的金融机构服务质量也在不断扩展，大陆地区金融机构超越台湾地区金融机构成为在闽台企的第二大融资来源，半数以上的企业得到了大陆的金融机构的信贷支持，并且建立了较为稳固的合作关系。

与闽台经贸合作相比，闽台金融合作呈现出了"大经贸、小金融"的格局，其中很重要的一个原因是台资金融机构服务能力有限，两岸金融合作仍需不断加强。虽然福建省内已经设立了一些台资金融机构，但这些机构的设立大多数分布于福州市、厦门市经济相对发达的地区，并不能对福建省形成较为均衡的金融辐射效应。在闽台资面临加大信贷支持力度的迫切要求，这也是在进一步的发展中一个重要的课题。

综上所述，福建省作为大陆吸引台资规模最大、数量最多的地区，有着得天独厚的地理条件与政策优势。台资企业对福建省的农业、制造业、服务业都产生了深远的影响，但在高新技术企业的引入上仍有很大的发展空间。

同时，福建省社会经济发展较快，人口红利正在逐渐消失，台湾当局政策的变动以及内陆地区省份拥有更加有力的承接条件，在闽台资需要进行产业结构调整以适应供给侧结构性改革的大趋势，也需要更有利的政策环境与支持。因此，需要通过营造更为有力的营商环境为高新技术台资的进入打开便利之门。

（四）台资在闽高新技术领域投资发展的情况

1. 台闽农业产业技术园区及龙头企业

福建省是全国最大的海峡两岸农业合作试验区。目前拥有六个国家级台湾农民创业园区，已经形成"一园一特色，一区一产业"的发展格局。新的农业高新技术、先进经营理念和市场营销方法也随着良种、技术、设备的引入而深刻地影响着福建农业的发展，推动形成农业一二三产业不断融合发展。除此之外，福建从台湾引入农业良种与农业新技术，以及先进的农业市场营销理念与管理经验，建设了一大批高标准的推广示范基地，比如永春柑橘、诏安火龙果、沙县茶叶等，为地区增收带来了良好的效应。高新农创园的建设以及台资龙头企业的涌现，既为两岸先进产业的经济交流奠定基础，同时也极大地带动了福建省脱贫致富工作的发展，在未来也将迸发出更大的经济活力与潜力。

2. 电子信息产业

台湾的高新技术产业发展较早于大陆，且已形成了半导体、电子制造业、精密机械和显示技术在内的四大世界级产业。在人口红利的逐渐消失和进行产业转型的时代特征下，福建省已经在福州、厦门、漳州等地建成了高新技术开发园区；2020 年 9 月，厦门市发布《厦门市"十四五"电子信息产业发展规划》明确提出了以三大制造业为基础，软件和信息服务业为支撑，多种新兴业态为拓展，力争 2025 年实现万亿级电子信息产业集群。在这样的趋势下，积极引入高质量的高新技术台资也是推动产业发展的动力之一。由于在电子信息产业对台资的吸收力度不够充分，福建省内还未形成台资电子信息产业的龙头企业代表，但是已经形成了初具规模的中小型企业，如福州百中电子、福州大朋电子、福州天泉电子等。台商在闽地电子信息业的投资，主要呈现以下几个特点：一是市场规模不大。还未形成规模较大的龙头带领企业，多为中小型企业，市场产值与规模还没有形成集群效应。二是承接配件制造工艺较多。中小型电子信息企业多在20世纪80年代末出现，且前期多从事电子机械配件的生产，21世纪以来，互联网IT技术和光电技术开始蓬勃发展。三是分布范围较小。绝大多数分布于福州市、厦门市等经济发达的自贸试验区，难以形成地域优势。

综上来看，台湾来闽大多集中在农副产品以及加工制造业，高新技术总体类型比较简单，数量也较少，产业结构依然有待调整与转型。随着我国供给侧结构性改革的推进与内陆地区投资环境的改善，福建省面临的问题主要在于如何利用"五缘优势"以及政策优惠进一步提高对高科技台资的吸引力。

（五）台湾高新技术产业对中国大陆投资合作的新动向

1. 台湾高新技术产业的发展前景

中国台湾正从目前世界格局中受益，但其半导体行业产业优势正在被吞噬，技术、管理创新，完善供应链数字化是其进一步发展的突破口。新冠疫情和中美科技博弈可能会导致全球半导体制造企业在生产、设计、销售环节分化为多维市场。市场分化的原因可能是需求调整，与产品设计没有太大关联。从目前市场情况看，亚太半导体供应链已经出现小范围变化，东南亚和中国台湾成为这次变化的初步受益者。虽然越南、马来西亚、新加坡等地具有一定供应链能力，但这些国家在资金投入、国内资源配置和技术能力上都存在着较大制约。因此，供应链转移是有限度的。中国拥有大量务工人员和重要供应商集群，且具备较高技术水平，庞大的规模难以被复制。想取得成功，长远而言，半导体企业需要着力绘制供应链蓝图并实现供应链数字化，开拓全球视野并实现多元发展，同时建立战略后备能力及战略灵活性。

人工智能、大数据、5G等多项颠覆性技术的成熟将推动半导体市场发展。一旦经济复苏，市场将保持持续可观增长，尤其联网产品和应用。例如，智能手机仍旧是半导体产品需求的最大驱动，随着智能手机中相机数量不断增加，光电子产品市场表现出色。未来五年，逻辑集成电路和模拟集成电路领域也将继续保持增长势头。中国台湾在这方面的优势依旧存在，并且其代表性企业已经在5G技术上取得相当可观的成果。

2. 闽台合作

随着全球竞争格局及经济一体化形势的发展，闽台高新技术产业合作不断深化，产业联盟初见雏形。第一，台商纷纷在福建投资设立高新技术企业，推动了闽台高新技术产业的发展与分工；第二，双方的科技合作日益深入，主要表现为"福建省台湾学者（泉州）创业园""海峡两岸软件示范基地""福州海峡数码娱乐产业基地"等相继落成，双方交流洽谈增多，旺宏、巨启等多家台商企业入驻软件园，研发成果不断孵化、应用和转化。

针对闽台高新技术合作发展现状和存在的问题，应从政府、产学研合作平台、服务中介、行业协会等方面入手，系统构建、不断完善闽台高新技术产业战略联盟，实现闽台在技术、市场、产业链等方面的深层次、全方位合作。本专题认为，两岸产业衔接突破点是电子信息产业。福建抓住台湾电子信息产业低附加值产品向岛外转移的契机，鼓励其赴福建投资，借助企业投资的连锁效应带动福建形成上、中、下游完整产业链条；与台资企业合作研发设计将台湾电子信息产业优势复制到福建，带动福建电子信息产业成长。目前福建省的营商环境、产业集群、高新技术产业引进政策仍不具有较强的吸引外资落户的能力，导致更多优质产业的优秀企业选择深圳、上海等地落户。福建省应该利用自身地理位置优势，出台更具吸引力的落地政策，放宽台资企业在闽设厂限制，积极构建优质产业集群。

另外，台湾农业也是其发展的一大亮点，福建与其隔海相望，地理位置优越，政府提供两地农业生产者交流的平台，让台湾农民赴福建开展农业活动同时传授谷物种植、鱼类养殖经验和技术，将成为闽台合作新突破点，也必将成为亮点。

三、长三角及珠三角高新技术企业发展分析

（一）长三角、珠三角的高新技术产业概况

长江三角洲的高新技术产发展有着深厚的背景，20 世纪 90 年代后期，随着浦东的开放开发、苏南经济的复苏、浙江民营经济的快速发展、上海成功申办世博会，长三角高新技术产业迅速崛起。以上海为中心的高新技

术产业近年来出现了快速发展的局面。苏州及周边地区已经成为外商及港台商制造与研发的重要基地。上海作为长三角经济、服务中心的地位迅速提升，向周边台资企业提供的产前、产中、产后全方位服务将更有效率、成本更低。

珠三角地处珠江下游，位于广东省，毗邻港澳，与东南亚的国家与地区隔海相望。珠三角区域内海陆交通便利，是世界上最为重要加工制造和出口基地之一。2015 年 9 月，国务院批复同意建设珠三角国家自主创新示范区，从此珠三角的高新技术企业进入高速发展的时期，在实践上形成以深圳、广州为核心，以珠海、佛山、东莞为骨干的一小时经济圈。经过多年的发展，珠三角在新一代信息技术、高端装备制造、新材料、新能源、生物医药等先进制造业方面实现了高质量发展。

（二）长三角、珠三角发展高新技术产业的举措

1. 政府支持

长三角地区法治意识、制度管理的意识较强，政府的行政效率高，非常重视高科技产业的发展。上海市政府作出将高新技术产业列为经济振兴战略重点的决策，重点发展信息技术、现代生物医药、新材料三大高科技产业。2021 年通过的《关于促进本市高新技术产业开发区高质量发展的实施意见》，为提升创新策源能力、打造若干特色产业集群、培育创新型科技企业等方面给予了推进支持。浙江省实施了"科教兴省"战略，重点发展电子信息、医药和仪器仪表三大高新技术产业，并策划了"百亿信息化建设"工程，全面推进"数字浙江"的建设。江苏省着力培育集成电路、计算机及配套产品、现代通信产品、数字音视频等重点产品群，加快发展软件产业，建设软件产业基地。

自国务院批复《珠江三角洲地区改革发展规划纲要》以来，珠三角产业结构明显提升，自主创新能力显著提高，区域一体化格局初步形成。珠三角地区，在我国产业结构中，升级水平高、调整速度快、科技创新水平高。其具体做法有：坚持企业作为创新及其商业成果转化的主力，培育创新型企业，激发行业发展活力，实现产业链上中下游的共同发展效应，提升整个产业链条的技术应用水平；促进产学研深度融合，打造产业园区，建立实现共

同创新的平台，利用平台进行科技创新，提高技术创新的速度和质量，实现创新成果高效转化，对接市场；瞄准优势产业，鼓励科技成果的转换，比如珠海的智能家电产业、广州的信息技术产业、中山的健康医药产业等，促进在优势产业上的科技创新成果转化，提高技术的应用水平。

2. 区内协调机制的完善

区域内良好的协调机制整合了本地区的综合优势，提升了该地区的综合竞争力。上海与其周边的江苏、浙江历来就有良好的产业分工、产品配套、市场辐射的关系。改革开放后三省市的合作和整合已从民间上升到政府层面。良好的营商环境使长三角成为海内外资金汇聚之地。中国加入 WTO 后，对外开放日益深化，海外资本都在积极寻求、开拓和运筹进军中国市场的辐射中心。长三角成为海外资本进入中国市场的首选目标。外商在长三角已从研发、制造、加工、销售等各个环节建立了较为完整的水平一体化的高新技术产业链。

3. 科研资源丰富

长三角、珠三角科技力量雄厚，研究成果和高新技术产品数量多、质量高。微电子、光纤通信、生物工程、海洋工程、新材料等方面的研究在国内领先。两地区拥有高等院校科研机构数十所，建立了高等院校和企业技术开发相结合的体系。长三角地区教育经费的投入约占全国的1/6，科研机构的经费投入占全国的1/5，高校科研经费投入占全国的近1/3，科研开发机构的科技人才数约为全国的1/5，科学家、工程师人数接近全国的1/6；高级、中级技术人员约为全国的1/5，该地区被 SCI、ISIP、EI 收录的论文约为全国的1/4。该地区技术市场成交额约为全国的1/5；高新技术出口额约为全国的1/5。

4. 较为完备的金融市场

高新技术产业是高投入、高风险、高收益的行业，完备的、多层次的金融资本市场必不可少。上海证券交易所是我国最大的资本市场，具备强大的融资功能；上海金融业的国际化、市场化已有良好的起步，上海在海外发行股票、金融债券为长三角利用外资、融通资金、发展经济起到了积极作用；深圳中小企业板的设立为长三角的高新技术型中小企业提供了新型融资平台；积聚着巨大能量的江浙民间资本以及全国其他地区的资金为长三角地区提供着资金。此外，利用上海的金融平台，结合国家金融改革，不断完善多层次融资的金融功能，利用民间融资推动创业投资本地化，可大大促进长三角高新技术产业化。

（三）福建省与长三角、珠三角在发展高新技术方面的比较

1. 科技人员比例相对较低，科技研发能力有待提升

福建省高新技术产业的科技活动人员数量和科技研发能力皆低于全国平均水平，虽然通过几年的努力，福建省在扩大企业规模、提高产业产值的同时，科技人员从业比重也得到不断提升，科技研发能力也逐步提高，但是与长三角、珠三角相比依旧存在较大的差距。

2. 科技活动机构共享率低，专利平均科技经费额高

福建省的科技活动经费额在全国处在中上水平，但其单位专利平均经费额却在全国处于领先位置，同时福建省的科技活动机构共享率也远远低于全国平均水平。这说明福建省高新技术产业内企业和科研机构间的合作不足，科技研发能力受限，企业花费较多的经费却未获得相应的科技创新成果。

3. 发展定位不明晰

很多高新技术区缺乏对自身的充分认识，并未依据资源和能力对业务进行规划，没有设立明确的发展目标，并进行合理的资源分配，缺乏统筹且细致的安排，导致企业的发展与市场需求不匹配，投入产出的转化过程不顺畅，发展速度与企业规模不匹配等问题。很多地区产业定位雷同，导致功能重叠，形成不了自己的优势，企业在市场上缺乏创新力和竞争力。同业竞争和同质化的发展模式带来竞争的不确定性。

4. 高新技术产业地区差异明显

厦门市高新技术产业在福建省具有最高的发展水平，最高的企业数量、产业产值和从业人员数量，其占全省比重分别达到 34.5%、28.12% 和 38.33%，同时全省仅有的两个国家级高新技术科技园区也有一个坐落在厦门市境内。在福建省，福州的发展水平仅次于厦门，也拥有一个国家级高新技术科技园区，同时产值、企业数量和从业人数在福建省也具有较大比重。除此之外，福建省各地市在高新技术产业的发展上存在较大的地区差异，构成比重由大到小依次为泉州、漳州、莆田、龙岩、三明、南平和宁德。

5. 创新机制不健全

福建部分地方强调"大而全"的发展思路，搞大项目、大集团，采用支柱性产业带动模式，没有顺应本地的特色和资源能力现状，可能会导致资源过分倾斜，不利于周边城市的全面协调发展。这些传统的理念和思维方式对高新区影响很大，容易造成开发区资源的浪费和效率低下。高新区的基本模式是"以土地换发展"，驱动力来自资本投入，风险资本流入输出的是高房价和泡沫资产，创新机制还未在福建省得到广泛颂扬，产学研结合不够紧密。园区的发展更多依赖稀有资源和低人力资本。

四、促进福建高新技术产业发展的对策建议

当前，在面临西方国家对我国的不正当竞争、打压的情况下，我国经济转型进入高质量发展阶段，福建作为我国经济改革开放前沿阵地，要坚持新发展理念，紧抓新发展阶段的机遇，在国内高新技术产业的发展中率先突围，加强自主创新，率先发展，超常规发展，走出一条高新技术产业与企业快速发展的道路，通过加速发展高新技术企业，构建经济发展与总体安全的对策框架。

（一）培育扶持发展一批创新型领军高新技术企业

借鉴国内外"独角兽""小巨人"成长规律，建立福建高新技术企业加速成长机制。继续培育扶持新一批现代产业的"独角兽"企业。一是强化政策支撑，壮大独角兽企业培育库。二是继续加强招商引资力度。三是鼓励和引导国有创投机构积极参与本地"独角兽"企业培育孵化。四是要完善基础设施建设。五是进一步加大金融支持。加快促进联芯、晋华、三安等龙头企业聚焦于芯片、新能源技术、无人机等关键技术创新的重大项目建设。依托领头企业实现高质量发展，将提质增效作为高新技术企业的主要目标，鼓励既有技术创新主体做大做强。政府在半导体等产业揭榜挂帅，推出一批"小巨人"企业，加大对高新技术重点领域开发力度，助推优势产业智能升级。

（二）促进高新技术产业及企业集聚发展

进一步优化福建高新技术产业结构布局，引导技术基础好、创新能力强的芯片企业、半导体企业、新能源企业等以福州、厦门、泉州、莆田为中心的沿海产业带集聚发展。加强厦门、福州双核心的辐射引领作用。加快打造厦泉、福莆南北两个"1小时"产业圈。积极发展芯片产业特色园区，打造芯片产业特色工艺园区，支持周边地区根据自身条件发展配套产业。形成福建省"一带双核多园"的芯片等高新技术产业格局："一带"即以福州、厦门、泉州、莆田为中心的沿海芯片产业带；"双核"即以厦门、泉州为核心的产业辐射双高地；"多园"即地方产业园区、三明中关村科技园、中国科学院STS（科技服务网络计划）福建省中心及莆田分中心等。

（三）千方百计促进闽台高新企业融合发展

要注重深化闽台企业、院校、研究机构、专业人才在芯片、新能源、新材料等高新技术领域的深度合作。第一，要进一步完善闽台合作交流机制与政策沟通，促进高新技术优势互补和融合发展，实现发展利益双赢的新格局。第二，加强闽台高新技术合作，共创高新技术协作带。农业方面，要提高新技术农业企业合作水平，积极吸引与引入台资与台湾地区先进农业技术，还要将大学、科研机构等融入农业专业化生产，集聚夯实台资投资园区的建设，不仅加强基础设施的建设，更要加强制度的革新与改进，为打造集约型生产降低成本提供环境支持。第三，合作创建电子信息产业基地，提升集群效应。目前，福州、厦门已经形成了初步的产业集群，台湾地区又是世界上第三大信息产业制造地，以福厦软件园为龙头，与台湾地区前沿高新科技合作，组建高新技术跨国集团，共创中华品，将会进一步促进两岸高新科技发展，形成更大的产业带动效应。第四，在为引入高新技术台资提供优惠政策环境的同时，也要促进台湾地区放松对大陆地区高新技术转移的限制。加强两岸人才的互通有无，设置科研机构以及完善人才引入政策，进一步推动两岸高新技术的合作往来，推进经济共赢发展。

（四）深化福建与东部发达地区高新技术企业的合作

通过政府牵头、企业参与的机制，福建应进一步加强与广东、浙江、上海等沿海发达地区高新技术产业的区域规划与合作，福建省内高新产业园区、高新技术企业应与沿海地区知名企业、科研机构等合作共建创新园区、科技成果孵化基地和专业技术服务平台，形成分工协作和优势互补的区域创新格局。推动沿海高新产业园区之间的合作交流，提升高新技术产业及企业的发展水平。一是强化区域知识创新的空间联系。积极建立健全知识创新信息传播交流平台，通过移动互联、云技术等新兴互联技术的应用，打破小范围技术创新经济圈形成的空间壁垒。借助"互联网＋"，统一福建与东部发达地区高新技术企业的知识创新信息平台，利用互联网信息交流速度快和范围广等特性，加快创新信息传播的效率，扩大提升创新经济圈内城市的创新溢出效应与辐射范围。建立科技合作市场，发展专业化技术创新服务机构，支持和推广各类技术交流网络平台，为技术创新人员提供方便快速的交流渠道。通过与国内外高校与科研机构合作共建研发机构和技术转移转化机构，开展前沿性科技成果开发和转化，积极引进国内外高端科技创新中介服务机构，培育专业化的中介服务队伍。二是以高新技术产业链为桥梁，推动重点产业、重点项目和重点工程在城市间点对点的投入和发展，建立企业联动、合作发展机制，在基础设施、产业园区和人才引进等多领域全方位实现对点帮扶。

（五）进一步优化发展高新技术企业的金融环境

福建要进一步优化厦门、福州等现代产业的金融环境，应从政府政策、民间融资环境、中介服务体系等方面着手。首先，发挥政府产业基金的引导作用，引导社会资金投入现代产业，支持龙头企业上市融资、发行债券、资产证券化等，加快行业兼并重组，推动产业整合优化，减少低水平重复建设；其次，争取国家级高新技术产业发展基金在福建设立子基金，推动更多厦门现代产业重点项目纳入国家重大建设项目储备库，争取较大额度和较长期优质信贷支持；激活民间资本，用好鼓励民间投资、加快现代产业发展等政策。

（六）制定更具有吸引力的高新技术才引进政策

针对福建高新技术产业的需求迫切的情况，地方政府应在以下两方面着手：一方面，加快产业高层次交流平台的搭建，以城市魅力、政府项目、产业勃兴实施重点产业紧缺人才计划，充分发掘本土教育资源、人才培养优势，主要以省内高校、职校为依托，抓好专业人才的培养。在政府的引导下，设立相关项目、基金，开办高新技术产业培训学院，创新产学研的合作方式，提升校企合作层次。此外，还应重视社会培养，宣传产业价值、推崇"工匠精神"，出台社会人才培养具体项目，切实提高从业人员的知识素质和技能。可参照杭州做法，不把人才政策简单罗列在某个具体产业扶持政策里，而是单独出台整套有持续性、有细则、有落实、有力度的政策。也可以借鉴江苏人才国际化的经验，制定出台符合国际人才惯例的人才国际化指导意见。另一方面，实施重点人才工程，从实际出发，大力推动人才体制机制创新，建立与国际接轨的人才资源开发区，吸引高层次人才创新创业，高水平建设高层次人才研究院，加快发展人才服务业。大力实施各类高层次人才"能力提升工程"；采取专题性招才引智方式、常态化引才方式、以才引才方式，寓招才引智于招商引资之中，创新"柔性引才"方式，积极争取多方支持引才引智；采取多项突破性举措，着力构建"下得去、留得住，能流动、能发展"的基层人才工作新机制；着力打造有利于人才成长发展的软硬环境，做好人才服务工作，不断健全完善人才服务体系。

（七）建设国际高水平的营商环境

对标国际营商环境指标，以增强招商引资工作能力为出发点，高质量建设福州、厦门、泉州、宁德等外商投资区、台资投资区以及高新技术发展区。一是积极抓好政府服务与扶持政策制定，深入推进商事制度改革，建立适应芯片等高新技术产业发展的营商环境与财政、税收等产业扶持政策，加强知识产权保护。二是建立、完善股权风险基金、创新性中小企业信贷，支持开展知识产权投融资服务，探索担保机构、风险投资与银行合作的科技担保投资体系等，为福建省高新技术企业提供良好的投融资环境。三是推进产业链招商，大力吸引半导体装备、新材料、新能源等企业在福建省设立生产基地，建立总部经济，形成上下游配套完善的产业链。四是实行高水平开放发展，参与双循环新发展格局，深化福建与共建"一带一路"国家与地区的高新技术产业与企业合作。将推进福建高新技术产业与企业发展作为参与国内外双循环新发展格局的重要内容。

板块四　中国式现代化

专题八　中国式县域现代化的"晋江经验"

一、引言

　　党的二十大报告中强调以中国式现代化全面推进中华民族伟大复兴，并系统阐述了中国式现代化的五个基本特征和九个方面的本质要求。中国式现代化是一个具有全局性、总体性和战略性的目标，对经济社会发展提出了更高的要求。县域经济是中国国民经济体系中的综合性、基础性单元，在中国经济版图中有着举足轻重的地位和作用。2000年以来，县域生产总值在国内生产总值中的占比为70%左右，而人口占比超过70%（斯丽娟和曹昊煜，2022）。县域现代化是中国式现代化的基础，是事关中国式现代化建设和中国崛起的核心问题，更是促进城乡一体化和社会经济协调发展的关键所在，但从国家全局看它又是中国现代化进程中的一个最薄弱环节（陆学艺，2007）。中国式县域现代化是中国式现代化的县域实践，即从县域层面探索中国式现代化的基本内涵、特征规律、动力机制和发展道路等，是中国式现代化的重要基础和重要支撑。因此，研究中国式县域现代化具有重要的理论意义和现实意义，而晋江为我们提供了一个典型的县域现代化样本。

　　改革开放40多年来，晋江从一个资源匮乏、长期依靠出海谋生的传统农业县一跃成为一座经济、政治、社会、文化、生态"五位一体"全面发展的现代工业城市，充分凸显了市场化、工业化、城市化、国际化"并联式"发展的中国特色，从县域层面充分演绎了中国式现代化道路（王春光，2022）。2002年晋江GDP为328.16亿元，2003年开始进入两位数的高增长，

2011 年晋江 GDP 的增速一度超过 20%（见图 1）。随着中国经济进入新常态，受宏观大环境的影响，2014 年以后晋江的增长势头有所放缓，但 2017 年又重回两位数的高增长。即使经受 2008 年国际金融危机和 2020 年新冠疫情的两轮冲击，晋江经济依然保持巨大的活力与韧性。2021 年晋江 GDP 增速回升至 10.5%，相比之下，泉州、福建、全国的 GDP 增长率分别为 8.1%、8.0%、8.1%。[①] 值得一提的是，根据晋江市的政府工作报告，2022 年晋江 GDP 已超过 3200 亿元，是 1978 年（1.45 亿元）的 2206.90 倍，约折合 457 亿美元。如果放到世界各国 GDP 中去比较，作为县级市的晋江在 2021 年可以排到第 84 位，GDP 总量超过约旦、喀麦隆、利比亚等国家。在宏观形势复杂、市场需求收缩、国内疫情超预期的大环境下，晋江经济依然表现亮丽，堪称经济发展新常态的"晋江奇迹"。

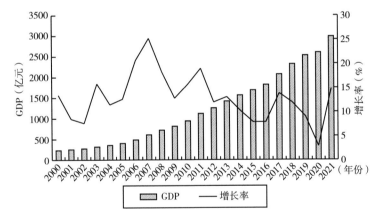

图 1 2000～2021 年晋江 GDP 及增长率

资料来源：《晋江统计年鉴 2022》。

1996～2002 年，先后担任福建省委副书记、代省长、省长的习近平同志七下晋江进行调研，将党领导下晋江人民对中国特色社会主义发展道路的大胆探索和成功实践提炼为"晋江经验"，其科学内涵可概括为"六个始终坚

---

① 资料来源：《晋江市 2021 年国民经济和社会发展统计公报》《2021 年泉州市国民经济和社会发展统计公报》《2021 年福建省国民经济和社会发展统计公报》《中华人民共和国 2021 年国民经济和社会发展统计公报》。

持"和"处理好五种关系"①②。"晋江经验"凝聚着习近平同志对如何发展社会主义市场经济、民营经济与县域经济的深刻思考，是中国特色社会主义实践探索的重要成果。在"晋江经验"指引下，晋江经济增长一直保持强劲的增长态势。"晋江经验"提出 20 年来，晋江县域经济实力连续 22 年跻身全国百强县（市）前 10 行列，连续 28 年居福建省首位，以占福建 1/200 的土地创造了全省 1/16 的 GDP，成为全国县域经济发展的典范、县域现代化建设的样板。可以说，晋江一直肩负着先行先试的历史使命，"晋江经验"为从县域层面探索中国式现代化提供了可借鉴的"中国方案"。

二、晋江中国式县域现代化的基本内涵

改革开放 40 多年来，晋江成功探索出一条以实体经济为命脉根基，以民营经济为主力军，以品牌建设为重要抓手，以工业化和城市化为"两个轮子"，以产城人融合为人本取向，以亲清新型政商关系为坚实保障的中国式县域现代化之路。

（一）实体经济是晋江中国式县域现代化的命脉根基

就县域层面而言，以工业制造为核心的实体经济是支持县域经济发展的基石，在中国式县域现代化中占据首要地位。从某种意义上说，晋江的中国式县域现代化，首先表现为以实体经济为命脉根基的经济现代化。改革开放40 多年来，晋江在制造业方面打下坚实的基础，成为中国制造走向世界的典范。制造业是实体经济的重要基础，而实体经济是晋江发展的最大特色，晋江聚集的各种生产要素非常适合发展实体经济。经历了市场大风大浪的洗礼，晋江政企两方面都充分意识到实体经济是一切发展的根本，守住实体经济这个"基本盘"，也就守住了晋江经济发展的"生命线"。为此，晋江确

---

① 习近平. 研究借鉴晋江经验 加快县域经济发展——关于晋江经济持续快速发展的调查与思考 ［N］. 人民日报, 2002 – 08 – 20.

② 习近平. 研究借鉴晋江经验 加快构建三条战略通道——关于晋江经济持续快速发展的调查与思考 ［N］. 福建日报, 2002 – 10 – 04.

立了"先进制造业立市、高新产业强市、现代服务业兴市"的发展思路,围绕实体经济做好新时代大文章,厚植实体经济的根基。2006～2021 年,晋江第二产业增加值占地区生产总值的比重一直保持在 60% 以上。目前,晋江已打造 1 个超两千亿产业集群(鞋服)、1 个超千亿产业集群(纺织)、2 个超五百亿产业集群(建材、食品)、3 个超百亿产业集群(集成电路、智能装备、医疗健康)。晋江实体经济创造的产值、税收和就业岗位占比,均在 95% 以上。[①] 亮丽数字的背后,是晋江心无旁骛发展实体经济的结果。

(二) 民营经济是晋江中国式县域现代化的主力军

改革开放之初,计划经济体制开始松动,从中央到地方,政策强调"放开搞活""抓大放小",国有经济主动从中小企业层面、一般性竞争性领域退出,为县域民营经济提供了广阔的发展空间,县域民营企业如雨后春笋般涌现。随着改革开放逐步推进,县域民营经济以其"草根性",从无到有,从小到大,从弱到强,迸发出空前的发展活力。正是在这样的时代背景下,晋江民营经济迅速崛起,晋江也因此成为全国民营经济最活跃的地区之一。从全国范围看,民营经济的重要作用可概括为"56789",即贡献了 50% 以上的税收、60% 以上的国内生产总值、70% 以上的技术创新成果、80% 以上的城镇劳动就业以及 90% 以上的企业数量[②]。而晋江民营经济的有关指标占比明显要更高一些,总体呈现"99999"的特征,其对国内生产总值、税收、研发投入、城镇就业和企业数量的贡献均超过九成。可见,民营经济是晋江中国式县域现代化的主力军、顶梁柱,在中国式县域现代化进程中发挥着主体性作用。2020 年新冠疫情全球大流行以来,晋江民营企业积极探索创新发展的空间和路径,显示出极强的韧性。企业家们不等不靠,主动作为,善于把不确定性转化为"先手棋",在别人观望收缩的时候果断加快投资布局,大展身手,呈现逆势成长态势。晋江市统计局的数据显示,晋江培育的市场主体已超 25 万户,其中规上企业数量由 2006 年的 1241 家增加到 2021 年的

---

① 许雅玲. 守实体 向未来——泉州传承"晋江经验"系列综述之一 [N]. 泉州晚报,2022 – 08 – 15.

② 习近平. 在民营企业座谈会上的讲话 [N]. 人民日报,2018 – 11 – 02.

2059 家，产值超亿元、超 10 亿元企业数量分别由 2006 年的 196 家、5 家增加到 2021 年的 1159 家、139 家，上市公司数量也由 2006 年的 5 家增加到 2021 年的 50 家。在泉州市财政局、泉州市税务局、泉州市工商业联合会公布的"2016 — 2020 年度泉州市民营企业纳税大户"榜单中，恒安、安踏、百宏等 22 家晋江民企上榜，占据前 50 家纳税大户数量的 44%。

（三）品牌建设是晋江中国式县域现代化的重要抓手

品牌是高质量的代名词，是企业、城市乃至国家创新能力和综合实力的重要标志。不过，直到 20 世纪 90 年代中期，贴牌加工仍是晋江最主流的生产方式。也因为如此，晋江企业只能被锁定于全球价值链的中低端。1997 年亚洲金融危机爆发后，不论是国内市场还是国际市场，都由卖方市场转变为买方市场，晋江企业的订单大幅缩水，遭受无品牌之痛。于是，晋江市委、市政府于 1998 年提出实施"品牌立市"战略，2002 年又提出打造"品牌之都"计划，品牌建设成为晋江中国式县域现代化的重要抓手。在晋江政企相互支持配合、共同努力下，安踏、361 度、柒牌、七匹狼、特步、心相印、利郎、劲霸、盼盼等一批消费者耳熟能详的知名品牌竞相崛起，稳步向全球价值链中高端迈进。在品牌战略的带动下，晋江企业坚持把创建品牌作为企业的永续生存之道，晋江品牌由此获得了历史性突破。截至 2022 年上半年，晋江全市共有有效注册商标 183457 件，驰名商标 46 件，马德里国际注册商标 404 件，地理标志商标 13 件，成为全国重要的制造业品牌基地之一，形成规模庞大的"品牌"集群，被誉为中国的"品牌之都"①。实现品牌国际化，让"晋江品牌"走向世界，正成为晋江很多企业的选择。例如，恒安将全球化提升到战略高度，着手布局海外营销中心，设立洲际生产基地。晋江的品牌建设折射出中国式现代化的基本规律，体现为"三个转变"，即中国制造向中国创造转变、中国速度向中国质量转变、中国产品向中国品牌转变。

---

① 吴焕新. 晋江斩获 4 项中国专利奖　持续推动知识产权高质量发展［EB/OL］. （2022 – 08 – 11）［2023 – 10 – 27］. http：//www. china. com. cn/zhibo/content_78367471. htm.

（四）产城人融合发展是晋江中国式县域现代化的人本取向

秉持"产是第一支撑，城是第一平台，人是第一要素"的理念，晋江坚持"以产聚人兴城，以城留人促产"，大力促进产城人融合发展。在撤县设市前，晋江从农村工业化起步，曾经"村村点火，户户冒烟"，乡镇企业蓬勃发展，鞋服和纺织迅速成为晋江的两大支柱产业。到 20 世纪 90 年代，晋江的制造业体系已基本成型，但晋江城市建设"掉链子"成了硬伤。2002年，习近平同志在总结"晋江经验"时就着重指出，晋江存在城市化滞后于工业化发展的问题，城市整体品位不够高，城镇规划和管理工作落后，形不成优美、舒适的工作和生活环境。因此，他前瞻性地提出晋江应努力在推动工业化与城市化互促共进、协调发展方面探索、创造新的经验[1]。在"晋江经验"指引下，晋江及时调整发展战略，正确处理好工业化与城市化之间的矛盾问题，补足城市化短板。我们知道，城市是市场发育的空间载体，当市场力量足够大时，就可以推动技术进步、产业升级，从而使经济发展的动能逐渐由工业化转向城市化。随着城市化进程的加速，资本、劳动力、技术、数据等生产要素聚集功能日益增强，经济辐射力明显扩大，城市化反过来便成为推动工业化的强大动力。晋江给我们展示的正是这样一幅现代化动力机制此消彼长的图景。近十年来，晋江中心城区建成区面积从 2011 年的 97 平方千米拓展到 2021 年的 115 平方千米，城镇化率从 2011 年的 59.96% 提高到 2021 年的 69.3%。[2] 2022 年，晋江与昆山、义乌、慈溪四个县级城市一同晋级 II 型大城市，有效带动总部经济、研发设计、高端商务、高端智造等城市业态功能集聚，为新型工业化提供了充分的要素支持和广阔的市场需求。特别值得一提的是，晋江抓住逆周期投资的窗口期，将单一聚焦产业链的 2.0 版工业园区升级为具有产业生态、产业社区综合功能的 3.0 版产业园区，使之成为产城人融合的重要载体。

在做大做强做优特色产业、着力打造高品质城市的同时，晋江注重

---

① 习近平. 研究借鉴晋江经验　加快构建三条战略通道——关于晋江经济持续快速发展的调查与思考［N］. 福建日报, 2002 - 10 - 04.

② 黄祖祥, 吴芸, 谢佩龙. 晋江: 巨变三十年 造梦"大城市"［N］. 泉州晚报, 2022 - 12 - 18.

"引、育、留、用"全链条发力,构筑高素质创新型人才高地。城市是产业发展的平台,也是美好生活的家园。为了筑巢引凤,晋江先后推进九大组团、五大片区、四大新区更新改造,现已建成 109 个现代小区和 21 个市级公园。不仅如此,晋江还把新型城镇化与城乡融合发展结合起来,坚持城市反哺农村,全域推进乡村振兴,培育 72 个乡村振兴试点示范村,实现农村和城市"一样的生活品质,不一样的生活体验"。① 在城市化过程中,晋江真正将以人民为中心的发展思想落实落细,提出"为民建城、为民管城、为民创城"的发展思路,统筹推进经济社会协调发展,大力推进外来人口市民化。2011 年,晋江在福建省率先推行居住证制度,持证人员享受住房保障、子女就学、社会保障等 30 项市民化待遇。同时,晋江坚持生产、生活、生态协同发展,铁腕推进大气、水、土壤污染防治三大攻坚战,建设蓝天常在、青山常在、绿水常在的"生态晋江",空气优良率多年保持 100%。产城人融合发展使晋江城市的包容性更强,宜居宜业更宜人,凸显晋江中国式县域现代化的人本取向,也是其全面协调发展的一个缩影,成为全国中小城市发展样板。

(五)亲清新型政商关系是晋江中国式县域现代化的坚实保障

习近平同志在总结"晋江经验"时指出:"晋江的经验充分说明,在发展市场经济中,各级政府只有通过及时引导、优质服务和辅以有效管理,做到既不'越位',又不'缺位''错位'或'不到位',才能履行好领导经济工作的历史责任。"② 这段论述其实已蕴含着构建亲清新型政商关系的基本内容,是构建亲清新型政商关系这一重要论述的理论源头(柯文,2018)。构建亲清新型政商关系是国家治理体系和治理能力现代化的重要举措,本质上体现"有效市场"与"有为政府"的辩证统一,二者的有机结合和同频共振,有利于汇聚成经济发展的强大合力。晋江是践行亲清新型政商关系的典型代表,亲清新型政商关系是"晋江经验"的鲜明底色,也是中国式县域现

---

① 黄祖祥,谢佩龙. 乡村振兴的晋江实践——改革焕活力 乡村兴和美 [N]. 泉州晚报,2019 - 11 - 15.

② 习近平. 在同全国劳动模范代表座谈时的讲话 [N]. 光明日报,2013 - 04 - 29.

代化的坚实保障。

改革开放之初，晋江地方政府就强化服务意识，立足于建设"有为政府"，"放"得多，"管"得少，"服"得好，为"有效市场"提供优质服务。党的十八大以来，晋江以"亲"展作为、以"清"明底线、"亲""清"促发展，积极构建亲清新型政商关系，为"晋江经验"增添了新内容。一是明确政府定位。正确处理好发展市场经济与建设新型服务型政府之间的关系，更好发挥政府"有形之手"的重要作用，全力当好"三种角色"，即"引路人""推车手"和"服务员"。① 二是加强制度建设。晋江建立权力清单、责任清单、负面清单"三张清单"制度，用"权力清单"来明确政府的行为边界，用"责任清单"来明确政府的市场监管范围，用"负面清单"来明确企业的经营范围（柯文，2018）。"三张清单"厘清政府与市场的边界，为构建亲清新型政商关系提供制度保障。此外，晋江还通过建立市领导挂钩联系企业家制度，推广"党政＋商会"联席会议制度，建设政企良性互动常态化机制，进一步夯实亲清新型政商关系的基础。三是优化营商环境。营商环境是政商关系的晴雨表，好的营商环境就是生产力。在打造国际化创新型品质城市过程中，晋江把优化营商环境作为提升城市的关键品质之一，着力打造法治化、国际化、便利化的一流营商环境，为企业发展保驾护航；同时，持续深化"放管服"改革，推动权力清单和责任清单"两单融合"，行政服务领域梳理公布了"最多跑一趟""一趟不用跑"清单1149项。② 2021年晋江城市投资潜力、营商环境位居全国县域第二位。进入21世纪以来，晋江在"放管服"方面做得非常好，特色显著，这也是亲清新型政商关系得以巩固的重要原因。

三、晋江中国式县域现代化的六个特性

晋江中国式县域现代化体现三重统一，即历史与现实相统一、理论与实

---

① 宁迪，潘圆，张曼玉，等．"有为政府"让晋江经济大有作为——晋江经验启示录之五［N］．中国青年报，2018－07－19.

② 柯国笠．厉害了，晋江新实体——回眸晋江企业创新发展这一年［EB/OL］．（2018－04－25）［2023－10－27］．http：//news．ijjnews．com/system/2018/04/25/011024167．shtml.

践相统一以及普遍性与特殊性相统一。晋江的中国式县域现代化路径，既有现代化的共同特征，更有基于自身实践的鲜明特色。概括说来，"晋江经验"涵盖了中国式县域现代化的六个特性。

（一）实践性

"晋江经验"是晋江人民探索县域经济中国式现代化道路的理论结晶，体现鲜明的实践性。改革开放以来，从计划经济到市场经济，从"摸着石头过河"到注重顶层设计，晋江的现代化建设不断在探索中积累经验。唯物辩证法告诉我们，物质世界是普遍联系和永恒发展的，每一种事物都处在不断变化发展的状态中。经验是对事物本质及其发展规律的正确认识与科学把握，因而不可能一成不变。2002 年，习近平同志在总结"晋江经验"时指出，进入 21 世纪后，各方面的情况要求"晋江市的广大干部群众必须加快发展，进行新突破，开创新局面，创造新经验"①。"晋江经验"是县域现代化实践的产物，必然随着县域现代化实践的发展而发展，并在发展中不断得以完善。因此，从动态的视角看，"晋江经验"不是过去完成时，而是现在进行时。2002 年以来，特别是党的十八大以来，随着中国特色社会主义的深入推进，"晋江经验"的内涵得到了进一步的拓展和丰富。比如品牌建设、新型工业化、数字化转型、绿色低碳发展、新型城镇化与产城人融合以及构建亲清新型政商关系等，都可以称之为"新晋江经验"。中国特色社会主义进入新时代，晋江的中国式现代化实践必将面临一系列新机遇、新挑战，而在成功破解发展难题过程中，有望形成更多可复制可推广的新经验。

（二）阶段性

党的十一届三中全会召开后，中国的经济改革拉开帷幕。鉴于激进式改革有可能造成社会剧烈震荡，同时也为了减少来自计划经济核心部门的改革阻力，中国采取渐进式的改革路径。与国家层面的渐进式改革路径一致，晋

---

① 习近平. 研究借鉴晋江经验　加快构建三条战略通道——关于晋江经济持续快速发展的调查与思考 [N]. 福建日报，2002 – 10 – 04.

江的现代化进程呈现阶段性发展特征。以工业现代化为例，我们可以清晰地勾勒其发展脉络，如表 1 所示。

表1　　　　　　　　　　　晋江工业化的发展阶段及主要内容

阶段划分	主要内容
第一阶段（1978～1992 年）	依靠"三闲"起步，依托"三来一补"模式，推动农村工业化，乡镇企业崛起，促进农业产业化、农村城镇化和农民非农化
第二阶段（1992～2002 年）	积极引进国外资金、技术和管理经验，推动传统农村工业向现代工业转型，建立现代企业制度，提出"质量立市""品牌强市""资本上市"等发展战略
第三阶段（2002～2012 年）	走新型工业化道路，产业结构加速向高级化演进，规模化、集群化、高新化明显
第四阶段（2012 年以来）	推动数字化转型，产业数字化和数字产业化"双轮"驱动，大力发展数字经济，促进先进制造业与现代服务业融合发展

第一阶段为工业化初期，主要依靠"三闲"起步，依托"三来一补"模式，① 推动农村工业化，有效地破解了"三农"问题。特别是乡镇企业的崛起和快速发展加快了农村产业结构调整和优化，涌现了一批镇村工业小区，有力地促进农业产业化、农村城镇化和农民非农化，也奠定了晋江工业化的基础。第二阶段为工业化中期，第一产业比重不断下降，第二产业比重不断上升。晋江积极引进外资、技术和管理经验，创办三资企业，工业化也由传统工业（乡村工业）向现代工业转型。伴随着现代企业制度的建立，现代企业经营理念、管理体系和管理手段逐渐被晋江企业家所接受并在企业经营管理中得到应用。与此同时，晋江提出"质量立市""品牌强市""资本上市"等发展战略。第三阶段为工业化后期，突出科技创新引领，走新型工业化道路，产业结构加速向高级化演进。晋江工业企业呈现规模化、集群化、高新化发展趋势。纺织服装、鞋类制造、建材陶瓷、食品加工、轻工玩具等形成具有较强竞争力的产业集群，同时，车辆机械、精细化工、生物制药、新型材料等新兴产业也快速成长。第四阶段为迈入新型工业化时期。以新一轮科技革命和产业革命为契机，晋江突出数字赋能，以数字化转型推动

---

① "三闲"即闲房、闲资、闲散劳动力。"三来一补"是来料加工、来件装配、来样加工和补偿贸易的简称。

全产业链、全要素变革,坚持产业数字化和数字产业化"双轮"驱动,大力发展数字经济。同时,晋江以发展生产性服务业为抓手,以发展信息服务业为重点,形成富有区域特色的现代服务业发展新模式,推动先进制造业与现代服务业的深度融合。

(三)系统性

现代化始于18世纪中叶的第一次工业革命,至今仍在持续,是人类社会有史以来经历的最深刻的变化。现代化的核心是高度发达的工业化和人的现代化,前者是由社会生产力的突破性带来的。晋江选择以工业化作为突破口,大力发展社会生产力,率先实现工业现代化,这是抓住了现代化的根本。但晋江的现代化,绝不是工业单一维度的现代化,而是涵盖经济、政治、社会、文化、生态"五位一体"的现代化。事实上,早在1954年周恩来总理首次提出"四个现代化"思想时①,现代化就是一个多维度、多领域、多层次的概念。党的十八大报告提出新"四化"战略目标,即新型工业化、信息化、城镇化和农业现代化(胡锦涛,2016),同样蕴含着多维取向。从工业化初期开始,晋江就开启了以工业化带动城市化的发展模式,探索出一条工业化与城市化互促共进协调发展的新型道路(张占斌,2022)。进入工业化中后期,晋江更加注重经济社会的全面发展,强调现代化建设的系统性、整体性和协同性,全力打造风清气正的政治生态、公平有序的市场生态、充满活力的产业生态、和谐稳定的社会生态、激励创新的文化生态、绿色宜居的环境生态。以民生领域为例,晋江坚持系统思维,一体推进,协同发展,构建了就业、教育、医疗、住房、安全、环境和社会保障等七个民生体系,特别是下大力气推进公共服务扩容提质,突出优质均衡普惠。根据中国中小城市发展指数研究课题组的研究成果,2022年晋江在全国综合实力百强县市中排名第9位,在福建省排第1位(中国中小城市发展指数研究课题

---

① 1954年,周恩来总理在第一届全国人大第一次会议上所作的《政府工作报告》中,首次提出"四个现代化"概念,它指的是"现代化的工业、现代化的农业、现代化的交通运输业和现代化的国防"(周恩来选集(下卷)[M].北京:人民出版社,1984:133)。1964年12月21日,他在第三届全国人大一次会议所做的《政府工作报告》中,进一步将"四个现代化"的内涵明确为农业、工业、国防和科学技术的现代化(周恩来选集(下卷)[M].北京:人民出版社,1984:439)。

组和国信中小城市指数研究院，2022）。该评价指标由现代经济发展、生态环境建设、城乡融合发展、创新驱动引领、社会法治治理 5 个一级指标、18 个二级指标综合测算而得，能够较好地反映县域现代化建设的系统性、整体性和协同性。值得一提的是，晋江的现代化，已从物质层、制度层逐渐延伸到精神层（包括理念、价值和精神）。也就是说，晋江不仅实现了物质层面和制度层面的现代化，而且实现了精神层面的现代化，后者体现了"人"这一主体的现代化。习近平同志指出："实现我们的发展目标，不仅要在物质上强大起来，而且要在精神上强大起来。"[①] 现代化的本质是人的现代化，尤其是精神层面的现代化，这是中国式现代化的核心内容。

（四）自主性

晋江的工业化是在县域范围内，以民间力量为支撑，以广大农村为腹地，充分利用市场经济，自下而上自发推动的。在国内市场站稳脚跟后，晋江企业开始深耕国际市场，主动融入国际产业分工体系。我们知道，19 世纪末以来，随着资本主义生产方式向全球的扩张，越来越多的发展中国家在现代化浪潮中被纳入资本主义世界体系。按照"新马克思主义"学者沃勒斯坦（Immanuel M. Wallerstein）的"世界体系理论"，这个体系由"中心—半边缘—边缘"三个部分联结而成（沃勒斯坦，1998）。其中，中心区往往是一些经济发达的国家，它们具有强大的控制力，不仅通过不平等的分工关系控制了有利的贸易通道，而且利用边缘地带提供的原材料和廉价劳动力生产高附加值产品，从而始终在世界市场中占据垄断地位；而边缘区是一些经济欠发达的国家，没有强有力的国家机器，只能为世界体系提供廉价的劳动力、原材料和初级产品，从而沦为中心区的附庸。晋江的现代化走的是一条开放的、不依附的自主型道路（王春光，2022），凸显鲜明的主体性。在工业化起步阶段，晋江利用侨资、嫁接外资发展"三资企业"，可以说资金、原材料、技术、市场等一切在外，但晋江坚持立足本土，并没有因此丧失独立自主性。即使融入国际大循环，晋江也能做到游刃有余，充分利用国际资源和国际市场来拓展更大的生存空间。在品牌问题上，晋江人不甘久居人下的

---

① 习近平. 在同全国劳动模范代表座谈时的讲话［N］. 光明日报，2013 - 04 - 29.

"个性"表露无遗。晋江企业也曾给耐克、阿迪达斯等国际品牌做贴牌代工，因为国际品牌价格相差悬殊：晋江生产的运动鞋只能卖 5 美元一双，一贴上外国牌子就可以卖 99.9 美元。然而，贴牌代工终究是给别人做嫁衣，命门被人拿捏得死死的。1997 年亚洲金融危机爆发，竞争加剧导致产业大洗牌，贴牌生产模式遭受重创——外贸订单急剧缩水，而利润又大幅下降，这让晋江人深刻意识到，只有实施品牌战略，用品牌塑造价值，才能掌握市场主导权。安踏董事局主席丁世忠曾说："不做中国的耐克，要做世界的安踏"（卢家傲，2022）。晋江企业家对自主品牌的执着追求，背后折射的正是一种独立自主的精神。

（五）先进性

晋江成为全国县域经济的排头兵，改革开放的重要标杆，其先进性可以从政企两方面找到答案。早在改革开放之初，晋江地方政府就及时转变职能，从以管理为主向以服务和引导为主转型，为市场主体提供更多的政策公共品，真正成为服务型政府。晋江市委、市政府提出当好"三个角色"，即"引路人""推车手""服务员"。当好"引路人"，就是在不同发展阶段、关键节点，政府因势利导，帮助企业找方向、定航标，市场在哪里，企业拼到哪里，政府的引导和服务就跟到哪里；当好"推车手"，就是在企业发展中遇到困难瓶颈时，政府及时帮一把，扶一把，推一把，做到政策更精准滴灌，平台更高效便捷，氛围更宽松和谐；当好"服务员"，就是政府转变角色、转变职能，坚持"不叫不到、随叫随到、说到做到、服务周到"的服务理念，以最快速度响应企业需求，以最大限度支持企业转型，以最强力度服务企业发展。①

企业方面的先进性体现在争当先进生产力的代表。先进生产力是社会发展的最根本的决定力量，是现代化的引擎，现代化就是社会生产力的开创性、突破性快速发展（王春光，2022）。因此，我们不难理解，习近平同志在总结"晋江经验"的"六个必须坚持"时，为什么把"始终坚持以发展

① 李鸿阶."晋江经验"对当下的启示［N］.东南卫视"中国正在说"，2022 - 08 - 12. http://www.le.com/ptv/vplay/77362963.html。

社会生产力为改革和发展的根本方向"放在首位①。晋江企业家以勇立潮头敢为人先的奋斗精神，执着于解放生产力，发展生产力，走在时代前列。他们利用先进的技术和现代管理经营理念，实现从模仿跟随到创新创造的蝶变，推动劳动密集型产业向技术密集型、知识密集型产业转化，瞄准先进制造业，大力发展集成电路、石墨烯、装备制造等高新技术产业。目前，晋江高新技术企业已突破 400 家②，超过 60% 的规模以上工业企业应用"数控一代"智能装备技术③。

（六）典型性

在中国县域经济中，晋江具有一定的典型性。改革开放之初，晋江各方面的条件并不优越，人多地少（人均耕地 0.46 亩），资源匮乏，基本上没有任何工业基础，经济总量小，财政和人均收入均低于全国、全省平均水平，是远近闻名的农业穷县。而且，晋江主要靠"联户集资"的民间小资本起家，是从家庭作坊、家庭工厂一步一步做起来的。晋江成功的秘诀在于依靠人的力量，特别是依靠一支爱拼会赢、具有创新创业精神的企业家人才队伍，最大限度地发挥人的积极性、主动性和创造性。当然，也离不开改革开放的大环境以及地方政府的主动作为。得益于各方力量的同频共振，晋江在短短的 40 多年时间内就从一个传统的农业县跃升为一个现代化的工业县级市，创造了"晋江奇迹"。从一个更宏大的视角看，"晋江经验"是中国式现代化的一个缩影，是中国道路、中国经验、中国方案、中国智慧的重要组成部分。晋江的现代化经验具有典型性、示范性和代表性，为其他后发县域经济探索现代化道路提供了重要的参考和借鉴。中国有 2800 多个区县，如果有半数区县达到晋江的发展水平，那么我们就可以早日实现"两步走"战略——从 2020 年到 2035 年基本实现社会主义现代化，从 2035 年到 21 世纪中叶把我国建成富强民主文明和谐美丽的社会主义现代化强国。

---

① 习近平. 研究借鉴晋江经验　加快构建三条战略通道——关于晋江经济持续快速发展的调查与思考 [N]. 福建日报，2002 - 10 - 04.

② 柯雅雅，刘宁. 数量质量"双提升"跑出科创"新姿态" [N]. 晋江经济报，2022 - 09 - 19.

③ 蒋升阳，颜珂，刘晓宇. 福建晋江扎实推进县域经济高质量发展 [N]. 人民日报，2022 - 08 - 28.

四、晋江中国式县域现代化的内生动力

（一）党的领导

中国共产党自诞生之日起，就自觉地把中华民族伟大复兴和国家现代化作为自己的历史使命，因此，中国式现代化是中国共产党开创、坚持和发展的现代化（齐英艳，2023）。党的二十大报告把"坚持中国共产党领导"作为中国式现代化首要的本质要求，将"坚持和加强党的全面领导"作为前进道路上必须牢牢把握的首要的重大原则。晋江中国式县域现代化之所以取得辉煌成就，同样离不开党的领导。晋江中国式县域现代化包含内容广，涉及经济、政治、社会、文化、生态等多个领域，且兼顾市场化、工业化、城市化和国际化，没有党的集中统一领导，就无法汇聚各方的力量，也就无法全面推进中国式县域现代化。

中国共产党是执政党，政府必须在党的领导下开展工作，"有力政党"是"有为政府"更好发挥作用的根本保证。世界银行在一份以"变革世界中政府"为主题的报告中强调，"政府对一国经济和社会发展以及这种发展能否持续下去有举足轻重的作用。在追求集体目标上，政府对变革的影响、推动和调节方面的潜力是无可比拟的。当这种能力得到良好发挥，该国经济便蒸蒸日上"（世界银行，1997）。这里所说的政府其实就是"有为政府"，当然，它也适用于解释"有力政党"。

在晋江中国县域现代化进程中，晋江市委市政府发挥着非常重要的作用。晋江市的党政领导，扮演着新制度经济学所说的"政治企业家"角色，在政治—经济互动结构中，他们是制度变迁的关键行动者（马玉林，2014），其行动贯穿于绝大部分公共政策的制定过程（柯武刚和史漫飞，2000）。如果我们把制度、政策视为生产函数中的内生变量，那么毫无疑问，政治企业家也是经济发展的重要推手。前文概括的"三个角色"，是晋江市党政领导作为政治企业家的生动写照。晋江市委市政府主动作为，成为中国式县域现代化的内生动力，主要体现在以下几个方面：一是深刻把握市场规律，及时作出准确研判，正确引领企业朝更好的方向发展；二是创造各种条件，促进晋江产业形成产业集群效应、品牌效应、改制上市效应、创新效应等；三是稳定政策预期，最大限度地降低市场风险，增强市场信心；四是着力打造服务型政府，为企业解难纾困，让企业放心经营，不断拓展成长空间，助推企业转型升级，并提供全方位的暖心服务；五是构建亲清新型政商关系，形成良性的政企互动，共同推动经济转型发展和高质量发展；六是立足于制度创新，积极优化营商环境，最大限度地降低市场主体的制度性交易成本。

（二）改革开放

改革开放是我国的一项基本国策，也是推动中国特色社会主义各项事业发展的最大动力。习近平同志多次强调，"改革开放是一场深刻革命"①，改革是一场刀刃向内的自我革命，目的是解放生产力、发展生产力，而对外开放有效利用两个市场、两种资源，提高了资源配置的效率，增强自主创新和发展的能力，同样是为了解放和发展生产力。由此可见，改革开放如同鸟之双翼，是中国式现代化的"双引擎"，缺一不可。

改革是晋江中国式县域现代化的内生动力。从精神内核看，"晋江经验"始终贯穿着强烈的改革意识和超前发展意识。事实上，早在计划经济时期，晋江人民就以各种方式举办小企业、小作坊，生产计划外产品，向市场要财富。改革开放后，晋江人民大胆解放思想，突破计划经济体制的束缚，勇当市场经济的弄潮儿，拥抱市场，培育市场，开拓市场，大力发展外向型经济，实现历史性跨越，"晋江模式"也因此与"苏南模式""温州模式""东莞模式"并称为中国县域经济发展的四大模式。依靠改革动力，晋江探索出一条独具特色的中国式县域现代化之路。

对外开放也是晋江中国式县域现代化的内生动力。晋江是"海上丝绸之路"的源头之一，对外贸易有着强大的历史文化基因。对外开放重启"海上丝绸之路"，让长期受抑制的力量一下子找到了突破口。晋江是著名的侨乡，素有"十户人家九户侨"的美誉。晋江籍的海外华人华侨有300多万人，是

---

① 习近平谈治国理政［M］．北京：外文出版社，2014：67.

晋江本地人口的 3 倍,他们遍布世界 60 多个国家和地区。① 国门重开时,海外华人华侨接踵而至,不仅带来资金,也带来信息、技术、人才、市场、管理经验乃至机遇,并赋予晋江企业家开放的心态和广阔的国际视野。因为有"侨"与世界连通,晋江企业家更早认识到中国与西方发达国家的差距,也更有动力去改变这种差距。此外,30 多年的外贸经验让晋江积攒了遍布全球的客商资源,通过海外侨商搭桥和跨境电商赋能,晋江的传统企业纷纷借"侨"借"船"出海,构筑产业链供应链竞争新优势,使晋江民营经济的活力得到充分释放。对外开放让晋江既"引进来"又"走出去",二者互补互促,晋江的外向型经济由此形成,晋江的县域现代化道路也因此具有鲜明的外向型特征。

(三) 市场导向

在总结"晋江经验"时,习近平同志指出,晋江是全国最早探索市场经济发展道路的地方之一,始终坚持以市场为导向发展经济,把扩大市场需求放在第一位②。以市场为导向,就是把市场作为资源配置的核心手段,因为,"市场决定资源配置是市场经济的一般规律,市场经济本质上就是市场决定资源配置的经济"③。市场成为晋江推进中国式县域现代化建设和发展的生命线,晋江几乎所有的企业、个体户、家庭作坊,最初都是从做"市场"开始的(王春光,2022)。在党中央方针政策引导下,晋江深入把握市场经济的运行规律,大力加强市场体系和机制建设,规范市场秩序,促进良性竞争。为了盘活"三闲"资源,晋江企业采取联户集资股份合作的形式,从乡镇企业起步,积极走"市场—原材料—技术"和"原材料—市场—技术"的经营路子,逐步形成了市场经济运行机制(陆学艺,2015)。习近平在 2001 年发表的《对发展社会主义市场经济的再认识》一文中指出:"建立和发展社

---

① 中国新闻网. 动图概览侨乡晋江 [EB/OL]. (2022 – 12 – 23) [2023 – 11 – 27]. https://www.gqb.gov.cn/news/2022/1223/55883.shtml.

② 习近平. 研究借鉴晋江经验　加快构建三条战略通道——关于晋江经济持续快速发展的调查与思考 [N]. 福建日报,2002 – 10 – 04.

③ 习近平. 关于《中共中央关于全面深化改革若干重大问题的决定》的说明 [N]. 人民日报,2013 – 11 – 16.

会主义市场经济是一场新的伟大社会实践"①。毫无疑问，晋江是这场伟大社会实践的探索者、先行者、推动者和引领者。在晋江现代化发展进程中，政府虽然发挥了非常重要的作用，但在资源配置上，市场始终起决定性作用，是现代化的最佳"驯化师"。

换一个角度看，市场导向已成为晋江中国式县域现代化的内生动力。确立市场导向，就是一切从市场需求出发、以市场需求为中心来组织企业生产经营活动，运用市场化手段谋发展、抓投资、上项目。在市场机制作用下，晋江的市场主体自觉遵循市场规律，学会向市场要思路，向市场要资金，向市场要空间，向市场要效益。晋江人"找市场，不找县长"的口号，从一个侧面反映出市场意识已经在他们脑海中落地生根。以市场为导向，可以更有效地激发市场主体活力，释放出无穷的创造力。不言而喻，这也是解放生产力、发展生产力，进而增强现代化发展的内生动力。

（四）企业家精神

企业家是一个能够有效组织建立和经营管理企业的特殊群体，而企业家精神是企业家最重要的特质，其中最关键、最核心的特质是创新，它是一种非常重要的无形生产要素。越是面临国内外发展环境的复杂多变和各种严峻挑战，越要大力弘扬企业家精神。习近平同志强调："我们要坚持创新是第一动力、人才是第一资源的理念。"② 党的二十大报告中进一步提出，要"完善中国特色现代企业制度，弘扬企业家精神，加快建设世界一流企业"。在晋江探索中国式县域现代化的历史进程中，企业家发挥着中流砥柱的作用。晋江土地贫瘠，资源匮乏，主要依靠的就是人，特别是一支爱拼会赢、具有创新精神的企业家人才队伍，这是晋江拥有的最宝贵财富和最大优势，也是"晋江经验"最根本的一条。

从历史角度看，企业家精神不仅是中国式现代化漫长道路探索中的历史产物，其发展演进也直接或间接推动了中国式现代化发展道路的进程（刘志阳，2023）。伴随着改革开放大潮成长起来的晋江企业家群体，凭着顽强的

① 习近平. 对发展社会主义市场经济的再认识［J］. 东南学术，2001（4）：26－38.
② 习近平谈治国理政（第三卷）［M］. 北京：外文出版社，2020：186.

拼搏精神和敢为天下先的超前意识，担当民营经济"领头羊"的角色，坚守实业，一路披荆斩棘，在充分占领国内市场的份额后，又积极开拓海外市场，走出"国际范"。不论是市场营销还是品牌打造，不论是建立现代企业制度还是注重科技创新，不论是资本运作还是人才培育，晋江企业家群体身上体现的企业家精神，就是中国式现代化的动力之源，是"晋江经验"活的灵魂。

（五）创新驱动

改革开放40多年，中国经济增长动力已由要素驱动、投资驱动向创新驱动转换，这也是中国经济进入新常态的主要特点之一。特别是随着"新工业革命"的到来①，创新模式已发生重大变化，全球创新版图正在加速重构，科技创新成为各国实现经济再平衡、打造国家竞争新优势的核心，进而重塑世界经济结构和国际竞争格局。晋江探索中国式县域现代化之路，同样是依靠持续的科技创新。

当然，并不是所有的晋江企业家一开始就意识到创新的重要性。在工业化初期，晋江许多企业以模仿为主，对研发投入不太重视。"晋江经验"提出的2002年，晋江的外观设计专利、实用型专利、发明专利三项均为零。随着劳动力成本上升以及全球产业转型升级时代的到来，以要素驱动发展的路子越走越窄，这时许多晋江企业才意识到，必须加大研发投入，依靠自主创新领跑市场，才能赢得竞争先机。晋江市统计局数据显示，进入21世纪的第二个十年，晋江企业的研发步伐明显提速，全社会研发投入从2011年14.9亿元提高到2021年的46.8亿元，技术创新逐步成为晋江经济发展的内生驱动力。2011年晋江全年专利授权量1532件，2021年达到12201件，占泉州市（47559件）的25.9%，福建省（153814件）的7.9%。其中发明专利由2011年的61件增加到2021年的497件。近年来，晋江围绕强化企业创新主体，实施规上企业"三个覆盖"（研发活动、研发机构、发明专利）工

---

① "新工业革命"是由英国学者彼得·马什（Pete Marsh）所著《新工业革命：消费者、全球化与大规模生产的终结》一书提出的，它是继蒸汽汽车时代、运输革命、科技革命和计算机革命之后的第五次工业革命（Marsh, P. The New Industrial Revolution: Consumers, Globalization and the end of Mass Production [M]. New Haven, CT: Yale University Press, 2012.）。

程，激励企业加大研发投入，促进创新要素向企业聚集。一些实力雄厚的民营企业成为自主创新的"领头羊"。以安踏为例，该公司 2021 年的研发投入达到 11.3 亿元，累计研发投入超 56 亿元，已搭建覆盖十几个国家和地区的全球创新研发网络，累计申请专利 2600 多项，成为国内获得专利数量最多的中国体育用品企业①。目前，晋江引进落地 9 家国字号科研平台，先后有 19 家企事业单位成立院士工作站，构建"一廊两区多平台"全市域科创版图。根据晋江市统计局公布的数据可知，截至 2021 年末，晋江拥有高新技术企业 409 家、科技型中小企业 218 家、省级科技"小巨人"企业 61 家以及众多的研发机构和创新平台，获批国家创新型县（市）、国家"双创"示范基地，创新驱动成为晋江中国式县域现代化的核心动力。

五、以党的二十大精神为指引，积极探索新时代中国式县域现代化的"晋江经验"

党的二十大报告明确提出，新时代新征程党的中心任务是带领全国各族人民全面建成社会主义现代化强国、实现第二个百年奋斗目标，以中国式现代化全面推进中华民族伟大复兴。进入新发展阶段，作为中国县域经济的典型代表，晋江要以党的二十大精神为指引，争先、争优、争效，积极探索新时代中国式县域现代化的"晋江经验"，做中国经济版图的"新奇兵"，继续发挥示范引领作用。具体而言，晋江需要在以下几个方面取得新突破，形成新经验。

（一）坚定不移地推动民营经济发展

民营经济是晋江经济的特色所在、活力所在、优势所在，正是民营经济成就了晋江的今天。晋江经济之所以显示出强大活力与韧性，原因就在于晋江的民营企业是最富有创造力和竞争力的市场主体。2022 年中央经济工作会

---

① 叶心冉. 从渠道变革到五年目标再到产品烙印 安踏主品牌追切求变 [EB/OL]. （2022 - 08 - 09）[2023 - 10 - 27]. http：//www. eeo. com. cn/2022/0809/547741. shtml.

议重申,"切实落实'两个不动摇'""要从制度和法律上把对国企民企平等对待的要求落下来,从政策和舆论上鼓励支持民营经济和民营企业发展壮大"①。不难看出,中央传递出多重政策信号,意在提振民营经济发展信心。晋江在政企互动方面具有良好的传统,传承弘扬"晋江经验",就要坚定不移地鼓励、支持、引导民营经济发展,最大限度发挥民营企业家创业的积极性,推动民营经济实现新飞跃。新时代是民营经济进一步建功立业的大好时代,晋江民营企业家要把握新机遇、担当新使命、展现新作为,在推动民营经济高质量发展方面积累新经验,为加快建设现代化经济体系贡献自己的力量。

(二) 自觉贯彻新发展理念

新发展理念是在我国经济进入"新常态"背景下,科学总结和分析国内外发展经验教训和发展大势的基础上形成的新思路、新战略、新举措,对于进一步转变发展方式、推动产业结构优化升级、寻找新的增长动能、实现我国经济高质量发展具有重大指导意义。"晋江经验"蕴含着新发展理念的思想内核,体现了对创新发展、协调发展、绿色发展、开放发展、共享发展的自觉追求。在全面建设社会主义现代化国家新征程上,晋江需要以全方位推进高质量发展为目标,在深入贯彻新发展理念方面当好排头兵,积极探索创新、协调、绿色、开放、共享如何相互联系、相互贯通、相互促进,让新发展理念在实践中结出新硕果,从而在中国式县域现代化方面继续发挥示范引领作用。

(三) 积极参与建设全国统一大市场

现代市场体系是一个有机统一体,由相互联系的各类市场以及促进、规范其正常运行的配套设施、规则规制等构成。健全的现代市场体系是社会资源优化配置的必要条件,一般说来,市场体系越健全,资源配置的能力越强,其配置的效率也越高。2022 年 4 月 10 日,《中共中央国务院关于加快建

---

① 中央经济工作会议在北京举行 [N]. 人民日报, 2022 - 12 - 17.

设全国统一大市场的意见》（以下简称《意见》）正式公布，这是党中央、国务院立足于准确把握新发展阶段、深入贯彻新发展理念、加快构建新发展格局作出的一项重大战略部署。改革开放初期，晋江就确立了以市场为导向的发展模式，经过几十年的积累，晋江可以借助"品牌之都"的独特优势，下好"先手棋"，加快培育全国性大市场，并在强化市场基础制度规则统一、推进市场设施高标准联通、打造统一的要素和资源市场等方面率先"探路"，借此构筑自身的竞争新优势，并形成可复制可推广的新经验。

（四）主动充当"双循环"的桥梁与纽带

加快构建以国内大循环为主体、国内国际双循环相互促进的新发展格局，是以习近平同志为核心的党中央统筹把握中华民族伟大复兴战略全局和世界百年未有之大变局作出的重大战略部署。晋江在充分利用国内国际两种资源、两个市场方面具有先天优势。泉州是海上丝绸之路先行区和战略支点城市，对外贸易历史悠久，宋元时期有过"涨海声中万国商"的盛况①，而地处泉州东南、三面临海的晋江，其血脉里更是很早就具有善于对外开拓的强大基因。

改革开放后，晋江走出一条"以市场经济为主、外向型经济为主、股份合作制为主，多种经济成分共同发展"的经济发展道路。虽然是外向型经济，但从近几年情况看，晋江每年出口总额占地区 GDP 的比重较低，相对于国内大循环，国际循环还有很大的提升空间。因此，在畅通国内供应链的同时，晋江需要实施更大范围、更宽领域、更深层次的对外开放。晋江"侨"的优势明显，数量庞大，分布广泛，这是晋江参与"一带一路"建设和"双循环"新发展格局的独特资源。晋江可充分利用海外侨商的商业网络，在全球范围内构建"线上＋线下"的共享平台，充当"双循环"的桥梁与纽带。

在"一带一路"倡议的推动下，越来越多的晋江企业选择"走出去"，在海外市场布局生产基地和营销网络，通过跨境并购、开展联合研发等途径，增强全球资源配置能力，进一步延伸产业链、供应链和价值链，在更高

① 丰家卫. 泉州：涨海声中万国商［N］. 北京日报，2023－09－27（38）.

平台、更高水平上参与国际分工和合作。依托制造业优势和东西双向外贸物流大通道，晋江应进一步培育跨境电商、旅游购物等外贸新业态，加快推动外贸提质升级，让更多的"晋江品牌"成为国际品牌，勇当国际化的主力军。

（五）加快推进数字化转型

当今世界，以数字化、网络化、智能化与先进制造业相结合为特点的新工业革命日益兴起，而伴随着新工业革命浪潮，数字经济迅猛发展，成为推动经济社会高质量发展的重要引擎。以新型工业化为主导促进数字化转型，加速园区标准化建设，是晋江新一轮经济发展的主旋律。晋江已把科技赋能、数字转型作为主攻方向，启动数字经济三年行动，入选首批国家创新型县（市）、首批国家知识产权强县建设示范县、全国工业互联网推动数字化创新领先县市，这些都为推进数字化转型创造了有利条件。面对新机遇、新挑战，晋江需要加快数字经济发展步伐，坚持数字产业化与产业数字化"两化"并驱，这是走新型工业化道路的必然选择。在数字产业化方面，需要引入一批人工智能、物联网和区块链等数字前沿领域优质项目，纵向上形成数字经济产业链，横向上形成数字产业集聚规模，构建各具特色、优势互补、结构合理的数字产业增长引擎。在产业数字化方面，需要大力推进"上云用数赋智"，拓展应用场景，激发数字动能。通过开展"5G＋工业互联网"、网络协同制造等示范推广，培育制造业、服务业新业态新模式，带动生产组织方式和商业模式创新，支持数字化工厂、数字仓库等项目建设。鉴于晋江制造业根基稳固，优势突出，重点应放在推动制造业数字化转型上，同时加快现代服务业与先进制造业的深度融合，强化生产性服务业对制造业的支撑作用。

（六）大力推进新型城镇化建设

2014年，晋江获得首批国家新型城镇化综合试点。2020年，晋江市政府办公室印发《晋江市县城新型城镇化建设示范区补短板强弱项工作实施方案（2020—2025年)》，提出通过完成提升公共设施服务水平、推动环境卫生设施提档升级、加强市政公用设施精细管理、推进产业培育设施提质扩量等任务，全面推动公共服务、人居环境卫生、市政设施、产业配套等 4 大方面 17 个领域的补短板项目建设，以满足农业转移人口对县城就业、教育、医疗、住房、安全、环境和社会保障等民生体系方面的需求，打造"本地人留恋、外地人向往、可托付终身"的品质之城。新型城镇化的重点是解决"人往哪里去""钱从哪里来""城镇怎么建"等问题，晋江需要坚持"全市一盘棋"理念，按照"城乡一体、产城融合、以人为本、全面发展"的思路，进一步推进"以人为核心"、以镇域为重点的城镇化建设，在制度创新方面取得突破，包括深化户籍制度和市场化成本分担机制改革、城建投融资体制改革、城市综合管理体制、改革生态文明体制改革、文化体制改革、农村产权制度和宅基地制度改革等，尽快形成集成化制度改革新经验。

（七）坚持以高质量发展为首要任务

高质量发展是全面建设社会主义现代化国家的首要任务，也是中国式现代化的本质要求之一①。全面建成社会主义现代化强国，需要坚实的物质技术基础作为支撑。高质量发展是贯彻新发展理念的根本体现，即创新成为第一动力、协调成为内生特点、绿色成为普遍形态、开放成为必由之路、共享成为根本目的的发展。只有坚持创新驱动，以高新技术推动制造业朝高端化、智能化方向发展，才能实现经济高质量、高效率、高效益的可持续发展。科技创新一靠投入，二靠人才。2019 ~ 2021 年，晋江全社会研发投入平均增速高达 27.9%，但科技型人才储备明显不足，研发实力与福州、厦门相比存在较大差距。以发明专利为例，2021 年晋江每万人口发明专利拥有量为 12.9 件，远低于福州的 24.81 件和厦门的 37.87 件②。因此，要成为经济高质量发展的标杆，晋江必须补好科技创新人才短板。创新驱动、数智转型，归根到底要依靠人才驱动。近几年大中城市上演"抢人大战"，在拼城市竞争力的过程中，如何增强对高端人才的吸引力，是作为中小城市、区位优势

---

① 高举中国特色社会主义伟大旗帜 为全面建设社会主义现代化国家而团结奋斗——在中国共产党第二十次全国代表大会上的报告［M］. 北京：人民出版社，2022.

② 资料来源：《晋江市 2021 年国民经济和社会发展统计公报》《2021 年福州市国民经济和社会发展统计公报》《厦门市 2021 年国民经济和社会发展统计公报》。

并不明显的晋江需要认真思考的问题。在"人才强市"战略引领下，晋江可借鉴上海、深圳、杭州、苏州等地的引才策略和政策举措，同时结合晋江实际，科学规划，超前布局，全方位打造高质量发展人才引擎，为中国式县域现代化高质量发展提供新经验。

（八）争创共同富裕县域示范区

中国式现代化是全体人民共同富裕的现代化，共同富裕是中国式现代化的本质要求之一[1]。2021 年 6 月 10 日，《中共中央国务院关于支持浙江高质量发展建设共同富裕示范区的意见》发布，开启了浙江为全国共同富裕探路的新征程。我们知道，浙江是民营经济第一大省，富裕程度较高，均衡性较好，被党中央、国务院确立为共同富裕示范区，实在情理之中。县域层次如何实现共同富裕，这是一个亟须破解的时代课题。从改革创新意识、经济发展水平、市场化及城乡均衡化程度等方面看，同为民营经济聚集地的晋江，具备打造共同富裕县域样板的基础条件。国家统计局于 2013 年开展城乡住户调查一体化改革，统一城乡调查的统计口径等内容，这使得城乡人均可支配收入具有可比性。衡量城乡收入差距最简单、最直接的方式是采用城乡居民人均可支配收入之比，但该指标没有考虑人口因素，特别是近些年中国城镇化率逐渐上升，将影响收入差距的衡量结果。因此，我们使用泰尔指数进行衡量。2013～2021 年，晋江以泰尔指数衡量的收入分配差距一直保持在 0.05 左右（见图 2），且一直低于全国水平。

晋江大中小企业关系密切，发展上形成休戚与共的多赢格局和共富产业链、供应链。家庭共富、村庄共富、民间慈善以及政府在各个方面的引领，有利于晋江打造共同富裕的县域范例（王春光，2022）。事实上，受浙江设立"共同富裕示范区"的激励，2021 年底晋江开始探索"共同富裕县域样本"，把致力打造共同富裕县域范例列为"三大战略目标"之一。以党的二十大精神为指引，晋江应加快谋划共同富裕县域示范区的建设方案，明确时间表和路线图，可结合新型城镇化和产城人融合，在空间布局、基础设施、

---

[1]　高举中国特色社会主义伟大旗帜　为全面建设社会主义现代化国家而团结奋斗——在中国共产党第二十次全国代表大会上的报告［M］. 北京：人民出版社，2022.

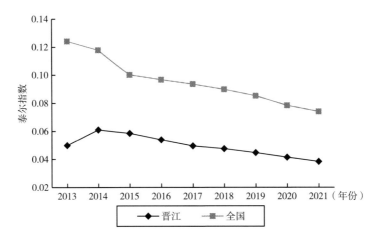

图 2　2013~2021 年晋江与全国泰尔指数比较

资料来源：根据《中国统计年鉴》《晋江统计年鉴》有关数据测算。

产业结构、劳动就业与社会保障、公共服务均等化等方面持续发力，进一步推进城乡一体化发展，实现高水平的城乡均衡发展，为建设共同富裕县域示范区探索新路径、创造新经验。

（九）凝练人类文明新形态

中国式现代化是物质文明与精神文明相协调的现代化，在厚植现代化的物质基础的同时，我们要大力发展社会主义先进文化，传承中华文明①。晋江历史悠久，文化积淀丰厚，精神文明建设与物质文明建设完全可以并驾齐驱，为创造人类文明新形态贡献晋江样本。我们认为，晋江可以从以下四个方面发力，凝练出具有普遍价值的人类文明新形态。

一是诚信文化。诚信是市场经济的价值基石，市场经济越发达就越需要诚实守信，这是现代文明的重要基础和标志（上海市经济学会，2003）。震惊全国的"假药案"②让晋江广大干部群众和企业家深刻认识到诚信的重要

---

① 高举中国特色社会主义伟大旗帜　为全面建设社会主义现代化国家而团结奋斗——在中国共产党第二十次全国代表大会上的报告［M］. 北京：人民出版社，2022.

② 白筎. 触目惊心的福建晋江假药案［N］. 人民日报 . 1985 – 06 – 16.

性，他们以史为鉴，痛定思痛，为重建市场信誉付出艰辛努力，终于打造出中国一流的"品牌之都"，讲诚信、重诚信也因此成为晋江人的优良传统。二是拼搏文化。晋江是一座拼搏的城市，拼搏是晋江人共同拥有的一种精神特质，是"晋江经验"的精神密码。正是凭着"爱拼才会赢"的顽强拼搏精神，晋江成功开拓出一条具有晋江特色的乡村工业化道路。拼搏是晋江最大的人文特色，已沉淀为一种拼搏文化。三是创造文化。改革开放 40 多年来，晋江已实现从加工制造到创新创造的华丽转身。"晋江模式""晋江经验""晋江奇迹"，都是晋江人民的伟大创造。可以说，晋江人的创造性体现在探索中国式县域现代化的方方面面。四是慈善文化。晋江有浓厚的慈善文化氛围，晋江民间流传着一句俗语"不重面子重里子，不讲排场讲慈善"，说明慈善观念已深入人心。自 2002 年晋江慈善总会成立以来，至 2021 年已累计募得善款超过 40 亿元，为全国县级城市之最[①]。晋江市委发布的消息显示，2019 年，晋江荣膺中国十大慈善城市，目前城市公益慈善政府支持指数位列全国第一。

六、结语

"晋江经验"是习近平同志基于晋江改革开放的生动实践和显著成效，站在历史的高度、以前瞻性的眼光所作的理论思考和经验总结，集中体现了晋江人敢拼爱赢、适时应变、持续创新的精神品格，既有晋江的独特性，又具有普遍意义。"晋江经验"不仅对晋江 2002 年以来的发展起到了很好的理论指引，而且对其他县域经济探索中国式现代化道路也具有重要的参考价值，为全国县域经济发展注入新活力。2019 年 3 月 10 日，习近平同志在参加十三届全国人大二次会议福建代表团审议时，回顾了在福建全省推进"晋江经验"的做法，明确指出"晋江经验"现在仍然有指导意义（宋维强等，2021）。我们必须意识到，一个地方在特定时代背景下形成的竞争优势，在新的历史条件有可能逐步丧失，只有与时俱进，不断地自我革新，走自主创

---

① 蔡斯淘，阙杨娜 . 19 年累计募集善款近 40 亿元 超 18 万人受益［N］. 晋江经济报，2021 - 12 - 20.

新之路，才能打造发展新引擎，增强发展新动力，创造发展新优势。"满眼生机转化钩，天工人巧日争新"（清·赵翼），"晋江经验"的根本意义就在于它是一部县域经济持续创新的传奇。在向第二个百年奋斗目标迈进的新征程上，晋江应再接再厉，肩负使命，担当新时代的探路者、先行者、奋进者，更好地为中国式现代化探索县域实践新经验。

参考文献

[1] 胡锦涛文选（第三卷）[M]. 北京：人民出版社，2016.

[2] 柯文. 亲清新型政商关系的晋江实践 [J]. 求是，2018（14）：61-62.

[3] 柯武刚，史漫飞. 制度经济学：社会秩序与公共政策 [M]. 北京：商务印书馆，2000.

[4] 刘志阳. 历史上的企业家精神与中国式现代化道路探索 [J]. 外国经济与管理，2023（1）：19-22.

[5] 卢家傲. 不做中国的耐克，要做世界的安踏 [J]. 中国企业文化，2022（10）：37-38.

[6] 陆学艺. 晋江模式新发展——中国县域现代化道路探索 [M]. 北京：社会科学文献出版社，2007.

[7] 陆学艺. 晋江模式与农村现代化 [M]. 北京：知识出版社，1995.

[8] 马玉林. 制度变迁视阈下的政治企业家 [J]. 财经科学，2014（10）：81-91.

[9] 齐英艳. 中国式现代化是中国共产党领导的社会主义现代化 [N]. 光明日报，2023-02-03.

[10] 上海市经济学会. 关于诚信体系建设的几个理论问题 [J]. 学术月刊，2003（12）：43-48.

[11] 世界银行. 1997年世界发展报告：变革世界中政府 [M]. 北京：中国财政经济出版社，1997.

[12] 斯丽娟，曹昊煜. 县域经济推动高质量乡村振兴：历史演进、双重逻辑与实现路径 [J]. 武汉大学学报（哲学社会科学版），2022（5）：165-174.

[13] 宋维强，狄英娜，吴晓迪. "晋江经验"现在仍有指导意义 [J]. 红旗文稿，2021（22）：28-29.

[14] 王春光. 晋江经验——中国式现代化道路的县域探索 [M]. 福州：福建人民出版社，2022.

[15] 习近平. 对发展社会主义市场经济的再认识 [J]. 东南学术，2001（4）：26-38.

[16] 习近平. 高举中国特色社会主义伟大旗帜　为全面建设社会主义现代化国家而

团结奋斗——在中国共产党第二十次全国代表大会上的报告［M］. 北京：人民出版社，2022.

［17］习近平. 关于《中共中央关于全面深化改革若干重大问题的决定》的说明［N］. 人民日报，2013 - 11 - 16.

［18］习近平谈治国理政（第三卷）［M］. 北京：外文出版社，2020.

［19］习近平谈治国理政［M］. 北京：外文出版社，2014.

［20］习近平. 研究借鉴晋江经验　加快构建三条战略通道——关于晋江经济持续快速发展的调查与思考［N］. 福建日报，2002 - 10 - 04.

［21］习近平. 研究借鉴晋江经验　加快县域经济发展——关于晋江经济持续快速发展的调查与思考［N］. 人民日报，2002 - 08 - 20.

［22］习近平. 在民营企业座谈会上的讲话［N］. 人民日报，2018 - 11 - 02.

［23］习近平. 在同全国劳动模范代表座谈时的讲话［N］. 光明日报，2013 - 04 - 29.

［24］伊曼纽尔·沃勒斯坦. 现代世界体系（第一卷）［M］. 北京：高等教育出版社，1998.

［25］张占斌. 构建社会主义市场经济进程中的"晋江经验"［J］. 行政管理改革，2022（10）：4 - 12.

［26］中国中小城市发展指数研究课题组，国信中小城市指数研究院. 2022年中国中小城市高质量发展指数研究成果发布［N］. 光明日报，2022 - 11 - 18.

专题九 生态福建建设的模式、问题与对策分析*

进入21世纪以来，世界经济在深度调整中曲折复苏，近期以绿色科技革命为主导的绿色生产方式变革方兴未艾。从国内来看，2015年党的十八届五中全会将绿色发展列为国家"十三五"期间的重要发展战略，并首次提出建设"美丽中国"的战略目标。党的二十大以来，福建生态文明建设进入了一个新时代、新阶段，审视福建当前生态发展存在的问题，利用好"多区叠加"优势，是建设生态福建的关键。

一、"生态福建"建设模式

早在2000年，福建省便提出了建设生态省的战略构想。2002年，福建成为全国首批生态省建设试点省之一。20多年来，福建省持续强化生态文明建设，其绿色发展战略取得累累硕果。2014年，国务院正式印发《关于支持福建省深入实施生态省战略加快生态文明先行示范区建设的若干意见》，福建成为全国第一个生态文明先行示范区。由于生态环境状况指数持续保持全国前列，"生态福建"成为福建金字招牌。2016年，在福建第十次党代会上，福建把"再上新台阶、建设新福建"确立为发展的中心任务，以期在新的历史起点上实现更高水平的发展，努力建设机制活、产业优、生态美、百姓富的新福建。迄今，生态福建发展战略已经形成了四种代表模式，具体包

* 本专题为福建省习近平新时代中国特色社会主义思想研究中心年度项目（项目编号：FJ2022XZZ006），并得到中央高校基本科研业务费专项资金资助（项目编号：20720221071）。

括晋江生态绿城模式、长汀水土治理模式、三明绿色发展模式、厦门生态城市模式等。

（一）晋江模式

晋江建设生态福建的特点是生态绿城模式。晋江市位于福建厦漳泉金三角地区东北部、晋江下游南岸，系泉州市 12 个行政区之一。市域东北连泉州湾，东南临台湾海峡，西南环围头澳、安海湾，与金门隔海相望，西邻南安市，北和泉州市鲤城区一江之隔，东与石狮市接壤。晋江市属于典型轻工业依赖型城市，其环境保护、资源利用、生态建设的三重压力较大。为维护生态安全和可持续发展的需要，晋江市采取了多种措施，既实现了"生态美"，又确保了"百姓富"。晋江的经验主要有以下六条。

1. 持续实施"全民动员、绿化晋江"的生态绿化行动

晋江在经济发展过程中，通过林地占补平衡试点扎实推进城市绿化。一是生态绿化率显著提高。林地占补平衡试点扎实推进，晋江生态绿色化率稳步提高。晋江自 2013 年开展"全民动员、绿化晋江"活动以来，成效显著，投入累计达 10 亿元以上。为持续推进"全民动员，绿化晋江"活动，打造绿美晋江，掀起新一轮的造林绿化新高潮，晋江市出台了《晋江市 2017 年"全民动员，绿化晋江"活动推进月工作方案》。活动内容包括"五彩色带"乡村景观林营造活动，"城市双修"之山体林分修复行动，"绿意晋江"全民动手系列活动，各镇（街道）、经济开发区组织全民义务植树活动，等等。从"全民动员"向"全民动手"、"绿化晋江"向"绿美晋江"转变，内容更加新颖、多样，活动更加上档次、接地气。由于晋江长期的生态建设努力，晋江生态城市成效显著。事实上，晋江市 2006 年启动生态市创建工作，2013 年通过省级生态市考核验收，2014 年 11 月通过国家生态市技术评估，2015 年 11 月通过国家生态市考核验收，2016 年 9 月 30 日获国家环保部正式命名。

2. 形成完善的生态文明建设制度

一是牵头推进生态文明体制改革工作。晋江市印发《晋江市生态文明体制改革（2014 年—2016 年）实施方案》，该方案内容涵盖 5 大类 45 个具体项目，推进了生态文明体制改革工作。二是做好环境规划编制，划定生态红线、确定生态控制线，晋江国土、规划、发改委、农业等部门紧密衔接，明确占用生态红线重点项目调整意见，形成《福建省晋江市生态保护红线划定报告》。三是"多规合一"项目。强化城乡建设、土地利用、环境保护、林地保护、重点项目等各类规划的衔接，确定一致的基本生态控制空间、开发边界、城市规模，形成"一张图""一条线"。四是搞好晋江市"十三五"环境保护规划实施。此外，晋江还成立"生态文明建设基金"，建立重大生态决策公告制度、环保志愿者服务管理工作机制、污染源自动监控设施第三方委托运行机制，实行土地利用动态巡查制度、"河长制"工作制度、海陆一体环境执法管理机制，完成沿海8个镇海洋生态红线立碑，形成完善的生态管理制度体系。

3. 加强环境监管与执法

一是完善环境执法法规标准。由于环境犯罪具有隐蔽、取证难、标准难确定等特点，执法过程中，执法部门由于专业所限，对环境污染的认定可能出现偏差，很难对不同性质的案件统一处理标准。因此，晋江完善推动多部门联席会议制度建设，形成执法标准。二是加大执法力度。健全行政执法与刑事司法衔接机制。健全完善上级督查、属地监管的环境行政监督执法机制，强化环保、公安、监察等部门和单位协作，健全行政执法与刑事司法衔接配合机制，完善案件移送、受理、立案、通报等规定。加强对地方人民政府和有关部门环保工作的监督。三是严厉打击环境违法行为。加大执法监察力度，坚持勤查重罚，持续加强对重点行业、企业以及重点区域、流域环境安全的日常监管。重点打击私设暗管或利用渗井、渗坑、溶洞排放或倾倒含有毒有害污染物废水、含病原体污水等环境违法行为。严查建设项目环境影响评价领域越权审批、未批先建、边批边建、久试不验等违法违规行为。四是突出引导与监督并重。通过宣传营造社会舆论氛围，引导本地区居民和企业自觉遵守环境法律法规，严格按照环境质量标准进行生产和排放。强化居民和企业的守法意识，通过一些群众的身边事身边人来影响行动，引导社会主体形成正确的环保意识，实施正确的环境行为。五是提高海洋环境监管能力。设立监管工作小组，组成四级网格，建立"横向到边、纵向到底"的网格环保监管体系。逐步建立全市水资源环境统一监测管理平台，实现环保、水利、国土、市政、海洋等部门水质、水量监测数据共享。

4. 大力发展城市生态农业

晋江人口众多，耕地资源存量不足，因此晋江市政府因势利导，促进农业转型升级，突出生态优势和产业特点，向高效农业、创意休闲农业、高优农业、精细农业的方向转型，打造新亮点，形成新品牌。晋江以现代农业园区建设为抓手，强化新型农村与特色农业的综合开发能力，围绕粮油、水产、畜禽、蔬果茶、花卉苗木等特色产业，发展扶持了一批高效规模种养业、农产品精深加工业、农业休闲观光旅游业、农产品物流业等农业龙头企业。建设与城市生态农业相应的现代农业园区，通过优化发展高效智能型设施农业，科学规划并有序推进高优作物生产的标准园创建，构建良性循环的生态产业网络，推动农业绿色发展。此外，生态农业的发展，还需要加强农业服务，推进农科合作、产学对接、教育培训、产业孵化、机制创新等，以增强农业服务的内涵与质量。

5. 推进制造业绿色转型

晋江通过打造生态新优势，严格控制制造业对环境的污染。对高耗能、高污染、技术含量低的企业，进行严格的过程监控，引导他们进行技术升级和产业转型，逐步淘汰无技术升级可能、无转型希望的高污染企业。工业企业的污水处理、废气和固体废弃物要严格按标准排放，打造环境友好型工业。促进制造业绿色改造升级。发展环境友好、资源节约、技术密集、高附加值、高成长性的先进制造业，推广绿色工艺、设备和技术。全力支持重点行业、高端产品、关键环节进行技术改造，引导企业采用先进适用技术，优化产品结构，全面提升设计、制造、工艺、管理水平，促进体育用品等产业向价值链高端发展。晋江市以陶瓷制品、机械配件等传统制造业为主，政府和企业加强对该类产业的绿色改造，加强绿色产品研发应用，大力促进新材料、新能源、高端装备等绿色低碳发展。发展绿色园区，构建绿色制造体系。鼓励发展节能循环经济服务业，建设循环经济工业园等为先导的清洁生产示范区。

6. 实施生态红线制度

自 2015 年起，晋江市通过了《晋江市海洋生态红线划定》。此成果共拟划定 23 个海洋生态红线区，包括 4 个海洋保护区类型，2 个重要湿地类型，2 个重要滨海旅游区，9 个重要自然岸线，4 个自然景观与历史文化遗迹，2 个重要渔业海域，其中 5 个纳入"一级红线区"，18 个纳入"二级红线区"。

海洋生态红线的划定实施，一方面，为海洋保护提供法律依据与政策保证，将环境保护从市区扩展至海洋，体现海陆协同发展的思路；另一方面，对海洋污染排放者是一种警示、震慑，迫使其改变生产行为，为保护生态环境提供内在动力。根据晋江生态环境总体规划及实践的发展，生态红线制度的建设方面，进一步的新举措有：一是调整土地利用分类标准，增加生态用地类型，将自然保护区、风景名胜区、森林公园、湿地公园、地质公园、公益林地、生态草地、退耕地的土地统一纳入生态用地类型。二是完善工业存量土地退出机制，利用经济结构调整的时机，完善工业存量土地的退出机制，以避免建设用地浪费，提高土地的综合利用效率。三是完善林业生态红线。优化林业生态空间，优化晋江市林业生态空间，提升晋江市林业生态安全建设，促进林业可持续发展。

（二）长汀模式

长汀经验是长汀在水土流失治理中形成的具有长汀特色的治理模式。经过三十多年的治理，曾经山光、水浊、田瘦、人穷的长汀县在水土保持和生态建设中形成的具有长汀特色的治理模式被誉为"长汀经验"，是福建实现生态发展的重要模式之一。习近平同志对环境保护与生态治理工作极为重视，并于2011年底和2012年初不到一个月的时间内，先后两次对长汀的水土流失治理工作作出重要批示。[①] 长汀经验在生态治理市场化、生态发展产业化、生态融资社会化、治理措施科技化、生态政绩观方面的理论特征，对福建省进一步因地制宜，实现生态福建的机制创新具有重要的启示意义。长汀模式的经验可以概括为五个方面。

1. 生态治理中引入市场机制

水土流失治理是一项系统工程，技术要求高，涉及部门多，需要人力、物力、财力的持续投入。长汀县将水土流失地纳入集体林权制度改革范围，坚持"谁种谁有、谁治理谁受益"的原则，充分发挥补助资金的调节作用，通过大户示范带动，鼓励农民发展生态农业模式，从而吸引外来人员、社会

---

① 美丽中国先锋榜（22）丨福建长汀县持续推进水土流失治理的启示［EB/OL］.（2019 - 09 - 17）［2023 - 11 - 27］. https：//www.mee.gov.cn/xxgk2018/xxgk/xxgk15/201909/t20190917_734187.html.

组织和各大企业承包租赁、治理开发，在以强有力的政府为主导的同时，利用市场竞争机制，实现了全方位的组织调动。在积极引导群众发展"草—牧—沼—果"循环种养模式、培养专业大户的同时，扶持了一批现代化农牧业龙头企业，建立起若干兼具生态功能与经济效益的生态基地，把低质低效的水土流失地变为优质高效的经济果林带，并由此带动各利益主体治理与投资的积极性。当然，长汀县在水土流失治理方面除了引入市场机制以外，还通过财政投入、土地和林权流转机制、对农牧业企业的扶持等方面，促进生态治理。

2. 生态融资社会化

生态治理与恢复是一个漫长而艰难的过程，单靠国家财政投入远远不足，必须广泛吸纳民间资本或外来资本。长汀县利用优惠政策的导向作用，扶持大型农牧业企业的资本、技术参与，如2009年福建森辉农牧业发展有限公司投资兴建了"长汀现代农业生态养殖示范园"。此外，长汀群众采取村户、联户和专业承包队的方式，在荒山荒地上进行防护与经济开发。

3. 以科学的方法推进治理措施科技化

科学技术是第一生产力，水土保持工作离不开科技支撑。长汀在治理水土流失的过程中，积极运用科学技术，因地制宜，创造性地提出了"反弹琵琶"的治理理念和"等高草灌带"种植法、陡坡地"小穴播种"、马尾松"老头林"施肥改造等治理措施，开展水文、气象、径流、土壤等常规动态监测，积累基础数据，进行水土保持信息化建设，完善监测评价体系，并同各大高校、研究所合作，建立有效的"科研—教学—生产"体系，促进多层次的科技交流，加快科研成果向治理实践的有效投入。结合生物、农耕与管理技术，积极创新经济林果与水保防护林相间隔等生态模式。在开发稀土的过程中，更加注意资源节约和生态保护。加强封山育林政策管制，帮助农户发展沼气，做好燃料补贴工作，以科学的方法从源头上杜绝乱砍滥伐，提升了生态效益。

4. 促进水土流失与生态保护协同发展

治理好了水土流失，使生态功能得以正常发挥，生态保护就多了一层保障；同时，健全完善的生态保护机制又能促进生态系统的良性循环，实现整个区域生态系统的最优化，有效地减少水土流失。长汀在进行水土流失治理的同时，注重全方位的生态建设与保护，以工程措施与生态措施相结合，防控与开发相统筹，封山育林，涵养水源，引进树种，改善土质，全面协调各产业、各部门，使生态保护与水土流失治理相互促进，实现整个区域的生态恢复与综合开发。

5. 把生态政绩纳入干部激励机制

在水土保持工作中，长汀县通过一系列对领导干部考核评价的体系和奖惩制度，实行领导挂钩责任制，把治理、开发任务的完成情况列入部门、干部年度目标管理考核体系，把水土流失治理和生态保护工作作为党员干部开展创先争优活动绩效考评的重要内容。除倡导"功成不必在我任"的政绩观外，长汀县还规范质量标准、资金审批等项目管理，注重监督检查工作及对危害生态环境的案件的查处力度，增加 GDP 总量的同时，也注重 GDP 的质量。

（三）三明模式

三明市地处福建省中部，闽江源头，森林覆盖率达到了 76.8%，有"绿色宝库"的美称①，是一座新兴的工业城市，曾获"第四届全国文明城市"光荣称号。三明在福建省委、省政府作出的生态福建建设的总体部署下，提出"念好发展经画好山水画"的工作主题。三明的经验主要有以下五点。

1. 正确处理好发展与保护的关系

生态是三明最大的特色、最突出的优势、最宝贵的财富。三明把生态潜力转化为实力，向生态要更多的绿色福利。在共抓大保护的前提下，高品质规划建设，建立完善与农户的利益联结机制，大力推动产业生态化、生态产业化，努力实现百姓富与生态美有机统一。三明市严格管控生态空间，严守生态保护、耕地保护和城镇开发边界三条红线，严查生态环境违法违规行为，将全市各类自然保护地保护好、管理好、建设好，加快建设山清水秀美丽之地。

2. 充分发挥教育在绿色发展中的积极作用

着力打造"六大品牌"，在更高起点上促进三明科学发展跨越发展，为

---

① 杨青. 为了那片绿色山林［EB/OL］.（2016－07－29）［2023－11－27］. http：//www. smrd. gov. cn/smrmzt/2016d3q/201607/t20160729_554834. htm.

推动三明加快生态建设提供支持和智力支持。这六大品牌是：第一，打造"智慧科协"品牌，促进市级科技思想库建设；第二，打造"科普文化"品牌，不断提高全民科学素质；第三，打造"院士经济"品牌，服务产业转型升级；第四，加强科技社团改革创新；第五，打造"基层创建"品牌，夯实科协基层组织；第六，打造"活力机关"品牌，提升科协工作科学化水平。

3. 林改深化共富保生态

1999～2011年，三明永安市洪田镇洪田村村民就率先探索出一套"均山、均权、均利"的分山到户办法，不经意中，洪田村成了全国集体林权制度改革的"小岗村"。以三明为代表的福建林改取得了"国家得绿、农民得利、农村得稳"的良好成效。三明制定了深化集体林权制度改革的意见，围绕推动森林资源资本化，抓紧搭建森林资源规范流转平台，成立林权收储机构，加大林权大宗商品交易中心建设，申报设立林业交易所，林改继续保持全国领先地位。

4. 大力发展三大生态经济

三明在生态建设中，立足于本地优势，挖掘其经济潜力，探索走出了一条生态经济产业化的道路，着重抓好三大生态经济。一是发展林业经济，利用三明森林资源丰富的优势，发展木竹制品、林产加工、森林食品等精深加工产业。二是发展生物经济，利用草珊瑚、黄精、虎杖等药材资源发展生物医药产业，打造省内重要的生物医药及生物产业基地，突出发展生物发酵和中药、中成药、酶制剂、天然植物药提取等生物医药产业。三是发展生态旅游经济，利用泰宁大金湖、闽江源国家自然保护区、沙溪"百里画廊"等山水资源优美、秀丽、丰富等特点，发展生态旅游、休闲度假等产业。

5. 加强林业生态经济主体建设

着力培养家庭林场、林业专业合作社、股份公司等新型林业经营主体，推动在明晰产权基础上的集约化、规模化、专业化经营，放活林地经营权，让专业的人干专业的事情，提高林业经营效益和林农收益。创新林业投融资机制，搭建林权抵押贷款平台，积极推广普惠林业金融，有效解决林农面临的担保难、贷款难问题，打通绿水青山变成金山银山的路径。继续加大生态保护力度，积极推进重点生态区位商品林赎买改革试点，有效破解生态保护和林农增收之间的矛盾，实现生态效益、经济效益和社会效益共赢。服务乡村振兴战略，大力发展森林旅游等绿色富民产业，努力实现生态美与百姓富有机统一。

（四）厦门模式

厦门生态建设的主要特点是建设海滨生态城市。党的十八大以来，中国经济发展进入新常态，厦门生态城市建设效果进一步彰显。厦门具体建设经验主要有四方面。

1. 形成较为完善的生态修复体系

2017 年 3 月，厦门被国家住建部列为第二批生态修复城市修补试点城市之一。所谓生态修复城市修补，其重要内容就是有计划、有步骤地修复被破坏的山体、河流、湿地以及植被。海绵城市是生态文明建设的重要内容，是城市发展理念的重大创新，是落实"城市双修"的重要手段。厦门在海绵城市试点建设区方面，主要以海沧马銮湾、翔安新城为试点区。海绵城市建设进展顺利。以翔安区的鼓锣公园为例。它作为一个"海绵公园"，能够对整个片区的雨水起到收集、净化、储存和排放的作用。厦门在加快推进试点项目实施的同时，重点推进思明区的筼筜湖片区、湖里区的五缘湾片区、集美区的杏林湾片区、海沧区的过芸溪片区、同安区的东西溪片区，以及翔安区九溪片区的海绵城市建设提升改造。

2. 加快生态文明示范城市建设

厦门不仅在城市整体建设上突出生态为先，而且强调各区级生态文明建设。2017 年 9 月，全国生态文明建设现场推进会上，海沧区与全国其他 45 个县（区）市一起，被正式列入第一批国家生态文明建设示范县（区）市。国家生态文明建设示范县（区）市是国家生态县（区）市的"升级版"，是推进区域生态文明建设的有效载体。厦门生态城市建设有三点经验：一是坚持"生态优先，项目为生态让路"的原则，推进城市和区域的可持续发展。二是加快传统产业转型升级，全力培育新支柱产业，重点发展集成电路、生物医药、新材料三大产业，为从传统 GDP 向绿色 GDP 的转型持续发力。三是在试点小区和学校深度推广垃圾分类试点工作，不定期开展"垃圾不落地"等环保志愿活动，吸引广泛群众共同参与。这些对厦门市的生态文明建设也有较好的推动和促进作用。

3. 持续提升环境监管水平

环境监管水平不断提升，主要体现在以下方面。一是严格执法，保障环境安全。在厦门市，AQI 指数只要一超过 50，各部门就开始进行联动的空气保卫活动。厦门市的化工、电镀等重点污染行业受到严格的限制和监管，危险废物也都被纳入电子平台全程监控。厦门市环保部门着力解决群众反映强烈的热点难点问题，严肃查处违法行为，有效地保障了环境的安全，贯彻落实了创新、协调、绿色、开放、共享的新发展理念。二是进行环境治理，造福百姓民生。环保部门携手各区、各相关部门，在积极查办信访件的基础上，举一反三，主动查找存在的深层次问题，并且进行整改，实现标本兼治，推动了生态宜居环境的不断提升。三是建立起环保监督的长效机制。厦门建立起联动执法、网格化监管、企业信用评价等创新机制。2016 年 6 月，厦门颁布实施了《厦门市环境信用评价及信用管理办法》，以推动本市环境信用评价体系建设，规范环境信用评价和管理，充分发挥社会舆论监督作用，激励企事业单位、个体工商户持续改进环境行为，自觉履行环境保护法定义务和社会责任，并且制定《厦门市工业企业环境信用评价指标及评价方法》进一步完善了对企业的环境管理机制。

4. 不断完善生态文明制度体系

推进生态业绩考核机制创新。厦门按照"谁主管谁负责、管行业必须管环保"的要求，明确相关部门"一岗双责"，协调推进落实生态环境保护工作各项任务，率先开展生态文明建设评价考核试点工作，完善生态文明建设的考核体系，并初步建立了可操作、可量化、可评估、可考核的绿色发展指标体系，全面推行生态文明建设表彰奖励和一票否决制度，将生态文明指标政绩考核权重由 4% 提高到 24%。厦门实施了智能化环境监管，建设智慧环保，完善监测网络建设，实现了 6 个区空气自动监测和岛外 9 条流域水质监测全覆盖。2017 年 9 月，厦门市委通过了《厦门市生态文明建设目标评价考核办法》。根据该考核办法，将对全市 6 个区的党委和政府，以及 45 个与生态文明建设相关的市直部门、省部属驻厦单位和市属国有企业的生态文明建设目标，实行评价考核，考核结果作为党政领导班子实绩综合考评、干部奖惩任免的重要依据。厦门市的上述举措，推进了生态文明建设的发展。

二、生态福建建设中存在的问题

(一) 生态产业不强

在生态文明建设加紧进行的大背景下，福建省在实施海峡西岸经济区战略的基础上，又提出了绿色转型战略，确立了"念好山海经、建设生态省"的总体战略思路。在这一总体战略及其思路的指导并引导下，福建省生态产业发展取得了初步成效。尽管福建省生态产业发展取得了种种成就，但在总体上仍处于产业生态化的初级阶段，与生态省建设战略目标的要求有距离。这种差距主要表现在三个方面：其一，在生态农业方面，农民生态意识和环保观念还比较淡薄，对农药、化肥等对生态环境产生的不良影响的认识还不足，在农业生产中还存在着种种与农业生态化要求相悖的行为与活动；从事生态农业的龙头企业带动能力还不够强，示范效应还不够大，在省级各类产业化龙头企业中，年产值 1 亿元以上的不到 1/3。其二，在生态工业方面，主导产业科技含量不高，一些高能耗、高污染的传统产业（如纺织、服装、食品等）仍处于主导地位，电子、机械、石化等产业升级与生态化的空间依然巨大；仍采取一种以高消耗、高污染为代价的线性工业模式，基本处于粗放经营，资源能源利用效率较低，工业增长过多依赖能源消耗，污染排放严重。其三，生态服务业不强，第三产业方面处于主导地位的仍是传统的经济附加值较低的批发、零售、餐饮以及运输劳务等行业，而循环经济信息服务产业仍处于从属地位和起步阶段。

(二) 企业绿色转型迟缓

新时代我国社会主要矛盾已经转化为人民日益增长的美好生活需要和不平衡不充分的发展之间的矛盾。随着福建经济发展和人民收入水平的提高，绿色消费正在成为一种时代潮流和推动福建工业绿色发展的强大引擎。近年来，福建企业的绿色发展成效显著，但其发展过程中也面临很多问题。例如，资源环境约束趋紧、增长动力有待重塑、产能过剩持续存在等制约因素，对福建省未来企业绿色发展形成严峻挑战。当前福建企业绿色发展的资源环境约束趋紧。资源（能源）禀赋匮乏，福建省传统资源不足，天然气、原油等常规能源短缺，煤炭储量明显不足且品种单一，其中优质煤炭更是少之又少。福建煤炭行业的产能利用率还不足六成，煤矿资源规模小、开采成本偏高，在全球能源价格低迷、全国煤矿产能过剩的背景下，煤炭生产成本价格倒挂问题突出。福建省还存在一批产品同质化严重、经营粗放、长期亏损或濒临破产的企业，结构性问题突出。

（三）生态补偿机制亟待进一步完善

福建省在发展生态产业、生态经济的同时，虽然有一定的生态补偿机制和措施，目前在生态补偿方面仍存在一些问题。其一，生态补偿标准较低。生态保护是一种具有正外部性的社会经济活动，较低的边际社会成本与较高的边际私人成本之间、较低的边际私人收益与较高的边际社会收益之间均会产生矛盾。在这两种矛盾的作用下，生态保护为了获取社会大范围的长远收益往往牺牲部分人的当前利益。根据《福建省生态公益林管理办法》，从2010年起，福建省省级以上生态公益林得到了一定的补偿，但补偿标准较低。过低的补偿标准导致林农对生态公益林建设缺乏积极性，影响生态公益林的建设和经营管理。其二，补偿欠缺激励机制。福建省现有的管护制度缺乏利益联动机制，生态补偿由政府主导，更强调政府行为，忽视利益引导。补偿金的标准大致相同，补偿额度统一，未体现出奖惩原则，其不公正的结果导致对生态保护的忽视和补偿资金的浪费。其三，管理机构缺乏信息监管系统。政府和相关部门在对生态进行补偿之后，忽视了对自然资源保护、管理和更新的监管。福建省目前一些生态补偿改革缺乏对生态产业相关信息的监管，缺乏对生态项目的基本信息和经营过程进行全面监测的统一指标体系。

（四）生态福建的模式亟须总结与推广

福建生态经济的发展走在全国前列，在全国形成了有名的福建生态模式，在发展好福建经济的同时，又促进了生态保护与开发利用。福建建设生态福建的四种典型模式——晋江生态绿城模式、长汀水土治理模式、三明绿色发展模式、厦门生态城市模式的特点与规律需要进一步总结。在推广中，面向发展生态经济的战略目标之下，由于福建省的各市县都具有不同的特点，需要针对具体问题实施积极干预，从而促进生态模式落地。

（五）生态文明制度有待健全

福建生态文明制度尽管取得了很大进展，但与党的十九大提出的生态文明建设的要求相比，还有很大差距，需要进一步查漏补缺，促进生态文明制度健全完善。当前存在的具体问题有：一是如何搭建好实现生态福建的"生态顶层设计"，进一步完善地方法律法规？二是如何进一步健全完善企业生态制度，形成对企业更好的激励与约束机制？三是如何健全完善市民低碳生活制度，形成绿色低碳消费制度？四是如何完善和落实考核监督制度？五是环保的行政执法与刑事司法衔接机制有待健全，如何构建新型生态联防制度？

（六）"多区叠加"机遇需要新的抓手

福建具有集国家级新区、自由贸易试验区、海上丝绸之路核心区、生态文明先行示范区、平潭综合实验区改革、福厦泉国家自主创新示范区等多区叠加特点，具有全国独一无二的政策优势，这些都为福建发展打开了新的机会窗口。多区政策叠加，有必要将新定位、新功能及新政策之间贯通考虑。一是福建应利用自贸区的政策溢出效应，推动产业、资金、金融、招商引资等各种新平台建设。二是福建在新型生态文明建设方面，要认识到自身与国内优秀的新型生态文明新区的差距，并创造开发新的发展措施。三是要彰显福建在中国东部区域经济发展中的带头作用，在创造新型项目、科技投入等方面形成新动能。因此，福建省需要研究如何进一步将改革创新辐射到全省范围，探索建立充满活力、富有效率、更加开放的体制机制，推动更大领域的开放开发。

三、生态福建的实现途径

（一）完善福建主体功能区建设

主体功能区是指，基于不同区域的资源环境承载能力、现有开发密度和发展潜力等，将特定区域确定为特定主体功能定位类型的一种空间单元。推进主体功能区建设是实现可持续发展、提高资源利用率的迫切需求，是提高区域调控水平、增强区域宏观调控有效性的重要措施。目前，福建完善主体功能区建设面临诸多问题。例如，空间结构不尽合理，利用效率不高；人均耕地占有量少，耕地保护压力加大；生态系统功能不够健全，自然灾害较多；部分资源紧缺，局部环境问题较突出；局部地区经济与资源环境失衡，发展方式有待进一步转变；区域、城乡之间发展不平衡，统筹协调发展任务重；等等。进一步推动主体功能区建设是优化福建省域空间，促进区域协调发展，实现经济增长与环境保护协调可持续发展的重要方式。推进福建形成不同功能区时应注意以下几项原则：一是根据自然条件适宜性进行开发；二是区分主体功能区进行开发；三是根据资源环境承载能力进行开发；四是合理把握开发强度进行开发。根据以上几条原则，建议采取如下几种方式推进福建主体功能区建设：一是完善主体功能区划的生态补偿机制。从基本公共服务均等化的原则出发，对列入禁止开发区和限制开发区的人民群众和当地政府予以适当补偿，是推进主体功能区的重要前提。然而，当前福建的生态补偿过分局限于财政转移支付和专项基金。"谁受益、谁补偿"是生态补偿的基本原则，但是地区之间的受益关系很难判断和界定，因而生态补偿主要是中央政府承担。这客观要求更多补偿主体的参与。二是突出福建沿海的区域生态建设重点。根据资源环境条件与现实社会经济基础，福建沿海将成为城市、人口、工业与第三产业集聚的产业走廊带，在主体功能规划中，这一区域生态建设的重点是率先建立协调发展的生态效益型经济体系、自然和谐的人居环境体系和景色优美的绿色生态走廊。三是要特别注意由腹大口小的海湾和河口所组成的海岸带。这是福建海陆之间自然和社会经济密切关联和交流的界面，其优越的港口资源的开发和生态环境的保护是福建山海协调互补和社会经济可持续发展的保障。在主体功能区规划中，应特别注意腹大口小的海湾所决定的环境自净能力差、海湾环境容量相对较小的问题，海港开发与海洋的其他利用、海洋自然生态系统保护的协调问题，以及海陆域资源环境的协调平衡问题。

（二）实施生态城镇化战略

生态城镇化，指的是在推进中国城镇化进程中，统筹考虑城镇建设与人口、环境、资源、产业、文化、社会和谐等之间的关系，以城镇总体生态环境、产业结构、社区建设、消费方式的优化转型为出发点和归宿，以方便、和谐、宜居、低碳为目标，全面建设绿色环境、绿色经济、绿色社会、绿色人文、绿色消费的生态城镇，谋求新型城镇经济社会的健康可持续发展道路。党的十八大报告强调，"要把生态文明理念和原则全面融入城镇化全过程，走集约、智能、绿色、低碳的新型城镇化道路"。进一步地，党的十八届三中全会提出，"坚持走中国特色新型城镇化道路，推进以人为核心的城镇化"。虽然福建省城镇化发展取得了一定的成就，但在城镇化发展过程中，福建牺牲生态环境换取经济效益，也导致了一系列的破坏性后果与"城市病"，能源、生态环境与经济社会之间的失衡关系制约着福建省的发展。面对日趋严重的生态压力，福建省需把生态文明融入城镇化的全过程，实现经济、社会、自然环境的协调可持续发展，实施生态城镇化战略。一是加强组织协调机制。制定加快生态城镇化进程的总体意见和实施方案，建议成立生态城镇化建设领导小组，全面负责生态城镇化建设的决策、实施、监督、协调工作，统筹协调城镇生态建设的规划、管理和实施，超前进行城镇化战略生态布局。同时，加大对小城镇生态建设的投资、建设和管理力度，充分保护物种多样性、传统农业耕作方式、自然地形风貌、历史社区特色、文化遗产等，及时解决生态城镇化建设中出现的困难、矛盾和问题。二是实施政策激励机制。政府层面上，建立生态专项奖励资金，专门用于本辖区生态建设奖励经费，建立健全创建奖励机制，对在生态创建中有突出贡献的单位和个人给予表彰、奖励；支持鼓励绿色低碳类产业发展，控制限制高能耗类产业生产，加快淘汰落后产能。三是建立多元投融资机制。要进一步深化投融资体制改革，构建科学的城镇投资机制，从注重政府投资的短期刺激机制，向注重民间投资的长期驱动机制转化；建立以财政为基础、政府融资平台为主渠道、土地增值收益为补充，引导民间投资、产业资本投入和企业履行社会责任参与城镇建设的投融资服务体系。四是落实目标责任机制。制度建设是推进生态城镇化建设的重要保障，要建立健全生态城镇建设目标责任监督考核机制；要确立政府绩效考核的绿色导向，明确城镇化发展过程中生态环境保护的政府责任，从根本上扭转地方政府片面追求 GDP 的政绩观，把资源消耗、环境损害、生态效益等体现生态文明建设状况的指标纳入经济社会发展评价体系，使促进生态城镇化成为地方政府的自觉行为。五是强化公众参与机制。要加大生态文明建设的宣传力度，普及生态科学知识，切实提高公民的环保意识、环境公德以及环境法律观念；充分发挥民众的监督作用，通过社会舆论及公众的举报，可以对污染者、生态破坏者以及执法者施加压力；坚持通过法治教育和环境保护的宣传，努力形成全社会节约资源能源和保护生态环境的良好局面，为创建生态城镇奠定基础。

（三）推行美丽乡村振兴战略

农业农村农民问题是关系国计民生的根本性问题。当前，中国社会主要矛盾已经转化为人民日益增长的美好生活需要和不平衡不充分的发展之间的矛盾，解决好发展不平衡不充分问题客观要求更加重视"三农"工作。党的十九大报告明确提出"美丽乡村振兴战略"，强调"按照产业兴旺、生态宜居、乡风文明、治理有效、生活富裕的总要求，建立健全城乡融合发展体制机制和政策体系，加快推进农业农村现代化"。进一步地，《中共中央国务院关于实施乡村振兴战略的意见》明确了乡村振兴战略的目标任务，即到 2020 年，乡村振兴取得重要进展，制度框架和政策体系基本形成；到 2035 年，乡村振兴取得决定性进展，农业农村现代化基本实现；到 2050 年，乡村全面振兴，农业强、农村美、农民富全面实现。根据党中央部署和福建实际，福建省十三届人大一次会议《政府工作报告》对于"实施乡村振兴战略"明确提出："坚持农业农村优先发展，把握总要求，走好特色路，加快推进农业农村现代化，让农业成为有奔头的产业，让农民成为有吸引力的职业，让农村成为安居乐业的美丽家园"。然而，农村环境和生态问题仍较为突出，农业基础比较薄弱，农民适应生产力发展和市场竞争的能力不足等。进一步推进福建美丽乡村振兴战略，是促进地区城乡协调发展并为经济可持续发展提供新的动力。具体来说，一是以国家生态文明试验区建设为契机，以农业资源环境承载力为基准，深入贯彻主体功能区制度，构建优势区域布局和专业生产格局，把推行绿色生产方式、增加绿色优质农产品的供给放在更加突出的位置。二是实施乡村旅游"百镇千村"提质升级行动，建设"一镇一品、一村一景"工程，发展休闲农业和森林生态旅游，构建乡村旅游精品体系，创建一批休闲农业示范基地，推出一批中国美丽乡村，培育一批乡村生态旅游品牌，积极开发观光农业、游憩休闲、健康养生、生态教育等绿色生态产品和服务，打造绿色环保的生态旅游产业链。三是坚持以绿色发展引领生态振兴，统筹山水林田湖草系统治理，加强农村突出环境问题综合治理，建立市场化多元化生态补偿机制，增加农业生态产品和服务供给，形成节约资源和保护环境的空间格局、产业结构、生产方式和生活方式，构建科学合理的城镇化格局、农业发展格局、生态安全格局，实现百姓富与生态美的有机统一。

（四）推动工业园区绿色转型升级

工业园区发展与升级，是促进产业增长、增强区域经济活力的有效途径，也是加快转变经济发展方式、实施经济结构战略性调整的重要内容。福建省自20世纪80年代中后期着手规划工业园区建设，工业园区已经成为区域经济发展的龙头，其对于促进地区产业结构升级与经济增长的承载作用不断凸显。然而，伴随中国经济步入结构性减速阶段，福建也面临产业转型升级动力不足、土地资源紧张、资源环境约束趋紧等问题。推进厦门工业园区绿色转型升级，需要将"绿色"发展融入工业园区转型升级与发展的各个环节，推进园区节能减排与低碳循环发展，转化经济优势为生态优势，对建设生态福建有重要意义。当前，福建省工业园区建设取得了很大的成就，园区稳定发展对拉动经济增长作用明显，园区基础设施建设逐步完善，园区企业利润总额增长，吸纳劳动力的能力增强，园区内产业集群增多。但在发展过程中还存在下列问题：尽管已建成园区在基础设施建设、带动地区就业、集约使用土地等方面已取得较大成就，但囿于长期粗放型增长模式、待优化的产业结构等，福建省的工业园区竞争力、园区绿色发展等方面仍存在严重挑战；工业园区在全国排名较靠后，园区发展竞争力下降；土地资源利用程度不平衡；园区产业发展"绿色"化程度较低，园区内产业合作强度不高，缺乏强大的学研支援体系，创新能力不足，管理机构尚需进一步改善，配套工业服务中心尚需进一步完善等。

　　针对以上问题，笔者建议在以下几方面作出改进：一是统筹规划，引导工业园区绿色发展。依据《中国制造2025》《中共福建省委福建省人民政府关于进一步加快产业转型升级的若干意见》《福建省"十三五"工业转型升级专项规划》等文件精神，统筹省市区县各层级园区规划，有机衔接各层级国民经济社会发展总体规划、土地利用规划等，实现园区发展与生态环境相协调。二是加强监督，严格控制高耗能项目与重点行业。设定高准入门槛，并严格评估审查高耗能投资项目；对重点监管行业生产过程的源头、过程等各个环节严格把关，加快淘汰落后产能。三是强化激励，加大节能减排技术研发力度。政府补偿研发、使用节能减排技术产生的外部性，激励企业研发投入力度，提高技术水平，促进园区清洁化、绿色发展与产业转型升级。四是扩大开放，以外资带动园区转型升级。继续深化对内改革与对外开放程度，积极引进外资与技术，通过模仿创新，提升技术水平，进而促进本地区企业乃至园区整体升级。

（五）促进产业绿色转型

　　产业绿色转型是一个系统工程，它是以经济结构转型为主题、以企业为主体，以生态环境为依托，以技术和工艺绿色化为支撑、以资源循环高效利用、产业节能减排为标志、以社会体制为保障的综合产业系统，其最终目的是产业的持续增长不依赖于资源环境投入的增加，即实现产业发展与资源环境脱钩。进一步加快产业绿色转型升级是推进福建省科学发展跨越发展的战略重点和主要抓手，是应对经济下行压力、顺应市场需求发生重大变化的客观需要，是提升产业整体实力和经济综合竞争力的关键举措，尤其在福建发展面临资源环境约束趋紧以及第三次科技革命与产业革命的历史关键期。具体来说，可以从以下方面着手推进福建产业绿色转型。一是着力构建现代产业体系。全面落实国家产业政策，严控高耗能、高排放项目建设；推进电子信息、装备制造、石油化工等主导产业向高端、绿色方向发展，加快发展节能环保等战略性新兴产业。二是倡导绿色发展理念，转型宏观调控体系。强化绿色发展理念，充分发挥政府在绿色发展中的主导作用。积极探索建立终身追责的生态环境监管机制及多元化的生态保护补偿机制，建立健全归属清晰、权责明确、监管有效的自然资源资产产权制度以及充分反映资源消耗、环境损害和生态效益的生态文明绩效评价考核体系，将绿色发展理念融入产业转型升级各环节。三是强化创新驱动力，推进高新科技应用。加快科技成果转化，强化高等院校、科研机构与企业的合作对接，促进产学研一体化发展；加快省级科技智库建设，鼓励研究开发机构、高等院校通过转让、许可或者作价投资等各种方式向企业或者其他组织转移科技成果；建立健全科技成果转移转化的管理制度以及工作体系和机制，优化转化流程，提高转移转化效率。四是加快产业集群化发展，推动闽台产业深度融合。以生态环境保护为出发点，优化产业布局，大力推进产业结构调整，促进产业集群发展。一方面，要因地制宜加快引进和布局大项目、好项目，"抓龙头、铸链条、建集群"，积极发展现代农业、生态农业和设施农业，加快发展节能环保等战略性新兴产业，着力打造现代产业体系，延伸产业链向中高端、绿色方向发展。通过现代产业的增量集聚，带动存量优化，促进总量提升。另一方面，要注重改造传统产业，从供给侧入手，着力应用新技术、新工艺、新材料、新经营模式，加大科技投入，提高技术链高端产品的比重，为传统产业注入新活力。五是应进一步完善管理机构职能，进一步改善各工业园区综合生活服务系统。各工业园区内应配备包含健康服务、文化教育服务、生活服务三个子系统在内的综合服务系统，为园区员工提供多方位的配套服务支持，使人民更好享受"生态美""百姓富"双提升成果。

四、进一步促进生态福建发展的对策分析

前面我们关于福建经济增长与环境污染的研究表明，并不是所有的污染物排放都会随着经济的增长而减少，污染情况并不一定会随着经济发展而得到控制。因此应当彻底放弃"先污染，后治理"的政策方针，在发展经济的同时，绝不能牺牲环境。福建应在现有的四种类型生态模式基础上进一步总结经验，加以复制推广。本专题从六个方面提出推广生态福建的成功经验和

促进企业绿色发展的政策建议。

（一）推广生态福建的成功经验

前面我们总结了四种生态福建的模式——晋江生态绿城模式、长汀水土治理模式、三明绿色发展模式、厦门生态城市模式。今后一段时间，应以这四种典型模式为基础，结合各地实际加以复制推广。

一是进一步总结经验。前述四种生态模式，在发展生态经济、推动百姓增收等方面取得了一定的成绩，已经探索出了生态发展路径，树立起了标杆，福建省要进一步着力将这些典型的经验向全省推广，通过经验分享和模式借鉴，带动福建省生态经济的更广、更深发展。

二是要完善政策。要求将生态福建模式与各地地理特征、经济基础、模式规律等结合起来，从城市规划、区域规划、土地政策、产业规划等多方面进行协调。

三是树立绿色产业化发展导向。通过确立阶段性绿色发展目标，建设有效的激励机制，从创新绿色财政、创新生态环境融资、改革制度、发展绿色产业集群和创新生态环境技术等五个方面来协调推广生态福建模式。

四是加强水资源安全管理。当前，要将福建农村饮水安全作为农村生态的重要工程来抓，抓好水质、水量、用水方便程度和供水保证率四个方面的工作。推进农村饮水安全工程，完善农村饮水设施，对局部损毁工程进行修复，提高工程供水能力和供水保证率。对经济条件相对较差的农户落实好入户工程补助政策。加强水质提升管理，通过系统治理污染源保障水质，合理配置水质处理设备。

（二）促进企业绿色发展

福建省要实现绿色发展模式，关键在于发挥企业绿色发展的能动性。具体到企业，充分发挥政府引导职能，建立产业绿色发展基金，并制定绿色发展战略，从绿色生产、绿色技术创新到绿色营销，企业的整个生产、销售过程都要始终贯彻绿色发展理念，坚持绿色发展的经营模式。

一是建立绿色产业发展基金。实现福建经济向绿色发展模式转变的关键在于绿色环保等新兴企业的充分发展与带动。然而，绿色环保等新兴企业由于前景未知、技术研发以及盈利风险较大，再加上其规模较小等特点，融资较为困难。通过设置绿色产业发展基金，有利于支持环境优化改造项目与绿色环保企业等。另外，通过设置绿色产业发展基金也分担了政府绿色财政的压力，有利于发挥民间资本在助推绿色发展中的积极作用。

二是进一步树立绿色生产观。企业应积极贯彻生态文明福建"生态为先"的理念，改变以往认为绿色发展会限制企业发展的错误认识，积极推行绿色生产，使用清洁能源，改进并逐步淘汰高能耗的生产工艺和机器设备，不断推出适应市场的创新节能环保产品，从长远上来说，这不仅有利于经济效益的提高，而且还有利于解决环境的外部性问题。因此，树立发展生产与保护环境相结合的绿色生产观是企业坚持绿色发展的关键。

三是加大绿色生产技术创新力度。应强化企业的技术创新主体地位，充分发挥市场对绿色产业发展方向和技术路线选择的决定性作用，使绿色产业的技术创新成为企业前进的动力和方向。改进生产工艺、发展绿色生产技术，是企业解决资源利用率低、环境污染严重的根本举措。此外，应建立、完善绿色技术转化机制，提高企业开发绿色技术的积极性，促进形成研究绿色技术的热潮。完善技术创新体制是企业实现绿色发展的保障，只有促进政府与企业的通力合作，并加强与外界的交流，才能使企业的绿色发展成为可能。

四是制定绿色营销策略。生产过程的完成只是企业绿色发展流程的一半，只有把企业的产品通过绿色可持续的营销手段推向市场，让广大消费者感受到高效、优质资源的使用效果，才能达到企业实现绿色发展的最终目的。从设计、生产、销售到回收，绿色营销的每个环节都应高效、灵活配合，减少不必要的资源消耗，形成从信息收集、产品生产到废弃物回收的整个营销供应链绿色组合。同时，还应宣传绿色发展的企业文化，这不仅有利于树立良好的企业形象，也会使消费者更容易接受绿色发展理念。

（三）进一步健全完善生态文明制度

福建生态文明制度要着眼于查漏补缺。一是搭建顶层设计。政府要搭建好实现生态发展的"顶层设计"。从法规、政策等制度层面做好资源节约环境友好的设计，使生态经济法制完善，同时，政府要履行监管职责，奖优罚劣，监督相关法规、政策的执行落实。

二是健全完善企业生态制度。进一步完善福建企业生态化发展的制度。明确、细化企业在生态经济建设中的社会责任，自觉节能减排，保护环境，承担环境污染生态破坏的治理修复责任；大力发展绿色产业的同时，要对相关项目严把产业政策关、资源消耗关、环境保护关，鼓励发展战略性新兴产业和现代服务业。抓好循环经济相关法律、政策的执行和落实，要加强环境税法的实施与普及。为了鼓励企业进一步作好生态环保，允许企业在计算缴纳所得税时，进行环保税扣除，在钢铁、有色、电力、化工、医药、建材、造纸、酿酒、印染等相关行业企业间或企业集团内全面推行清洁生产。大力支持发展垃圾分类回收企业，完善垃圾分类制度，创新垃圾处理机制。

三是健全完善市民低碳生活制度，倡导绿色低碳消费。要着眼于生态文化建设，突出人与自然协调发展，倡导企业与居民自觉履行节能、减碳、绿色的生产方式和生活方式，全面提升企业与居民的生态文化素养。福建省的生态文化制度建设，要抓好生态文化宣传教育。针对资源环境和生态发展的动态情况，制作各种形式多样的宣传知识或信息，充分运用学校、居民小区、电视、手机等媒介，在全社会积极倡导生态文明理念，逐步形成与环境承载力相适应的绿色生产方式与生活方式，进一步增强大家的生态意识与责任意识。通过生态文化的熏陶，促进全社会形成以身作则的生态环保意识。

四是完善和落实考核监督制度。抓好考核监督制度的完善和落实。完善和落实生态经济建设的评价体系、监察和督办制度，建立目标责任制和问责制度。探索建立绿色 GDP 考核指标体系，进一步完善资源节约环境友好等资讯的公开发布制度，健全媒体、公众、环保组织等全社会参与的监督机制。

五是构建生态联防制度。成立生态区域专业保护队伍，对生态红线区域内存在的破坏生态系统的人为活动，采取严格措施。构建城镇合作共管联防体系，共同改善生态环境，保护自然资源。健全部门协调联动机制，加强各部门之间的沟通协作，形成不同部门共同开展生态红线管理的良好局面。

六是"绿色GDP"政绩考核制度。"绿色 GDP"是对 GDP 指标的一种调整，是扣除经济活动中投入的环境成本后的国内或地区生产总值。它建立在以人为本、统筹协调、可持续发展的基础上，意味着全新的发展观和增长观，也意味着全新的政绩观。

七是建立自然资源物权制度。自然资源物权是指权利人为满足其权益需要，对自然资源依法或依授权所享有的直接支配与排除妨碍的权利。目前，福建省要建立健全自然资源物权制度，就是要求自然资源行政管理部门还要下放一部分管理权和专属权给权利人，从而在为权利人的长期投资和建设生态环境提供充足动力的同时，为自然资源的绿色开发、合理投资与管理养护提供制度保障。

八是建立生态购买制度。生态购买是指特定市场主体适时收购生态建设的成果，让生态建设者适时收回成本和投资，用于改善生活和扩大再生产，并借由生态买卖来实现"生态致富"。相应地，需要进一步完善资源环境有偿使用制度，完善福建主要流域取水、排污交易制度，建立水资源水环境承载能力监测预警机制。

九是健全污染者付费制度。污染者付费制度是环境治理领域的基本制度，它指环境污染物排放者或超过规定标准排放污染物的排污者，依照国家法律和有关规定按标准交纳费用的制度。其目的是促使排污者加强经营管理，节约和综合利用资源，从源头治理污染。建议进一步完善福建排污权交易市场建设，在全省范围内推行排污者付费、第三方企业治污的"环境污染第三方治理"政策。

（四）进一步完善生态补偿制度

制度能够有效地约束社会中各种利益主体的行为，是政府保护生态环境、实现可持续发展目标的强有力手段，政府需要进一步完善生态补偿制度。

一是进一步完善生态补偿机制。生态补偿问题牵扯到环境保护的诸多部门和地区，每种生态问题都具有不同的补偿类型、补偿主体、补偿内容和补偿方式。因此，根据福建生态环境的变化、新情况、新特点、新问题，明确各种实际情况的主要负责部门和补偿机制，以免出现补偿无序、标准适用失误等问题。

二是完善绿色财政政策。作为国家实行宏观经济调控的重要手段之一，绿色财政税收政策能有效促进资源的合理配置，有助于优化生产结构等。具体到福建来说，要充分发挥绿色财政对建立流域生态补偿的支持机制，加快流域治理进程；通过设置绿色发展基金、制定环境惩罚性税收或环境补贴政策等，建立向节能低碳转型的企业财政激励机制；强化以财政推进公私合作模式（PPP）的生态公共基础设施项目融资机制的作用，以完善环境治理的基础设施建设。

三是创新生态补偿制度。以生态和谐为目的，主要针对区域性生态保护和环境污染防治领域，综合运用行政和市场相结合的手段进行管理。建立长期有效的生态补偿机制，让生态保护成果的受益者支付相应的费用，而利益损耗者得到一定的补偿，在保护福建省生态环境的同时，又能促进福建省经济的协调发展、激励生态保护行为。

四是改革闽江、九龙江流域水管制体制，探索建立新型水权体制。在国家水权制度的基础上，建立水污染物排放权、渔业捕捞权等制度，通过水权排放购买，进行生态补偿，实现环境保护、流域补偿、下游受益的三赢新格局。加强对生态补偿办法的研究，对生态红线保护区域给予生态补偿。

五是建立完善流域环境保护的法规以及标准体系。不断完善九龙江流域的环境保护法规，对严重污染流域的企业及个人采取后续监督机制，试行绿色 GDP 核算体系，将流域污染等作为定量指标进行考核，全面评价各地区的经济发展情况。

六是进一步落实流域保护的目标考核责任制。以节能减排为关键点，从政府、企业、居民多方面考察，共同构建责任机制。从政府来看，应分别建立省、市、县多层次的考核机制；从企业来看，应加快企业节能减排的技术支持建设，并对流域保护有重大贡献的集体和个人采取奖励机制；从个人来看，应重视家庭的节能减排，可实行梯度水价，并建设水过滤、水回用等设施，鼓励居民参与生态流域保护。

七是加强与推广森林生态公益补偿制度建设。由于福建是林业大省，进一步完善森林生态公益补偿制度具有全国意义上的示范效应。进一步推广福建省三明市生态公益林区划界定工作经验，在福建省率先完成了生态公益林区划界定工作，建立生态公益林监测管理信息系统，开展补助资金使用和管理情况的检查，落实森林生态效益补助资金制度。

（五）充分利用"多区叠加"优势

与国内其他省份相比，福建具有"多区叠加"优势。当前，要用好用活"多区叠加"的政策优势，建设好新的生态福建。

一是把握契机，积极融入 21 世纪海上丝绸之路核心区建设，深化与共建"一带一路"国家和地区交流合作，积极打造我国新时期扩大对外开放的先行先试区域。进一步完善福建的"放、管、服"体制机制，深化营商环境建设，建设具有较强经济影响力、区域带动力和环境吸引力的国家级新区，切实在新一轮改革开放中发挥示范引领作用。创新全面融入 21 世纪海上丝绸之路核心区建设的机制，加快互联互通枢纽、经贸合作基地和人文交流平台建设，寻求与共建"一带一路"国家和地区更高层面、更广领域的开放合作。

二是对标上海自贸区改革 3.0 版，进一步抓好自贸区内制度创新的集成改革，下功夫用好用足"多区叠加"政策，对台工作要找准新抓手、新窍门，进一步优化自贸区经济结构，赋予自贸区更大的改革自主权，推进自由贸易港建设先行先试。

三是深度对接共建"一带一路"国家和地区。加强与共建"一带一路"国家和地区互联互通建设，开展双向投资贸易，努力构建共建"一带一路"国家和地区间的物流新通道，持续拓展"一带一路"合作领域。加强整车进口、物联网、跨境电商、中国—东盟海交所等重点平台载体建设之外，再打造一批资金、技术、项目、互联网等平台，力推民间资本在平台建设中唱主角。积极推动中国—东盟海产品交易所在部分东盟国家建设交易所分中心，从而支持福州新区开放发展。

四是以自贸区与海上丝绸之路核心区的建设为机遇，促进福建生态金融发展。由于福建在建设生态福建中存在金融支持不足的问题，可以利用福建在海上丝绸之路中独特的地理优势和资源优势，进一步优化金融资源配置。针对福建省内各行业存在着融资不平衡、融资渠道单一、涉外金融经验不足、金融监管较弱、金融业基础设施建设较为落后、配套的金融有效服务创新不足、金融体系弹性不足、风险甄别与平滑风险能力较弱等问题，本专题提出以下金融对策：以建设 21 世纪海上丝绸之路为契机，推进福建外汇管理改革试点；在福建开展服务于建设 21 世纪海上丝绸之路的人民币跨境自由兑换和结算，建立服务于建设 21 世纪海上丝绸之路的金融机构体系；创新涉及建设 21 世纪海上丝绸之路的产业的融资方式，并加大对这些产业的金融支持，积极发展互联网金融与供应链金融；深化与 21 世纪海上丝绸之路沿线国家与地区的金融监管合作，完善区域协调机制。

后　记

本课题是刘晔教授所主持的"中央高校基本科研业务费专项资金资助"项目（项目编号：20720221071）——《海峡西岸繁荣带发展研究报告》2023 年的阶段性成果。2012～2016 年的阶段性成果——《海峡西岸经济区发展报告 2012》《海峡西岸经济区发展报告 2013》《海峡西岸经济区发展报告 2014》《海峡西岸经济区发展报告 2015》《海峡西岸经济区发展报告 2016》已由北京大学出版社出版，2017～2022 年的阶段性成果——《海峡西岸经济区发展报告 2017》《海峡西岸经济区发展报告 2018》《海峡西岸经济区发展报告 2019》《海峡西岸经济区发展报告 2020》《海峡西岸繁荣带发展研究报告 2021》《海峡西岸繁荣带发展研究报告 2022》已由经济科学出版社出版。

在研究过程中，本课题得到了厦门大学社科处的大力支持，经济学院科研秘书刘晨宇、王亚南经济研究院科研秘书许有淑、课题组研究助理陈东升也为本课题付出了辛勤的汗水，在此一并致谢。

本课题的最后统稿工作由蔡伟毅完成。各章内容的撰写具体分工如下：

前言（蔡伟毅）

专题一　福州资本市场建设与企业上市发展研究（蔡伟毅、孟小淇、洪啸军）

专题二　福建省保险业发展研究（徐宝林、张仁杰、陈泽锋、徐忆）

专题三　福建省绿色金融发展研究（徐宝林、周玉洁、周宗耀、徐长荣）

专题四　福建省对标 DEPA 争创数字贸易新优势研究（杨权、雷雅楠、刘欣慧、施天培）

专题五　福建文旅深度融合研究（林细细、施雯静）

专题六　固定资产加速折旧政策对福建企业创新的影响（刘晔、黄张妍、陈章乐、华庆龄）

专题七　福建省高新技术产业发展的对策研究（任力）

专题八　中国式县域现代化的"晋江经验"（张兴祥、史九领、洪永淼）

专题九　生态福建建设的模式、问题与对策分析（任力）

后记（蔡伟毅）

课题组主要成员（以英文姓氏为序）：

蔡伟毅：厦门大学经济学院金融系副教授，经济学博士，现任厦门大学工会副主席兼经济学院工会主席

林细细：厦门大学经济学院财政系副教授，经济学博士

刘晔：厦门大学经济学院财政系教授，经济学博士，博士生导师，现任厦门大学经济学院财政系主任

任力：厦门大学经济学院经济系教授，经济学博士，博士生导师

徐宝林：厦门大学经济学院金融系助理教授，经济学博士

杨权：厦门大学经济学院国际经济与贸易系教授，经济学博士

张兴祥：厦门大学经济学院经济学系主任、教授，经济学博士，博士生导师，厦门大学社会科学部委员会委员，《中国经济问题》执行主编

特邀作者：

洪永淼，中国科学院大学经济与管理学院、中国科学院数字与系统科学研究院，博士，教授，博士生导师

史九领，中国科学院大学经济与管理学院，经济学博士，助理研究员